中央文史研究馆年鉴

2012

中央文史研究馆　主编

新华出版社

图书在版编目（CIP）数据

中央文史研究馆年鉴. 2012/中央文史研究馆主编.
--北京：新华出版社，2014.1
ISBN 978-7-5166-0858-6

Ⅰ. ①中… Ⅱ. ①中… Ⅲ. ①中央文史研究馆－2012－年鉴 Ⅳ. ①C242－54

中国版本图书馆CIP数据核字（2014）第003861号

中央文史研究馆年鉴. 2012

主　　编： 中央文史研究馆

出 版 人： 张百新
责任编辑： 梁秋克　王晓娜
装帧设计： 朱　江

出版发行： 新华出版社
地　　址： 北京石景山区京原路8号　　**邮　　编：** 100040
网　　址： http：//www.xinhuapub.com　http：//press.xinhuanet.com
经　　销： 新华书店
购书热线： 010-63077122　　**中国新闻书店购书热线：** 010-63072012

照　　排： 北京厚积广告有限公司
印　　刷： 北京中科印刷有限公司

成品尺寸： 210mm×285mm
印　　张： 17　　**字　　数：** 218千字
版　　次： 2014年5月第一版　　**印　　次：** 2014年5月第一次印刷

书　　号： ISBN 978-7-5166-0858-6
定　　价： 398.00元

1月25日，国务委员马凯与中央文史研究馆馆员、国务院参事欢聚一堂，喜迎新春。

1 月 12 日，国务院参事室主任陈进玉、中央文史研究馆馆长袁行霈、国务院参事室副主任陈鹤良出席中央文史研究馆全体馆员工作会议。

3月6日，国务院参事室主任陈进玉、副主任王明明听取《新富春山居图》创作事宜。

4月7日，“纪念辛亥革命100周年研讨会”在广州市举行，中央文史研究馆馆长袁行霈、广东省副省长肖志恒、国务院参事室副主任陈鹤良出席。

卷首语

2011年，中央文史研究馆认真贯彻落实党的十七届六中全会精神和国务院总理温家宝、国务委员马凯关于文史研究馆工作的重要讲话精神，围绕室馆总体工作部署，尽职尽责，圆满完成了全年各项任务，取得了较好的工作业绩。

馆庆60周年庆祝活动获得圆满成功。2011年，适逢中央文史研究馆成立60周年。在室党组的统一部署和领导下，圆满完成了纪念座谈会、《新富春山居图》展览、"中华诗词研究院成立大会"的组织工作，以及纪念中央文史研究馆60周年大型文献专题片《文之脉 国之魂》的拍摄工作。

国办发〔2011〕46号文件有力促进全国文史研究馆工作。文件阐明了做好新时期文史研究馆工作的重要意义，明确了文史研究馆的工作任务，规范了文史研究馆馆员的选聘，并就搞好文史研究馆建设和加强对文史研究馆工作的领导提出了具体意见和要求。文件的出台坚定了全国文史研究馆系统进一步做好新时期文史研究馆工作的信心和决心，进一步理顺了各地方文史研究馆的领导机制、管理体制、机构设置与编制、馆员聘任机制等问题，强化了全国文史研究馆的系统性，是今后更好地开展文史研究馆工作的纲领性文件。

馆员咨询建言成效显著。按照温家宝总理"讲真话，察实情"的要求，中央文史研究馆馆员认真开展调查研究，积极建言献策。馆员们通过在总理召开的座谈会上发言、写信等方式，全年共向国务院领导呈报建议20余件。建议涉及我国优秀传统文化传承体系、文化建设和教育等多个领域，具有很强的针对性。其中，涉及教育领域的建议主要有舒乙先生的《杜绝义务教育死角，设立免费寄宿制亚孤儿和特困生学校的建议》和王蒙先生的《关于对义务教育课程标准修订稿的建议》；涉及传统文化领域的建议主要有刘梦溪馆员的《中国传统文化价值理念的现代意义》、程毅中馆员的《关于苏州评弹的调研报告及保护建议》等；涉及文化建设的建议主要有袁行霈馆长的《改变地域文化建设中盲目无序的状态》、王立平馆员的《文化产业也需要健康发展》和樊锦诗馆员的《关于将甘肃文化建设列为国家重大发展战略的建议》等；涉及对外文化交流的建议有舒乙馆员的《关于为我国驻外文化中心拨专项经费的建议》、汤一介馆员的《当前中西文化交流与会通的趋势》等；涉及文化传播的建议有杨天石、杜廼松、赵德润等12位馆员《关于重视和增强中国国际广播能力建设的建议》等；涉及文艺创作研究的建议有戴逸馆员的《谈中国历史上的三个文化高峰》、宋雨桂馆员的《〈新富春山居图〉的创作体会》等。国务院总理温家宝、副总理回良玉，国务委员刘延东、马凯等中央领导同志作了重要批示，中宣部、教育部、文化部作了切实回复和落实。

《中国地域文化通览》编撰工作稳步推进。2011年是《中国地域文化通览》（以下简称《通览》）各分卷全力以赴集中进行撰写、统稿、上报、审稿、改稿的一年。在《通览》编委会领导下，在地方馆和各分卷编委会、撰写者和馆内外专家的通力合作下，《通览》编撰工作稳步推进。中央馆编委会先后召开了9次片会，有力地推动了各分卷编撰工作的进度，促进了书稿质量的提高。

第二届春节文化论坛取得良好社会效益。继2010年与北京市人民政府成功举办首届春节文化论坛之后，11月2日至4日，国务院参事室、中央文史研究馆、山东省人民政府和光明日报社共同举办，山东省旅游局，山东省人民政府参事室、文史研究馆承办的第二届春节文化论坛在山东省济南市成功举办。国务院参事室主任陈进玉，山东省委常委、常务副省长王仁元，中央文明办专职副主任王世明，《光明日报》总编辑胡占凡，中国文联副主席冯远，国务院参事室副主任方宁、王卫民等出席论坛开幕式。舒乙馆员等馆内外专家学者和山东、广东、四川等部分春节文化活动有特色的地方政府代表出席并发言。论坛共收到全国各地文史研究馆及相关科研院所提交的论文30余篇。专家学者们从国家文化战略、民俗文化、文化产业、公共文化建设、文化传播体系以及文化“走出去”等不同角度，提出了关于建设春节文化的意见和建议。

成功举办全国文史研究馆馆长培训班。4月14日至17日，贵州省政府文史研究馆承办的全国文史研究馆馆长培训班在贵阳市成功举办。来自全国33个政府文史研究馆的馆长、副馆长和业务骨干，共计100余位学员参加了培训。国务院参事室副主任方宁，中共贵州省委常委、统战部部长龙超云，贵州省人大副主任、贵州省文史研究馆馆长顾久等出席开班仪式。培训期间，共举办六场专题讲座和一次分组讨论。方宁副主任在开班仪式上作了题为《努力开创全国政府文史研究馆工作新局面》的讲话，并作培训班总结。中央文史研究馆馆员王蒙、赵德润、程大利，中宣部改革办副主任黄志坚，中华书局编审柴剑虹分别作了题为《关于中国传统文化的几个问题》、《〈国事咨询〉

和〈中华书画家〉的发展》、《中国画的鉴赏》、《解读党的十七届六中全会精神》和《谈谈文史知识的传承问题》的专题讲座。

隆重纪念辛亥革命100周年。4月7日至8日，“纪念辛亥革命100周年研讨会”在广州市成功举办，中央文史研究馆馆长袁行霈，中共广东省委常委、副省长肖志恒，国务院参事室副主任陈鹤良出席研讨会，全国33个政府文史研究馆代表和来自香港、澳门、台湾的学者出席并发言。40余位学者提交了论文。会议期间，代表们祭奠了黄花岗广州起义烈士墓。会后，《纪念辛亥革命100周年论文集》顺利出版。

7月25日，与民革中央、中国文联、中国美协、中国美术馆、全国政协书画室联合主办的“纪念辛亥革命100周年全国中国画作品展”在中国美术馆开幕。

中外文化交流取得重要成果。5月，由国务院参事室副主任陈鹤良带队，赴英国、韩国考察春节文化活动，为推进春节文化建设，搞好第二届春节文化论坛提供重要参考。考察期间，舒乙馆员先后举办了9场演讲，宣传中国传统文化，引起强烈反响。11月，袁行霈馆长赴香港探望香港籍中央文史研究馆馆员饶宗颐和国务院参事王国华，并对《中国地域文化通览·香港卷》的编撰工作提出指导意见。期间，袁行霈馆长荣获香港理工大学颁发的“杰出访问学人奖”。12月，袁行霈馆长应新加坡南洋理工大学孔子学院之邀，率团考察了新加坡南洋纪念馆、新加坡滨海艺术中心、滨海金沙博物馆、牛车水原貌馆，与中国驻新加坡大使魏巍进行了座谈，赵仁珪馆员在南洋理工大学孔子学院作学术演讲。

文史研究和创作取得新进展。《国是咨询》全年共向馆员组稿40余篇；

编辑出版了《崇文集》（三编）；整理历任馆长、副馆长、现任馆员简介和已故馆员名单，“中央文史研究馆百件大事”，出版《纪念中央文史研究馆成立60周年特刊》。11月，由国务院参事室副主任王明明带队，11位馆员赴湖南、广西两省区采风。采风团先后途经长沙、衡阳、湘潭、怀化和桂林、柳州等地，创作了一批高水平的书法、绘画和诗词作品。

加强对地方馆的业务指导，地方文史馆工作十分活跃。围绕国办发〔2011〕46号文件，各地方文史馆开展了不少学习贯彻的活动，如江苏馆召开机关、馆员和著名学者座谈会；陕西馆召开馆员和各研究会会长扩大会议，听取各方对文史馆建设的意见，在自身建设上有新举措。

地方文史馆立足本地实际开展工作，如北京、四川、重庆、上海、吉林、辽宁、福建馆都举办了有重要影响的文化活动。

目 录

特 载

讲真话 察实情

——同国务院参事和中央文史研究馆馆员座谈时的讲话

...... 温家宝 001

在纪念中央文史研究馆成立 60 周年座谈会上的讲话

...... 温家宝 006

在中华诗词研究院成立大会上的讲话

...... 马 凯 013

在中华诗词研究院揭牌仪式暨诗词研究与创作座谈会上的致辞

...... 陈进玉 019

在《见证亲密》出版暨保护民族文物维护民族团结座谈会上的讲话

...... 陈进玉 021

在《中国地域文化通览》第十一次编撰工作会议上的讲话

...... 陈进玉 025

建设春节新文化

——在第二届春节文化论坛上的致辞

...... 陈进玉 029

在《中国地域文化通览》豫、鄂、湘编撰工作会议上的讲话

...... 袁行霈 033

扎实推动丰硕成果的现实转化
——在第二届春节文化论坛上的总结发言
…… 方　宁 037
努力开创政府文史研究馆工作新局面
——在全国文史研究馆馆长培训班上的讲话
…… 方　宁 040

中央文史研究馆2011年大事记……052

讣　告……059

馆长馆员主要活动与成果

袁行霈……060
汤一介……061
王　尧……062
程毅中……062
资中筠……063
沈　鹏……064
方立天……071
李学勤……071
傅璇琮……072
傅熹年……073
王　蒙……074
舒　乙……075

杨天石……076
杜廼松……079
金鸿钧……080
陈高华……082
金默如……082
马振声……082
郭怡孮……083
刘梦溪……084
王立平……086
薛永年……087
赵仁珪……089
陈祖武……089
程大利……089
陶思炎……090

馆长馆员诗文作品选

"国学"是否从日本进口值得认真讨论……汤一介 093
从汉代看罗马
——在"秦汉—罗马文明展"讲座上的讲稿……孙　机 098
诗作十二首……程毅中 110
读《水浒全传校注》书感……程毅中 113
八十抒怀……沈　鹏 118
书法，回归"心画"本体……沈　鹏 118

人生就是缘

——在从教五十周年学术研讨会上的致辞……………方立天 129

清华简关于秦人始源的重要发现……………李学勤 131

有史以来第一步华北地区的文献总汇

——《中国华北文献丛书》前言……………傅璇琮 135

中华传统文化与软实力……………王 蒙 140

《剑北篇》的足迹……………舒 乙 142

《帝制的终结——简明辛亥革命史》序言……………杨天石 153

皖浙贵之行……………杨天石 162

地区考古成果的重要典范

——谈《林州文物考古发微》……………杜廼松 163

元代女性贞节观的流行……………陈高华 166

中国美术向何处去……………杨延文 171

解读“写意”……………马振声 175

学兼四部的国学大师

——张舜徽先生百年诞辰述感……………刘梦溪 179

古诗十九首……………王立平 186

新时期美术史研究论评……………薛永年 196

《清代学术源流》序……………陈祖武 205

写生旧稿四首……………程大利 210

中国画的本质、特性、境界和欣赏……………程大利 211

论纸马的信仰背景与艺术基础……………陶思炎 225

馆长馆员书画作品选

澄怀观道……………………………… 饶宗颐 237
人生在世数十年………………………… 孙大石 238
国色天香……………………………… 刘继瑛 239
登鹳雀楼……………………………… 欧阳中石 240
沁园春·吴哥古窟……………………… 沈　鹏 241
戴尔夫特风景…………………………… 靳尚谊 242
喜迎辛卯……………………………… 韩美林 243
国色天香……………………………… 金默如 244
天淡云闲花知否………………………… 杨延文 245
玉兰春色……………………………… 张立辰 246
牧笛………………………………… 马振声 247
山水………………………………… 宋雨桂 248
客中初夏……………………………… 薛永年 249
信天游……………………………… 杨力舟 250
初春………………………………… 尼玛泽仁 251
川北有巴中光雾山……………………… 龙　瑞 252

中央文史研究馆年鉴2012

ZHONGYANG WENSHI YANJIUGUAN NIANJIAN

特载

讲真话　察实情
——同国务院参事和中央文史研究馆馆员座谈时的讲话

国务院总理　温家宝

这次是我担任总理以来第5次听取参事、馆员们的意见。今天有8位同志发言，还有6位同志的书面发言，也都印发给大家了。这些发言涉及范围非常广泛，包括经济社会发展、科技教育以及文化宗教事务。大家的意见都非常重要，值得我们国务院及有关部门认真研究，还是这句话："知者尽言，国家之利"。从参事室负责同志的汇报和参事、馆员的发言，我们看到参事室、文史馆的工作又有了新的进展。我曾经提出，要将参事室建成有中国特色的高水平政府咨询机构。现在看来，朝这个方向努力是对的，也有初步的成效。

今天和大家座谈，我仍旧要强调讲真话。讲真话，就要有听真话的条件。我早在给已逝的老参事吕德润先生写信时引用了"知屋漏者在宇下，知政失者在草野"这句名言。在上次座谈会上，我又强调"知无不言，言无不尽；言者无罪，闻者足戒"。我今天还想讲，要创造条件让人们讲真话，让参事、馆员讲真话，"贤路当广而不当狭，言路当开而不当塞"。古语说："大智兴邦，不过集众思"。朱熹说："问渠哪得清如许，为有源头活水来"。政府的政策要做到清明，符合实际，符合人民的意愿，就必须倾听来自人民的意见，集思广益，这就需要有持久不断的"活水"。

对参事室、文史馆的工作，我想提几点要求供大家一起研究。

第一，加强对经济社会发展中重大问题的政策研究。当前我们国家发展的重大问题是哪些呢？我以为主要有几个方面：一是坚持科学发展和转变发展方式，努力解决发展的不稳定、不协调、不平衡和不可持续的问题。二是推进社会公平正义，认真解决地区、城乡发展不平衡和收入分配不公的问题，做到无论任何组织、任何个人，在宪法和法律面前一律平等。三是促进经济社会协调发展，改变“一条腿长一条腿短”的现象，重视发展科技、教育、文化、卫生、体育等社会事业。四是坚持依法治国，建设社会主义法治国家，特别要保证司法的独立和公正。五是深化经济体制改革和政治体制改革，从制度和体制上解决影响经济社会发展的深层次问题，使国家长治久安。这五个问题都是关系国家长远发展的大问题，需要在党和政府领导下统筹谋划，认真解决。希望参事和馆员们经常到地方和基层走一走、看一看，了解基层的情况，倾听人民的呼声。对现实生活中涌现出来的有生命力的新生事物、新鲜经验及时加以挖掘和提炼，对存在的问题、矛盾和困难要毫不掩饰地如实反映，为国家解决这些重大问题提出真正有价值的对策和建议。

第二，重视对历史和国际经验的比较研究。历史是一面镜子，国际经验也是一面镜子。我们在现代化的进程当中，始终要注意经常地照一照这两面镜子，鉴古知今，博采众长。这样，我们前进的步伐会更加扎实、更加有力。大家非常熟悉《贞观政要》里这句名言：“以铜为镜，可以正衣冠；以古为镜，可以知兴替；以人为镜，可以明得失”，我以为这至今仍然是至理名言。现阶段我们前进中遇到的许多问题，一些发达国家也曾经遇到过，比如社会保障问题、住房问题、贫富差距问题、腐败问题、司法公正问题、环境保护问题、权力监督问题，等等。不同的国家解决这些问题往往有不同的方法，有的成功，有的失败，有的至今还在探索。我们要立足国情，对那些成功的经验认真地借鉴和吸收，对那些失败的教训切实地警惕和避免，对尚在探索中的问题加强合作和交流，共同破解难题。还是那句话：只有开放兼容，国家才能富强；只有与古为新，社会才能进步。就拿腐败来说，这是古今中外都想要消除的社会毒瘤。一些发达国家在其发展的过程中也曾受到贪腐成风、民怨沸腾的困扰。通过体制改革，包括改革选人用人制度和加强对权力的监督，腐败现象有所遏制和解决。这次我在“两会”记者招待会上说过，要消除腐败的土壤，最根本的在于改革制度和体制，让人民批评和监督政府，让权力受到制约。我这样说，也是借鉴了历史和国际正反两方面的经验。参事、馆员们的历史知识和国际经验比较丰富，希望大家开阔视野，通过纵向和横向的比较研究，为解决我国现代化进程中的难题献计献策。

第三，注重对社会转型期道德文化建设的研究。从一定意义上讲，文化是制度之母。一种社会制度的形成、巩固和发展，需要有相应的文化为其提供指导和奠定基础。我国改革开放 30 多年来，伴随经济社会的发展和民主法制的推进，文化建设有了很大的进步。同时也必须清醒地看到，当前文化建设特别是道德文化建设，同经济发展相比仍然是一条短腿。举例来说，近年来相继发生“毒奶粉”、“瘦肉精”、“地沟油”、“彩色馒头”等事件，这些恶性的食品安全事件足以表明，诚信的缺失、道德的滑坡已经到了何等严重的地步。一个国家，如果没有国民素质的提高和道德的力量，绝不可能成为一个真正强大的国家、一个受人尊敬的国家。党中央、国务院高度重视文化建设，我们的文化建设除了生产更多健康有益、丰富多彩的精神文化产品，满足人民群众日益多样化的文化需求外，还要把加强同市场经济、民主法治、和谐社会建设相适应的道德文化建设放到更加突出、更加重要的位置上来，这是今天我特别想强调的一个重大问题。要在全社会大力加强道德文化建设，形成讲诚信、讲责任、讲良心的强大舆论氛围。这不仅是维护正常生产生活和社会秩序的需要，也有利于从根本上铲除滋生唯利是图、坑蒙拐骗、贪赃枉法等丑恶和腐败行为的土壤。在新的历史条件下加强道德文化建设，是一项复杂而艰巨的社会系统工程。我们要把依法治国和道德建设紧密结合起来，深化政治体制改革、经济体制改革、文化体制改革、司法体制改革，完善法律法规，使有道德的企业和个人受到法律的保护和社会的尊重，使违法乱纪、道德败坏者受到法律的制裁和社会的唾弃。同时，我们要从绵延数千年的中华优秀传统文化中汲取营养，从世界优秀的文明成果中取长补短，从而培育具有时代精神、自尊自信、深入人心的社会主义道德风尚。我希望，参事室、文史馆发挥自己的独特优势，在这方面做出卓有成效的努力。

第四，发扬崇尚理性、追求真理的科学精神。做学问、搞研究是件很辛苦的事情，而发扬崇尚理性、追求真理的科学精神更需要勇气、学识和为人民服务的精神。什么是理性思维？就是尊重自然规律、科学规律、经济规律和人类发展进步的规律，这是研究学问、从事实际工作的基本要求。不论研究学问还是从事实际工作，都必须要有理性思维。要做到这一点，并不是容易的，这就要求我们必须有爱国家、爱人民并为之服务和献身的精神，就必须有尊重客观实际和规律、追求真理并为之不懈探索和牺牲的精神。上次座谈会我讲话时，引用了陈寅恪先生的“独立之精神、自由之思想”，这是我一生都崇尚的格言。今天我们的参事、馆员从事调查研究，同过去关在书斋里做学问有很大的不同，要有不畏艰辛、不怕牺牲、求实崇真的精神，同样值得提倡“千夫诺诺，不如一士谔谔”。我认为，深入实际而不浮躁，独立思考而不跟风，敢说真话而不人云亦云，这是参事、馆员人格魅力之所在，也是提高咨询国是水平的关键。

各位参事、各位馆员：

一个国家、一个民族，总要有一批心忧天下、勇于担当的人，总要有一批从容淡定、冷静思考的人，总要有一批刚直不阿、敢于直言的人。宋代理学大师朱熹在任福建漳州知州时，曾为创办的白云岩书院写过一副对联：“地位清高，日月每从肩上过；门庭开豁，江山常在掌中看”。这是千百年来中国仁人志士的崇高精神追求。在我看来，把这副对联用在今天参事、馆员们的身上也很贴切。我们就是要有这样的境界和追求。我相信，经过不懈的努力，参事室、文史馆一定能够成为有特色、高水平的政府咨询机构，一定能为推进中国特色社会主义伟大事业作出更大的贡献。

在纪念中央文史研究馆成立60周年座谈会上的讲话

国务院总理　温家宝

各位馆员，同志们：

今天，我们在这里举行座谈会，纪念中央文史研究馆成立60周年。刚才，几位馆员和参事作了很好的发言，大家就国家文化建设提出了中肯而重要的意见。我代表国务院，向中央文史研究馆和各地文史研究馆的馆员以及从事文史馆工作的同志们，表示衷心感谢和崇高敬意。下面，我就文史研究工作谈几点看法。

一、深刻认识文化历史的重要作用

文化是一个民族的灵魂。我曾说过，国家发展、民族振兴，不仅需要强大的经济力量，更需要强大的文化和道德力量。文化对一个国家发展进程的影响，比经济和政治的影响更深刻、更久远。如果说，经济发展改变的是一个国家的面貌，那么文化繁荣则可以化育一个民族的风骨。一个民族的觉醒，首先是文化的觉醒。中国在历史长河中形成的优秀文化传统，对今天中国人的价值观念、生活方式和中国的发展道路都具有深刻的影响。优秀的传统文化与时代精神相结合，这是我国文化发展的唯一正确道路。文化建设的滞后，必然对经济发展、社会进步、生态保护乃至政治文明形成一定制约。没有先进文化的发展，没有全民族素质的提高，就不可能实现真正的现代化。只有当全世界都公认中华文化真正繁荣起来、在世界上具有重要影响力的时候，才是我国真正强大的时候。

历史是一个民族的精神家园。历史记录和保存先人活动的事迹，后人透过读史而进行自省，可收到政治、社会教化之功效。清末民初学人连横在《台湾通史》中写道：“夫史者民族之精神，而人群之龟鉴也。代之盛衰，俗之文野，政之得失，物之盈虚，均于是乎在。故凡文化之国，未有不重其史者也。”历史文化传统往往影响着一个民族的精神世界，决定着一个民族的未来发展。中华民族拥有五千年文明史，在漫长的历史长河中，无论兴衰成败，历史文化的根脉始终生生不息、绵延不绝。深厚的历史文化底蕴，成为我们民族赖以生存和繁衍发展的精神沃土；丰富的历史文化遗产，成为我们民族取之不尽的宝贵精神财富。

文以载道，史以鉴戒。文化传承的过程，就是取其精华、去其糟粕的过程。文史研究的主要任务，就是总结提炼民族文化历史的精华，古为今用，增强民族自信心和凝聚力。一个民族如果忘记自己的历史文化传统，就不可能深刻地了解现在和正确地走向未来。那种对本民族的传统不知爱惜，动辄全盘否定，实际上是自毁根基。历史是解读现实的第一把钥匙，研究任何社会问题都需要以对历史的透彻了解为基础。只有加强文史研究、保存历史记忆、洞悉历史规律，才能鉴古知今、熔古铸今，开辟新的未来。中国是一个文明古国，文化遗产十分丰厚，历史文献浩如烟海。今天，我们要深入发掘中国文化历史的优秀精神，把遥远的传统变成现实中有生命力的东西，促进中国特色社会主义伟大事业健康发展。

文史研究必须坚持“百花齐放，百家争鸣”的方针。“双百”方针的精髓，就是解放思想，鼓励创新，尊重规律，兼容并包。正反两方面经验表明，实行“双百”方针，是促进文化大发展大繁荣的一大法宝。如果思想僵化、停滞不前，就会从根本上窒息文化发展、艺术繁荣的生机与活力。要鼓励文化工作者深入实际，体验生活，创作更多的精神产品，为建设社会主义精神文明作贡献。

二、继承和发扬“敬老崇文、存史资政”的优良传统

60年前，政务院文史研究馆刚刚成立时，毛泽东同志就为文史馆提出了“敬老崇文，存史资政”的工作宗旨。其核心有两点：一是老有所养，就是让一批生活清贫的文化巨匠、社会名流能够安享晚年；二是老有所为，就是要借助他们的文史知识和政治智慧，为新生的人民共和国服务。可以说，文史馆的创建，是党和政府尊重知识、尊重人才政策的体现，是中华民族尊贤尚德优良传统的光大。

敬老崇文是中华民族的一大优良传统。长幼有序、事亲至孝、敬老尊贤、崇文尚德是中华民族传统文化的重要组成部分。相传在古代朝廷和地方就曾设有“三老五更”之席位，以示对老人的尊重之意。敬老的实质，就是弘扬人伦礼义、提倡尊贤尚德。我们强调“敬老崇文”，不仅是为了弘扬中华民族的传统美德，也不仅仅体现为对老人过去贡献的肯定，而且是为了充分发挥老者的智慧和经验，特别是在文化传承中不可替代的作用。

存史资政是中华民族治国安邦的一条重要经验。中华民族有修史的传统，这也是中华文化绵延不绝的奥秘所在。述往事，思来者。回顾历史，总结经验，是为了加深对客观事物规律性的认识，是为了更好地指导现实，是为了开辟未来。明太祖在论修史时说：“自古有天下国家，行事见于当时，是非公于后世，故一代之兴衰，必有一代之史以载之。”历史上中国史家所秉持的不虚美、不隐恶，以春秋笔法直书历史的原则和正直不阿的态度，形成国史上许多美好的传统和不朽的典范。诸如史家峥嵘之风骨，史料征存之丰赡，修史制度之健全，尊史观念之浓厚，衍成中国文化传统中独具的特色。史家直书不隐、劝善惩恶、独立不惧的精神，也深深融入人民内心，转化为民族精神的一部分，成为民族正气渊源之所出。在中华民族复兴的伟大进程中，我们要善于挖掘自己这些宝贵的精神资源，“从史中求史识”，借鉴经验与教训，汲取智慧和力量，以历史作为民族教育的基础，从而建立国家稳定和谐的秩序。

60年来，文史研究馆秉持“敬老崇文、存史资政”的宗旨，大力支持和鼓励各位馆员积极开展文史研究和艺术创作，牢记周恩来总理当年提出的“把知识和经验留给后代”的嘱托，取得了丰硕成果。历任馆长和馆员，如符定一、章士钊、叶圣陶、萧乾、启功、叶恭绰、柳亚子、陈寅恪、沈尹默、齐白石、陈半丁、张伯驹等一大批老先生，为传承和发展中华文化作出了不可磨灭的贡献。在“文化大革命”时期，由于“左”的错误，文史研究馆的功能受到很大削弱。改革开放以来，这种局面有了根本性改变，中央文史研究馆和各地方文史研究馆为推进社会主义文化建设，组织实施了一批有重要影响的文化工程。与此同时，馆员们积极资政建言，为促进国家经济建设和改革开放，为巩固和发展爱国统一战线发挥了独特的作用。60 年的实践证明，办好文史馆，对推动我国文化繁荣和祖国统一大业具有重要的意义。

今天，虽然时代不同了，但学术大家、艺术大师和专家学者的作用不是弱化了，而是更加重要了。社会对他们更应当尊重、更应当爱护，使他们发挥更大的作用。按照文史研究的一般规律，伟大的时代必然产生伟大的作品。各位馆员都是饱学之士，理当推出更多反映时代精神的伟大作品，在弘扬优秀传统文化的基础上创造中华文化的新辉煌。特别是在传统文化古为今用方面，文史馆是大有可为的。例如，古书中有大量警句格言，读懂并不太难，背熟也有可能，其中蕴涵着精深的民族智慧和各种有价值的思想经验，经整理诠释，完全可以拿来作为当代人的精神食粮，以利于敬德修业，成长成才。我国近代一些儒商一手拿《论语》，一手拿算盘，提倡义利兼顾的商业道德，这对发展市场经济进程中加强诚信文化建设具有重要的借鉴意义。

三、努力做好新时期的文史馆工作

60 年前董必武同志在政务院文史研究馆成立大会上，曾引述庄子的“其作始也简，其将毕也巨”这句话，表达党和政府对文史研究馆的殷切期望。展望未来，在建设富强民主文明和谐的社会主义现代化国家进程中，文史研究馆仍然有着广阔的舞台，仍然有着不可替代的地位和作用。新时期我们应进一步办好文史研究馆，更好地发挥馆员的作用。

第一，进一步提高国是咨询、建言献策的质量和水平。政府的政策要符合实际，符合人民意愿，必须倾听各方面的意见。文史馆在国是咨询方面有三个独特优势：一是文史研究馆有许多学养深厚的名流大家，对治国理政经常有独到的见解。二是文史馆职位超脱，没有特殊利益，看问题客观公正。三是大家时间比较宽裕，有条件沉下来静心地搞一些有深度的调查研究。多年来，文史馆强调发挥在政府决策中的咨询作用，馆员们从实际出发，积极参政议政，提出了不少真知灼见。比如袁行霈先生关于独生子女教育问题、落实高校办学自主权等建议，都是非常有价值的。王蒙先生关于反对低俗文化、倡导高雅文化的建议，受到中央领导同志的高度重视。舒乙先生关于保护研究承德避暑山庄和外八庙的建议，也得到重视，国家为此拨款六亿元。去年国务院常务会议审议音像著作权政策问题，我在会上没有立即拍板，而是要求有关部门先听听王立平等先生的意见，然后再做决定。文史馆馆员的建议之所以引起重视，就是因为先生们讲出了有水平的真话。还是那句话，“知者尽言，国家之利。”我们要创造有利条件，让各位馆员充分发挥各自的专业优势，各抒己见，敢于直言，为解决我国现代化进程中的难题献计献策。

第二，在推进国家文化建设中发挥独特作用。近百年来，中国社会经历了剧烈的动荡和变迁，中华文化经历了罕见的浩劫，整理、传承、光大中华文化是一项繁重而紧迫的任务，有些带有抢救的性质。文史研究馆集中了一批饱学之士，许多老先生在传统文化研究和艺术创作方面造诣精深，海内外享有盛誉，对传承中华传统文化有着不可替代的作用，也肩负着不可推卸的责任。陈寅恪先生曾经说，一个被文化精神所凝聚之人，是为此文化精神所化之人，其文化担承力是无与伦比的，他有远大的眼光，不会为眼前的苦难所挫折，不是一遇到困难就天地断道。像司马迁写《史记》，究天人之际，通古今之变，成一家之言，就是为生民立命；顾炎武写《日知录》，目的很明确，就是经世、明道。我与馆员们多有交往，或当面请教，或书信往来。我深深地感到，他们学识渊博而淡泊名利，渴望把毕生积累的研究成果加以整理，为子孙后代留下一笔精神财富。不少老先生已届耄耋之年，政府有责任为他们提供良好的工作条件和必要的照顾，使他们的夙愿得以实现。我们要为各位名耆硕儒创造老有所为的良好环境，使大家心情舒畅、安享晚年的同时，专心从事文史研究和艺术创作，争取再出更多的传世精品。

第三，自觉承担起博采众长、弘扬中华文化的责任。刚才馆员在发言中，提出一个重要的问题，就是中西文化会通的问题。在日益开放的当今时代，任何国家文化要发展繁荣，都离不开同世界各种文明的交流和对话。一个国家和民族的文化越是具备开放性和进取性，其生命力、创造力、凝聚力就越强。中华文化博大精深，海纳百川，因兼收并蓄而丰富多彩，因博采众长而永葆活力。文化交流和会通不但能让我们学习和借鉴世界各国优秀文化，也有利于传承和弘扬我中华文化。回顾历史，汉唐人对未来文明的开放胸襟与拿来为自己所用的宏大气派，造就了中华文明的两个历史高峰。西方近代文明从明朝末年逐渐传入中国，影响着中国百余年的历史进程，但中华文明并没有失去自主能力。中国文化界应当适应世界文化交流、交融、交锋更加频繁的新趋势，以更加自信的心态、更加开阔的视野、更加主动的姿态走向世界，努力弘扬和传播中华文化，积极吸取其他各种文化的先进因素，使中华文化不仅植根于民族传统文化的沃土，而且符合世界发展进步的潮流。只有这样，具有几千年历史而从未中断过的中华文明，才能重塑自己在世界上的新形象，才能在世界文明进程中再现自己的辉煌。文史馆的老先生都是鸿儒硕学，具备开展东西方文化比较研究的优势，要自觉承担起弘扬传播中华文化的使命，致力于中华文化的研究和对外交流，促进不同文明之间的沟通和融合，不断增强中华文化的辐射力和影响力。

第四，继续为祖国统一和中华民族的复兴贡献力量。60 年来的实践证明，文史馆既是推动社会主义精神文明建设的重要力量，也是中国共产党与党外知识分子团结合作的重要途径。尽管文史馆馆员来自不同党派或是无党派人士，却有着共同的爱国热忱，都是我党长期合作共事、肝胆相照的老朋友。文史研究馆的固有优势是文史研究和艺术创作，以文会友，以友辅仁，有利于密切党同知识界、文化界的联系，有利于增强海内外中华儿女的文化认同，有利于促进祖国统一大业和实现中华民族伟大复兴事业。我们希望各位馆员继续发挥好自己社会联系和人脉关系广泛这一优势，积极参与海外联谊工作，通过著书立说、艺术创作等形式，在实现祖国完全统一、增强民族凝聚力等方面继续作出新的贡献。

各位馆员，同志们：

回望五千年中华文明史，在历史长河中曾几度出现群星璀璨、壮丽辉煌的文化高峰。二十一世纪，是中华民族实现伟大复兴的世纪，也必将成为中华文化迈向新高峰的世纪。面对如此豪迈的伟大事业，文史研究馆完全可以大展宏图。让我们同心协力，扎实进取，为推动社会主义文化大发展大繁荣而不懈努力！

在中华诗词研究院成立大会上的讲话

国务委员兼国务院秘书长　马 凯

各位学长、各位诗友、同志们：

首先，热烈祝贺中华诗词研究院成立！

中华诗词以汉字为载体，借助于汉字方块、独体、单音、四声的独特优势，按照符合美学规律的格律规则，形成了同时兼有均齐美、节奏美、音乐美、对称美和简洁美的大美诗体。几千年来，按照这种大美的形式，中华民族一代又一代创作出了大量脍炙人口的光辉诗篇，其内涵之深，形式之简，音韵之美，数量之多，普及之广，流传之久，影响之大，是世界上许多以拼音文字为载体的诗歌难以比拟的。中华诗词在记载历史、传承文化，启迪思想、陶冶情操，交流情感、享受艺术，丰富人的精神世界、提升中华民族凝聚力、推动社会文明进步等方面，发挥了重要的作用。中华诗词是中华文化瑰宝中的明珠，也是人类文明的共同财富。我们为我们的民族有这样大美的诗体，有这么多光辉的诗篇和杰出的诗人而感到骄傲和自豪。

当前，在经过一段历史曲折后，中华诗词正在从复苏走向复兴，方兴未艾，形势喜人。在这一背景下，成立中华诗词研究院，办好了，必将对中华诗词的传承、繁荣和发展发挥应有的积极作用，对弘扬中华民族优秀传统文化、提高国民综合素质作出应有的贡献。从刚才几位诗界朋友的发言中，深深体味到大家对办好研究院寄予厚望，同时提出了不少好的意见和建议，听了很受启发。我也借此机会对如何办好中华诗词研究院谈一些看法，供同志们在工作中参考。

要办好研究院，首先要找准研究院的定位、作用和任务。换句话说，我们究竟要办一个什么样的研究院呢？在我的心目中，经过长期艰苦不懈地努力，研究院在中华诗词事业中应当发挥这样几个作用：

一是成为凝聚诗词人才的重要纽带。中华诗词事业的传承、繁荣和发展，归根到底靠人，靠诗人。研究院要发挥自己独特的优势，以推崇大家、发现和培育新人为己任，通过聘请顾问、设立学术委员会、聘任研究员、组织课题研究、支持出版书籍、开展学术研讨等多种形式，不拘一格广泛吸引诗词人才，为他们的创作、研究和交流提供服务。

二是成为繁荣诗词创作的重要平台。现在我国公开和内部发行的诗词报刊有几百种，每年刊登的诗词新作达几十万首，相当于《全唐诗》的几倍，数量可观。但是精品力作较少，即使有，宣传推广也不够。缺乏精品力作，中华诗词就不会有真正的繁荣，更难以长盛不衰。研究院要以创作精品、弘扬经典为己任，联合其他诗词团体组织诗词人才按照贴近实际、贴近群众、贴近生活的要求，通过采风、笔会、出版诗集、编辑诗词年鉴等多种形式，创作、发现和推介大批优秀的诗歌作品，并推动优秀的当代诗词作品进入网络、学校、企业、部队、农村、社区，融入主流文化阵地，扩大社会影响。

三是成为引领诗词评论的重要窗口。诗词创作与诗词评论，是推动诗词发展不可或缺的两个轮子。当前，与相对繁荣的诗词创作比，诗词评论已成为诗词事业发展的一条短腿，评论不多，深度不够，影响也小，有些无原则吹捧的庸俗风气也值得忧虑，这些都不利于诗词事业的健康发展。研究院要带头倡导正确的诗词评论新风，坚持尊重艺术、尊重作者、尊重读者，坚持客观公正、宽容平等、百家争鸣。通过正确的诗词评论，推崇诗词大家，发现诗词新人，弘扬诗词经典，提升作者的创作能力和读者的欣赏水平。

四是成为推动诗词研究的重要阵地。研究院与其他诗词社团的一个显著区别是，要把组织研究放在突出位置上。要研究中华诗词的艺术规律，创立和发展中华诗词美学理论，推动中华诗词的继承和创新；研究古今诗词大家的作品和风格，撰写重要诗人和词人的传记、研究专著；研究中华诗词的发展史，既包括古代的，也包括近现代的，特别是五四以来近百年中华诗词的发展史；研究中华诗词的音韵学；研究中华诗词与自由体诗、民歌、歌词等其他诗体的比较，取长补短，相互促进；研究中华诗词的翻译理论和方法；还要研究中华诗词未来的发展趋势，等等。

五是成为收集诗词资料的重要文库。与上述几项任务和作用相适应，研究院应当广泛收集历代和当代有关中华诗词的诗作、诗集、诗评、诗注、诗论、诗史、诗刊、诗报等资料，逐步建立起较为完备的、有权威的、有影响的中华诗词文献库，既为当代人服务，也为后人留下宝贵的财富。

在谈到中华诗词研究院的定位、作用和任务时，我还想说说它和中华诗词学会的关系。对此，我在筹建研究院的一次会上曾讲了三句话："两个机构，一个目标；你中有我，我中有你；适当分工、通力合作"。"两个机构，一个目标"是说，学会作为群众性社团，研究院作为国务院参事室、中央文史研究馆下属的研究机构，机构性质不同，但目标都是为了传承、繁荣和发展中华诗词事业。"你中有我，我中有你"是说，在领导成员和研究力量的构成上，两者是有一定交叉的。"适当分工，通力合作"是说，在功能和作用上，两个机构各展其长，各有侧重。具体讲，研究院和学会都要既抓普及又抓提高，但研究院更要在抓提高上下功夫；都要既抓诗作又抓诗评，但研究院更要在抓诗评上下功夫；都要既抓创作又抓研究，但研究院更要在抓研究上下功夫；都要既抓当前又抓长远，研究院更要在抓长远上下功夫。许多诗词活动根据内容可以一家为主、两家或几家联合开展。

显然，从上述研究院的定位、作用和任务看，要不负众望把中华诗词研究院真正办好，实现其预期目标，发挥其应有作用，不是一件容易的事，不可能一蹴而就，需要经过较长时间的艰苦努力。办好诗词研究院有许多有利条件，主要是：中华诗词正在由复苏走向复兴，给了我们难得的历史机遇；已经涌现出一大批热爱中华诗词并创作出大量优秀作品的庞大诗词作者队伍；同时，研究院依托国务院参事室、中央文史研究馆，又有一大批德、才、望兼备的文学艺术家和文史学家，这些都为我们办好研究院创造了好的主客观条件。当然，也有些不利条件，主要是在起步阶段我们研究院的人员少，经费不足，任务重，又缺乏办院的经验。在这样的情况下，怎样才能办好研究院、实现我们的预期目标呢？刚才，进玉同志和多位诗界同仁都讲了很好的意见，我也想讲四点意见：

第一，精品立院。精品是研究院的立院之本。没有精品，研究院就没有社会存在的价值。这里的“精品”，既包括优秀的诗词作品，也包括优秀的诗词评论，还包括优秀的诗学理论、诗词史方面的文章、专著，以及举办高质量的诗词研讨会等。总之，研究院的各方面工作都要不求数量、但求质量，不图虚名、但求实效。中华诗词研究院及其各项研究成果都应当成为具有社会影响力的“品牌”。

第二，创新兴院。创新是研究院的不竭动力。研究院坚持创新，首先要体现在诗词创作和研究上。正确处理继承和创新的关系，是繁荣和发展中华诗词的关键。不继承，中华诗词就没有根基；不创新，中华诗词就没有活力。只有在继承的基础上创新，在创新的过程中更好地继承，才能永葆中华诗词的生命力。创新当然首先是内容上的创新，研究院组织的诗词创作和研究，要有浓厚的时代气息、生活气息，反映新意境、新思想、新情感，注入新题材、新语言、新风格。对形式上的创新，也应持开放态度。因为一部中华诗词发展史就是中华诗词内容和形式上的创新史。当然，中华诗词形式的创新，必须建立在继承传统的基础上，否则会“异化”为其他诗体。研究院坚持创新，在办院上就是要勇于探索、大胆实践，搞活办院机制。要创新选人用人机制。研究院本身的编制是有限的，要用好有限的编制，引入竞争机制，选用热爱诗词事业、有一定研究和组织能力、热心为诗词界服务的骨干人才；同时要广开人才之路，善于联系、组织、动员、依靠社会上各方面力量共同完成研究院的各项任务。要创新学术研究组织机制。组织课题研究、资助出版高水平的著作等等，也要引入竞争机制，规范课题管理，使研究工作既有激励又有约束。要创新资金筹措机制。在用好用活有限的财政资金的同时，采取适当形式吸引和利用社会资金，为发展中华诗词事业服务。

第三，严谨治院。这是办好研究院的重要条件。作为高层次的诗词研究机构，要树立科学严谨的治学风气，尊重规律、尊重艺术，力戒浮躁、讲求实效。要切实贯彻“百花齐放、百家争鸣”的文艺方针，形成活跃、宽容的学术氛围。要建立和完善研究院自身的各项内部管理制度。研究院的工作人员，要不断提高自身的政治素质、诗词修养和组织能力，要有奉献精神和服务意识，心甘情愿、兢兢业业地为中华诗词事业的发展、为大家做好服务工作。

第四，团结强院。这是办好研究院的重要保障。这里，不仅是指研究院内部的团结，领导班子和干部职工要拧成一股绳，心往一处想，劲往一处使，齐心协力，搞好服务工作，更重要的是，研究院不能搞“小圈子”，而要搞大团结，坚持开门办院。要广泛团结和依靠中华诗词大家，充分发挥老一代诗人词家承前启后的作用，同时更要善于发现、紧密团结和热情扶持热爱诗词事业、有基础、有潜力的中青年诗人，他们是中华诗词的未来和希望。要加强同中华诗词学会以及其他诗词、曲赋、楹联社团的联系与合作，加强同高等院校、中华古典文学研究机构的联系与合作，加强同海外华侨、华人中的诗人、诗词社团以及国际友人中的汉诗爱好者的联系与合作。中华诗词研究院，固然要以创作、研究格律诗为主，但格律诗毕竟只是中华诗歌百花园中的一种。中华诗歌百花园中的各种诗体各有所长。研究院要加强与新体诗、歌词、民歌、儿歌、散文诗等诗体的诗人联系与合作，相互学习，取长补短，比翼齐飞，共同繁荣中华民族的诗歌事业。同时，还要与音乐、吟诵、书法、绘画联姻，让中华诗词传播得更加广泛，更加具有感染力、震撼力。

同志们、朋友们！办好中华诗词研究院任重而道远。让我们团结起来，认真贯彻党的文艺工作方针，脚踏实地，开拓进取，为传承、繁荣和发展中华诗词，为弘扬中华优秀传统文化，为社会主义文化大发展大繁荣作出应有的贡献！

在中华诗词研究院揭牌仪式暨诗词研究与创作座谈会上的致辞

国务院参事室党组书记、主任　陈进玉

尊敬的马凯国务委员，

各位领导、各位老先生，

各位馆员、各位参事、各位特约研究员，

同志们、朋友们：

今天，是中华诗词研究院成立的大喜日子。刚才，马凯国务委员向刘征等同志颁发了中华诗词研究院顾问的聘书。稍后，与会的领导和嘉宾将就中华诗词的研究与创作发表高见。我首先代表国务院参事室、中央文史研究馆，对在座各位鼎力支持中华诗词研究院，表示衷心的感谢！

国务院参事室、中央文史研究馆之所以成立中华诗词研究院，主要是基于以下三点考虑：

第一，促进中华诗词的繁荣与发展，是利国利民的大好事，也是我们大家共同的责任。中华诗词是中华传统文化的瑰宝。数千年来，我们的祖先创作了无数脍炙人口的诗篇，世代流传，已经成为哺育中华民族不可替代的精神养料。在迈向现代化的今天，繁荣和发展中华诗词是弘扬中华优秀传统文化、提高全体国民思想道德素质的一件大事。特别是在贪恋物质享受、低俗文化泛滥、社会道德滑坡的情况下，把民间热情同政府倡导紧密结合起来，大力普及和繁荣中华诗词这种高雅文化，具有特殊重要的意义。

第二，中央文史研究馆、国务院参事室有一批名人大家，大家对弘扬中华诗词有很高的热情。中央文史馆下面有一个中华诗词组，多年来一直致力于中华诗词的创作和研究。两年前，汇集新中国成立以来馆员诗词作品的文集——《缀英集》的出版，以及没有公开出版的《鸿雪诗刊》等，就是馆员们多年心血的结晶。成立一个专门机构，从事中华诗词的研究，促进中华诗词的普及和扩大海外交流，这是酝酿、盼望已久的一件事。

第三，国务院领导同志的直接关心和各有关部门的大力支持，为我们提供了心想事成的难得机遇。2008年12月23日，马凯国务委员在《缀英集》编辑出版暨中华诗词创作座谈会上发表了《发展和繁荣中华诗词》的重要讲话。他在这个讲话中明确指出：“当前，中华诗词在沉寂了一个时期后，已经从复苏走向复兴。”他对发展和繁荣中华诗词要处理好的五个关系，也就是继承和创新的关系，普及和提高的关系，新体诗和旧体诗的关系，诗人和大众的关系，作诗和做人的关系，作了精辟的阐述。马凯同志很大程度上不是以官员的身份，而是以普通诗词作者的身份向大家吐露心声。这个座谈会的消息在光明日报发表后，引起了温家宝总理的重视，并给予充分肯定。马凯同志是分管国务院参事室、中央文史研究馆的国务院领导，有他的热情关心和精心指导，对我们办一个中华诗词研究院的确是不可多得的有利条件。袁行霈馆长和他的同道们经过努力把这个机遇变成了现实。

中华诗词研究院是一个呱呱落地的新生儿，需要中华诗词学会和文化界、社科界、教育界、新闻出版界等各位名家高手以及广大诗词爱好者的呵护、指导和支持。中华诗词研究院也决心认真贯彻落实国务院领导同志的有关指示精神，找准定位，发挥优势，搞好服务，为新时期中华诗词的复兴尽到自己的一份力量。

这次中华诗词研究院的成立和筹建工作，得到了中编办、财政部、国管局等有关部门的大力支持和帮助。在此，我们向你们再次表示衷心的感谢！我们将尽最大努力办好中华诗词研究院，以不辜负大家的厚爱和期望！

谢谢大家！

在《见证亲密》出版暨保护民族文物维护民族团结座谈会上的讲话

国务院参事室党组书记、主任　陈进玉

尊敬的丹珠昂奔副主任，

各位老专家，各位朋友：

大家上午好！

在舒乙先生新书《见证亲密——纪北京承德两市带藏文的石碑和藏式建筑》出版之际，我们在这里举行这个座谈会，我觉得很有意义。我谨代表国务院参事室、中央文史研究馆向舒乙馆员表示衷心的祝贺！向出席座谈会的丹珠昂奔副主任，向在座的各位老专家、各位朋友表示热烈的欢迎！

借此机会，我谈一谈阅读舒先生这本书的几点感想。

一、这本书的出版是促进民族文物保护的一次重要实践

我国是一个多民族的国家，各个民族都有自己的历史文化遗存，民族文物蕴含着中华民族特有的精神价值、思维方式和想象力，体现了中华民族的生命力和创造力，是各民族智慧的结晶，也是全人类文明的瑰宝。保护文物，就是保持民族文化的传承，就是保存维系民族情感的纽带，对于增进民族团结和维护世界文化多样性、促进人类共同发展具有重大意义。我认为，在当前，进一步加强对民族文物的保护，加强对其承载的历史价值、文化价值、教育价值的发掘和研究，总结提炼民族文化历史的精华，古为今用，有利于维护国家安全和民族团结和谐，有利于促进社会主义精神文明建设，也有利于增强中华民族的自信心和凝聚力。

舒先生写这本书，不是为研究而研究，不是为写作而写作，而是具有很强的现实针对性。他在调查研究的基础上，提出了一系列具有可行性的对策和建议。例如，他提出的“重修颐和园后山的藏式建筑群，保护有藏文的石碑，开放清净化城塔”等建议，引起了党中央、国务院领导同志的高度重视并作出了重要批示，相关建议也得到了很好的落实。舒先生在本书中关于保护藏族文物遗存的许多建议，必将有利于促进民族文物的挖掘、建设与保护。

二、这本书的出版是共同维护民族团结的一个有力见证

各民族团结友爱，是中华民族的光荣传统，是社会主义民族关系的生动体现，是中华民族繁荣发展的重要保证。中华民族生生不息，靠的就是各民族的团结友爱。新中国成立60多年来，各族人民高举民族大团结的伟大旗帜，和衷共济、和睦相处、和谐发展，携手推进社会主义建设和改革开放事业，谱写了中华民族自强不息、团结奋进的壮丽史诗。今天，“汉族离不开少数民族、少数民族离不开汉族、各少数民族之间也相互离不开”已成为各族人民的坚定信念；共同团结奋斗、共同繁荣发展已成为各族人民的共同追求；共同维护民族团结已成为各族人民的自觉行动。这正是中华民族自强不息、不断前进的力量源泉。舒乙先生写这本书的目的，就是要以藏式建筑、带藏字的石碑等看得见、摸得着的文物遗存，告诉世界一个客观存在的事实：中国自古以来就是一个多民族团结统一的国家。舒先生这本书中寻找、考证的一系列文化遗存，正是康乾时期满、汉、蒙、藏等各民族亲密无间的最好的历史见证。

近年来，舒乙先生除了亲自实地考察北京各相关地点带藏文的石碑和藏式建筑外，无论是对于史料的援引与考证，还是对于实物的考查与研究，他都遵循着亲历、亲见、亲闻的原则，都是有几分证据，说几分话，绝不想当然地凭空臆想。这本书图文并茂，通俗易懂，可读性很强。所以，我认为这本凝聚着舒乙先生汗水和心血的书，也是民族出版社编辑和有关人士辛勤劳动的结果。这本书本身就是自觉维护民族团结的一个很好范例。著作者舒乙先生是满族，题写藏文书名的丹真多杰先生和负责装帧设计的吾要先生都是藏族，策划编辑覃代伦先生是土家族，责任编辑于玉莲女士是蒙古族。这本书由民族出版社出版，本身是很有意义的一件事情。

我还想强调的是，舒乙先生关于藏式建筑文化的保护和保护利用好承德文物遗产的一系列建议，很快得到了党中央、国务院领导同志的重要批示和中央各有关部门的大力支持，贯彻落实进展之快、力度之大，出乎我们的意料。这集中反映了保护民族文物、促进民族大团结，已经越来越成为了我们全党、全国、全社会的共识。

三、这本书也是作者继承和发扬馆员风范的一个有力见证

今年，适逢中央文史研究馆成立60周年。国务委员兼国务院秘书长马凯同志在庆祝文史馆成立60周年招待酒会上的致辞中，明确提出要继承和发扬中央文史研究馆“馆员风范”。什么是馆员风范？这就是：心忧天下的爱国情怀，淡泊名利的道德境界，老骥伏枥的进取精神，敢于直言的铮铮风骨，倾心公益的古道热肠。

我认为，舒乙先生就是上述馆员风范的模范实践者。《见证亲密》这本书的出版，有力表明了这一点。近两年来，舒先生多次往返于北京和承德之间，全然不顾自己已经是一位76岁的老人，全然不顾旅途的奔波劳累，也全然不计个人的利益得失，亲自撰文、亲自摄影、亲自校稿。所以，《见证亲密》这本书是舒乙先生爱国情怀、道德境界、进取精神、铮铮风骨和古道热肠的一个鲜明体现。

各位老专家，各位朋友！

在今年9月6日举行的纪念中央文史研究馆成立60周年的座谈会上，温家宝总理对中央文史研究馆馆员们提出了四点希望：一是进一步提高国事咨询、建言献策的质量和水平；二是在推进国家文化建设中发挥独特作用；三是自觉承担起博采众长、弘扬中华文化的责任；四是继续为祖国统一和中华民族的复兴贡献力量。我认为，温总理这四点要求，不仅仅是对我们馆员、参事寄予厚望，也是对广大文化工作者的期望。我们各级文史研究馆馆员和政府参事，都将继续关注国家文物保护事业，努力促进民族大团结。让我们紧密团结在以胡锦涛同志为总书记的党中央周围，深入挖掘中华文化历史的优秀精神，把遥远的传统变成现实中有生命力的东西，为促进中华民族大团结，为促进中国特色社会主义伟大事业的健康发展，作出应有的贡献！

谢谢大家！

在《中国地域文化通览》第十一次编撰工作会议上的讲话

国务院参事室党组书记、主任 《中国地域文化通览》主编 陈进玉

各位主编、各位馆员、各位专家：

今天，我们召开《中国地域文化通览》（以下简称《通览》）第十一次编撰工作会议，也是第一次书稿评审会议。重点审议山西、内蒙古、安徽、福建、山东、广西 6 个分卷，同时交流经验，共同研究当前编撰工作中带有共同性并且需要及时解决的问题，促进《通览》各分卷编撰质量和水平的提高。《通览》的主编、副主编、审读小组和中华书局的有关同志，以及 6 个分卷的主编和负责同志参加会议。在此，我代表《通览》组委会对各位为《通览》编撰工作付出的辛劳表示诚挚的感谢！

我们这次编撰工作会议是在党的十七届六中全会刚刚闭幕之后召开的。这次中央全会专题研究文化改革发展问题。《中共中央关于深化文化体制改革、推动社会主义文化大发展大繁荣若干重大问题的决定》将全文公开发表。袁馆长建议我就学习贯彻六中全会精神讲一讲。我想强调的一点是，三年前我们建议国务院立项编写《通览》这件事办得太对了、太好了，抓到了点子上。我们的确抢抓了时机，先走了一步，当前的关键是如何进一步提高书稿的质量和水平，千万不可“起个大早，赶个晚集”。如果我们能如期在明年拿出一套有国家水平的地域文化通览丛书，为各省市区打造一张学术性和可读性很强的分省文化地图，那我们就是为国家、为社会办了一件大好事。这就是说，我们把《中国地域文化通览》各分卷编好了，使之真正受到广大读者的欢迎，那就是我们政府文史馆系统为贯彻落实六中全会精神实实在在地贡献了一份力量。现在，《通览》的编撰工作已进入冲刺阶段。我们一定要以六中全会精神为指导，集中精力，高标准、严要求，做好《通览》各分卷的审稿工作。

有的同志可能会问，六中全会的《决定》对我们《通览》的编撰有何指导意义？我的回答是，不仅关系密切，而且针对性、指导性很强。首先，《决定》提出了建

设社会主义文化强国的奋斗目标。文化强国的内涵是丰富的，《决定》强调它是面向现代化、面向世界、面向未来的，民族的、科学的、大众的社会主义文化。文化强国不是平地起高楼，而是从中华民族几千年文明史发展而来的。《通览》讲的就是地域文化发展历史。从这个意义上说，《决定》关于文化强国建设若干重要问题的论述，应成为《通览》编写的重要指南。因为历史是不能割断的，而是继承和发展的。第二，《决定》在谈到推进社会主义核心价值观建设时，强调了弘扬以爱国主义为核心的民族精神和以改革开放为核心的时代精神。那么，在数千年的中华文明发展史中，爱国主义的传统是极其丰富的，是分布于和融合于中华大地各个区域的。因此，《通览》对延绵不断的爱国主义传统，以及对外开放促进民族发展的历史，应重点加以阐述。第三，《决定》在谈到保障人民基本文化权益时，强调“建设优秀传统文化传承体系”，并且单列一节阐述这一传承体系建设的目标、要求和政策。《决定》明确提出，“优秀传统文化凝聚着中华民族自强不息的精神追求和历久弥新的精神财富，是发展社会主义思想文化的深厚基础，是建设中华民族共同精神家园的重要支撑。要全面认识祖国传统文化，取其精华，去其糟粕，古为今用，推陈出新，坚持保护利用、普及弘扬并重，加强对优秀传统文化思想价值的挖掘和阐发，维护民族文化基本元素，使优秀传统文化成为新时期鼓舞人民前进的精神力量。”就我所知，这是我国改革开放以来，在党的正式《决定》一类文献中，对传统文化的价值、地位、作用以及相关的方针政策，讲得最深刻、分量最重的一次。《决定》在这一节中还专门指出，“加强同香港、澳门的文化交流合作，加强同台湾的各种形式文化交流，共同弘扬中华优秀传统文化。”第四，《决定》强调推动中华文化走向世界。《决定》要求开展多渠道多形式多层次对外文化交流，广泛参与世界文明对话，促进文化相互借鉴，增强中华文化在世界上的感召力和影响力，共同维护文化多样性。第五，《决定》强调要造就高层次领军人物和高素质文化人才队伍。《决定》还明确指出，要“落实国家荣誉制度，抓紧设立国家级文化荣誉称号，表彰奖励成就卓著的文化工作者。”我认为，这对《通览》各分卷的编写者也是莫大的鞭策和鼓励。《通览》的编写应成为锻炼和发现人才的契机与平台。第六，也是最重要的，《决定》强调要充分认识推进文化改革发展的重要性和紧迫性，加强和改进党对文化工作的领导，加大对文化事业发展特别是公共文化服务体系的投入，在全社会营造鼓励文化创造的良好氛围，让蕴藏于人民中的文化创造力得到充分发挥。《决定》的内容非常丰富，我点到的这六条只是同《通览》编写关系较为密切的内容。我们希望所有参加《通览》编写工作的同志，都要认真、仔细地学习六中全会的《决定》，并把它贯彻到整个编撰工作中去。

自去年九月份《通览》第十次编撰工作会议以来，在《通览》编委会的领导下，在袁行霈馆长和陈鹤良同志的主持下，《通览》编撰工作进展顺利，取得了阶段性成果。截至2011年10月18日，已有30个分卷上报了书稿，约占全部34个分卷的90%。其中，广西、北京、辽宁、浙江、内蒙古、山西、江西、甘肃、安徽、山东、湖北、福建12个分卷上报了“二上稿”，其中广西、福建两卷还同时征求了中华书局编审意见；重庆、黑龙江、海南、四川、贵州、陕西、吉林、河北、宁夏、澳门、天津、青海、新疆、台湾、湖南、云南、河南、上海18个分卷上报了“一上稿”；江苏、广东、香港、西藏4卷虽未正式上报书稿，但除《西藏卷》外，其他3卷也已基本完成初稿撰写，正在努力统稿，征求各方意见。这基本符合我们原定的工作进度。

这些成绩的取得，是中央馆主编、各位副主编、馆员和各分卷主编、撰稿人以及馆外专家认真负责、辛勤劳动的结果，也是各分卷编委会组织有力、工作到位的结果。一年多来，各分卷集中进行书稿撰写，认真统稿，并积极向中央馆上报样书，反复修改。分工联系的中央馆各位副主编也亲自到地方进行指导，推动了编撰进度和书稿质量提高。这次提交会议审定的6个分卷，经过各方努力和多次修改，在体例、内容等方面已基本成熟。经由本次会议审稿后，请你们根据编委们的意见作进一步修改打磨，之后便可送交中华书局编辑排版。

我们也看到，《通览》编撰工作中还存在一些值得高度重视的问题。例如，部分分卷的编撰进度还比较缓慢，未按时上报样书；已上报的样书学术性和可读性还需进一步提高；个别分卷尚不符合《通览》统一体例要求，等等。在此次会议上，希望通过对基本成熟的6个分卷的深入探讨，总结出好的经验和解决问题的方法，推动其他分卷的审稿工作。

目前，《通览》编撰工作已进入最后的审稿、定稿阶段。希望大家把审稿定稿当作一项重要工作抓紧抓好，精心指导，严格把关。袁馆长每一卷都看得很仔细，由于疲劳过度，前几天眼底出了点毛病。袁馆长年事已高，如此认真负责、甘于奉献，这让我们大家十分感动。他的忘我工作精神值得我们学习。

我们希望，地方各分卷的负责同志最近抓紧向地方党政领导同志汇报一次《通览》编撰工作的情况，主动争取领导的支持。同时，也希望大家虚心吸收本次审稿会议提出的修改意见，认真加以修改，力争在现有基础上使本分卷的学术分量和可读性再提高一大步。

同志们，温家宝总理今年4月14日和9月6日在同国务院参事、中央文史研究馆馆员座谈时，就加强国家文化建设发表了重要讲话，并指出要充分发挥文史研究馆在推进国家文化建设中的独特优势。马凯国务委员在中央文史研究馆成立60周年招待会上也对此提出了明确要求。最近，国务院办公厅还专门下发了加强和改进政府文史研究馆工作的《通知》。各地文史研究馆工作的形势越来越好。编撰《通览》是经国务院领导同志批准立项、举全国政府文史研究馆之力抓好的一项国家重点文化工程。让我们再接再厉，本着对国家、对民族负责的态度，发扬“诚信、责任、公正、包容”精神，圆满完成《通览》的编撰任务，向国家和人民交上一份满意的答卷。

建设春节新文化
——在第二届春节文化论坛上的致辞

国务院参事室党组书记、主任　陈进玉

尊敬的王仁元副省长，各位领导，

各位馆员和参事，各位专家和朋友：

今天，国务院参事室、中央文史研究馆、山东省人民政府、光明日报社四家共同举办的第二届春节文化论坛，在泉城济南开幕了。这次论坛在党的十七届六中全会召开不久后举办，集中研讨中华传统节日文化的传承和创新，以办好春节为抓手，大力发展公共文化，满足城乡居民日益增长的文化需求，非常及时、很有意义。刚才，我和大家一起分享了王仁元常务副省长、中央文明办王世明专职副主任、光明日报胡占凡总编辑、中国文联冯远副主席四位领导所作的精彩讲话。他们到会并发表讲话，是对论坛的重视和支持。我代表国务院参事室、中央文史研究馆，对拨冗出席本届论坛的各位领导、专家、各地文史研究馆馆长和新闻界的朋友们，表示热烈的欢迎和衷心的感谢！

山东是我国的经济大省，也是文化大省，在建设中国特色社会主义进程中取得了令人瞩目的成就。作为中央最早确定的文化体制改革试点省份之一，山东省委、省政府在抓好经济建设的同时，高度重视文化建设和改革，为弘扬中华优秀传统文化，发展社会主义先进文化，作出了宝贵贡献，积累了新鲜经验。值得一提的是，经过近几年的探索和实践，“好客山东贺年会”活动，深受山东人民和海内外游客的喜爱，去年春节期间，省外游客增加了400多万。

2010年1月，国务院参事室、中央文史研究馆同北京市人民政府共同举办了第一届春节文化论坛。马凯国务委员出席会议并发表了《让中华民族的盛大节日更加丰富多彩》的重要讲话。这次论坛的举办和形成的对策建议，受到党中央、国务院和中宣部、北京市领导同志的高度重视，温家宝、李长春、刘云山、刘延东、马凯等领导同志分别作出了重要批示。这次论坛的成功举办，并通过中央和北京市媒体的宣传报道，在社会上引起了热烈反响，促进了北京等地春节文化活动的开展。一年多来，为贯彻落实中央领导同志的指示精神，我们组织中央文史研究馆馆员、国务院参事和有关专家学者，由舒乙先生带队，围绕春节文化的传承与创新问题，在国内和国外开展了一系列考察调研活动。为了筹备第二届春节文化论坛，我们于今年6月专门在北京召开了一次预备性质的座谈会。会议发表的30多篇论文，对怎样过好春节，从理论探索和实践操作方面提出了新视角、新对策。随着调研的深入，我们越来越深刻地认识到：当前充分发掘和阐发春节的文化内涵，调动各方面积极性办好中华第一节，是改善民生、繁荣文化、促进和谐的一件大事，也是贯彻落实党的十七届六中全会精神的一项重要举措。

中央关于文化改革发展的《决定》指出："要全面认识祖国传统文化，取其精华，去其糟粕，古为今用，推陈出新，坚持保护利用、普及弘扬并重，加强对传统文化思想价值的挖掘和阐发，维护民族文化基本元素，使优秀传统文化成为新时代鼓舞人民前进的精神力量。"这一论断，应当成为本届春节文化论坛的指导思想。我们应当注重从学术、历史和民间习俗等方面入手，深入发掘春节所蕴含的文化价值，突出民族性、时代性和实践性，在继承的基础上大胆创新，努力建设春节新文化。我这里强调的"新"，核心是强调各地开展春节文化活动时，一定要立足本地实际，各出高招、各具特色、常办常新。

近几年来，由于党和政府的重视，社会主义精神文明建设蓬勃发展，各地涌现出一大批地域特色鲜明的弘扬春节文化先进典型。例如，有的地方以政府为主导，搭建春节文化服务的公共平台，为城乡居民提供琳琅满目的春节商品和丰富多彩的文化活动；有的地方以乡村、社区等基层组织为载体，传承男女老少喜闻乐见的民间春节文化活动内容和形式，增强了春节的参与性、知识性和趣味性；有的地方借助大众传媒和科技手段，自办少儿春晚、青年春晚及其他各种专题性电视春晚，中华诗词吟诵，手机短信拜年，举办适合青少年特点的春节文体竞技竞艺比赛；有的地方发挥民间团体和企业参与公益活动的积极性，挖掘和弘扬本土气息很浓的春节民俗，特别是因地制宜开展慈善活动，让广大民众喜气洋洋地分享节日的欢乐和温馨。在这次论坛上，除山东省外，广东的佛山、陕西的西安、四川的阆中、山西的吕梁以及东、中、西部一些地方，都将介绍他们建设春节新文化的新鲜经验。

我们在调研过程中也了解到，广大城乡居民对当前春节文化有着更高的期待。例如，春节的“年味”不足，春节文化符号淡化，对年轻人吸引力不够；春节文化与饮食、服装、灯饰等轻工产业的结合不够紧密，有文化含量的“春节经济”发育不够，真正受欢迎的春节商品和文化服务供给不足，或文化含量不够高；建设春节文化的体制机制不够健全，政府的主导作用有待加强；民间低俗文化和封建愚昧陋习有待引导和克服，等等。破解此类难题，需要从理论和实践两方面加以努力。我们应该以十七届六中全会精神为指导，进一步解放思想，注重传承，锐意创新，努力建设既具有浓郁民族特色又满足现代人需求的春节新文化，促进“春节经济”的健康发展。

众所周知，绵延数千年的春节传统，集中承载着中华儿女极其丰富的人伦情感，蕴含着极其深厚的文化内涵。在农耕文明基础上形成的春节文化传统，一代接一代地满足着广大民众对团圆、欢乐、祈福、孝义和慈善的道德情感需求。今天，我们已经进入21世纪。随着经济社会的快速发展，随着工业化和城镇化的大步推进，随着全球化和信息化的不断深入，我国的经济状况、社会结构、文化生活乃至城乡居民的家庭结构、消费方式、审美情趣等都发生了广泛而深刻的变化，人们对传统节日也有了新的物质需求和文化需求。春节作为中华民族最盛大的传统节日，它所蕴含的团圆、欢乐、祈福、孝义和慈善这五大基本文化元素，集中承载和传承着中华民族千百年来积淀的价值取向和情感需求。因此，谈论春节文化的传承与创新，这五大基本文化元素，不仅不应当忽视和削弱，而应当与时俱进、继承创新，根据发展变化了的经济社会条件，赋予其新的内容和新的形式。春节七天长假，应当成为13亿中华儿女共同参与、共同分享的吉庆日和狂欢节，大家都能够自由自在地践行爱、分享爱、传递爱，都能够自由自在地享受快乐、体验快乐、创造快乐。这是今日太平盛世之中国所应有的景象。

纵观古今中外，凡是历久弥新的传统节日，往往都是源自民间，以民众为主体，为大众所共享。从我国现阶段的国情出发，建设春节新文化，发展春节新经济，必须重视发挥党和政府的主导作用，形成政府、民间、专家、市场和媒体五合一的联动机制。建设春节新文化，要倡导高雅，反对低俗；坚持科学，反对迷信；提倡节俭，反对奢侈。我们坚信，坚持正确的导向，充分尊重和最大限度地发挥广大民众的主动性和创造精神，古老中华民族的春节文化必将焕发出前所未有的生机和活力。

鲁迅先生在谈到中华文化的传承与创新时曾提出，“外之既不后于世界之思潮，内之仍不失固有之血脉”。中华优秀传统文化的力量，深深熔铸在中华民族创造历史的活动之中，凝聚在包括春节、元宵、端午、中秋等传统节日在内的生活习俗之中，融合在具有时代特征的春节经济之中，也体现在中外文化交流之中。春节文化的传承与创新这篇大文章，我们一定要继续做下去。让我们紧密地团结在以胡锦涛同志为总书记的党中央周围，积极行动起来，以高度的文化自觉和文化自信，推进春节新文化建设，为广大人民群众春节过得更加热闹和开心，为促进社会主义文化的发展和春节经济的繁荣，贡献我们的智慧和力量！

谢谢大家！

在《中国地域文化通览》豫、鄂、湘编撰工作会议上的讲话

中央文史研究馆馆长　袁行霈

感谢各位来北京参加《河南卷》、《湖北卷》、《湖南卷》三卷的片会，像这样的会议我们已经开了6次，这是第7次了。这种形式的片会，是陈鹤良同志、陈祖武先生、陈思娣司长发明的，是一个很好的方法，相邻的或者相关的两三卷或者三四卷坐在一起来开会，讨论问题。东北、西北、华北、西南、东南我们都开过了。这次是黄河与长江之间的中部地区、地缘有些接近的三卷。

我想这次会议之后，今年再开一次4个直辖市（北京、上海、天津、重庆）分卷的片会。这4卷存在一些共性问题，譬如时限下限问题，这4卷均特别突出。《上海卷》刚刚反馈了意见，他们是写到30年代，他们觉得上海文化辉煌的时期是在30年代；《重庆卷》开始时要求写到1945年抗日战争胜利，介绍重庆的陪都文化及重庆对人类历史、文化史发展的几次重大贡献；天津要写到1928年北伐胜利；所以这四个地区今年再开一次片会，再开两次的终审会，第一次有5卷通过了终审，如果接下来的这两次会议都有5卷通过终审，加起来今年就会有15卷书稿送交给中华书局，这样我心里面就比较踏实一点了。

今天各位主编、馆长的说明，让我学习到了很多东西，知道了大家的一些想法，以及怎么考虑的。我看这三卷，总的印象是提炼不够。我们的资料相当丰富，可写的内容很多，重要的内容也都写进来了，但概括、提炼、理论性这方面还有余地。我们为什么特别强调节下的目呢？就是要用这种办法来显示我们的提炼功夫。用一句话或两句话把它概括出来，这方面我们再来推敲、研究，包括“绪论”的文化特点的概括，看看怎么样能够提炼得更好一些。

在修改的时候，我们这三卷就要在这方面进一步努力了。谁来做呢？要看主编了。10月27日开终审会时我说过：现在到了主编亲自动手修改的时候了，不要再将稿件发给执笔的撰稿人了，主编咱们就自己做吧，主编要亲自行使统稿权。

没有把握的问题，就跟执笔人沟通，商量一下，然后就自己动手吧。该删的就删，该改的就改。动手修改以后可以请执笔的先生们再看一看，征求一下他们的意见。我们没有时间了，而且返还执笔人修改的效果也不一定会好。

我们三卷绝不要满足于材料的罗列，要用观点来统帅材料，从材料中提炼出观点，再用观点来统帅材料。使读者很醒目，对这个省的文化能够留下很深刻的印象。一章里面要有那么几个警句才行，概括得很准确，掷地有金石之声，让人一看就记住了，我们来努力一下。

我们要避免给某些人的名字前面戴上个帽子，比如《湖北卷》文学的部分，写到皮日休是“诗文俱佳皮日休”，写到张继用了“‘不雕自饰’的张继”，还有“‘语奇体峻’的岑参”、“‘风流天下闻’的孟浩然”等。这种提炼也不是我们所希望的，从《湖北卷》的目录来看，别处都没有，比如第四章的“王粲与《登楼赋》、《七哀诗》”等都没有这种帽子。我们要提炼，但不要使他简单化，让人觉得以偏概全。

我们应该在绪论上再下些功夫，要注意的也是提炼。读者打开书，首先看绪论。请各位把绪论再推敲推敲，看看有些话怎么提炼。

北京最近正在搞北京精神是什么？通过网上征求意见、投票，提出了八个字，“爱国、创新、包容、厚德”，他们还组织100位学者各写一篇小文章，编出一本书来阐述这八个字，这个已经成为北京市市委宣传部来自群众的一个共识了。这种提炼很难，北京的这八个字究竟怎么样，我不知道放在别的地方行不行，可能也会有疑问。这种做法是我们《通览》编撰工作要突破的地方，如果我们做好了，就会使人眼睛一亮，对地方政府的工作也会有帮助。我们好好琢磨琢磨。

真正的专家是在座的各位。项目是我提出来的，我做了策划，大概每一卷我都或详或略地看过，因为看得多了，也许可以从全局的角度提一些建议：我们的绪论，单看一本还可以，如果34卷都放到一块儿横向地一比较，特别会觉得在文化特点上各卷差别不大。怎么办？河南是概括了5性，其一是“延续性”，我们不像希腊、印度那样，我们整个中华文化都一直延续不断呀，《河南卷》提出延续性合适不合适？别的卷有没有同样的特点？还有“正统性”，什么叫正统？正统相对的是什么呢？是因为曾经有几朝的首都在河南，从而带有宫廷文化的特点，所以就是正统了？宫廷的是不是就是正统的？正统的是相对于民间的而言还是相对于那些异端邪说而言呢？我们需要推敲推敲。正统是在什么意义上来使用这两个字？我们过去讲文学史，诗文是正统文学，好像小说戏曲是不入流的。可以有各种各样的解释，请河南馆的程有为先生再琢磨琢磨。还有“先进性”，先进性是什么意思？是领先全国？“先进性”和“领先性”又不是一个意思，不是一回事，先进相对的是落后。领先是开了个头，大家跟着一起来。我对《河南卷》抱很大的希望，如果《河南卷》把文化的特点概括好了，会对其他卷很有启发。我们再在绪论部分努力一把，特别是在文化特点的提炼部分，我们各卷要避免出现雷同。

我迫切地感觉到我们插图的质量亟待提高，我们要充分重视插图了。刚才傅璇琮先生也提出来文字和插图不配合，韩愈像放到京杭大运河那个地方了，还不止一处。这种错可能是作美术的人和写文章的人没有互相沟通好。柴剑虹先生专门为此亲自起草了一个关于插图的说明，如果我们能够达到柴先生的要求，按照柴先生的要求来做，我们这部书的水平就能够再提高一个档次。

关于时间下限问题，我们这三卷不太突出，我们原来规定的下限为1911年，必要时可延伸至1919年。意思就是说，不要再往下延了。现在包括澳门都决定到1911年，不到1919了；《上海卷》是我们几个人署名写了个意见先发给上海，他们基本同意，跟全国各卷保持一致，就写到1911年，顶多延长到1919年，20、30年代不写了。1919年以后有许多敏感的问题，不是我们处理得了的。比如说上海卷写到共产党的成立，还写了帮会文化，写了黄金荣、杜月笙。这些问题都不好写进《通览》。共产党的成立，这是党史研究室要做的事情，我们文史馆做不了这个，怎么表述，怎么用词，我们没有把握。要是完全照着党史研究室的党史来写的话，我们没有什么特点；要是跟党史不同呢就会出问题。所以我们就不写了。再比如《湖南卷》在介绍橘子洲，介绍爱晚亭的时候，就讲到了毛主席，其实不讲也可以。《河南卷》在讲岳飞庙的时候，讲了一个毛主席临时决定下车去看岳飞墓的小故事，这些我们就不必写了，还是严格遵照下限的规定来写吧。我们文史馆重点研究的是传统文化，我们自己的能力就是传统文化的方面，一涉及现代就会有许多敏感问题，我们处理不好，弄不好的话这个书就要出问题，一审查可能就出不来。

关于《湖北卷》我建议楚文化放到上编，我们先秦原来有一章，这一章我们还保留，再加一章，就是楚文化这800年，这样按照历史顺序讲下来，比较顺。在《湖北卷》下编一开头就是讲楚文化，不大好处理，虽然湖北是楚文化的发祥地，但是不要在下编作为一个门类来讲。三国文化，有的内容可以放到上编，有的内容比如民间的通俗文化可以放到下编。辛亥首义文化，我建议把它放到上编最后一章。很光辉的一个结尾，对于《湖北卷》是如此，对于《通览》整部书来说也是如此。我们《通览》整部书写到辛亥革命，《湖北卷》上编最后一章就是写辛亥革命。首义文化中“文化”二字不要。

下编还需要补充。除了宗教以外还可以增加漆器、编钟、民间文化、铜镜、山水这五部分。山水这一部分，我们不是去介绍山水名胜，而是跟山水有关的文化现象，就是依附于山水之上的文化现象，总之不是单独的山水名胜的介绍。

总的来说，这三卷基础很好，我们再努一把力，今年年初我曾经说过，各馆今年的工作重点就是作《通览》。这已经过去10个月了，剩下一个多月的时间我们这三卷集中精力把水平再提高一些。在绪论及上下编的安排、插图、提炼上再下些功夫。拜托各位了。

扎实推动丰硕成果的现实转化
——在第二届春节文化论坛上的总结发言

国务院参事室副主任　方　宁

各位领导，

各位专家学者，各位朋友：

我们在“四面荷花三面柳，一城山色半城湖”的历史文化名城济南举办的第二届春节文化论坛，虽然时间只有一天，但是各位专家学者和实际工作者的发言水平很高，他们有的贡献了自己经过深思熟虑和深入调查研究之后得出的真知灼见，有的提供了认真总结的春节文化建设新鲜经验，可谓成果丰硕，功德圆满。我代表论坛的四个主办单位，向光临指导的中央文明办、中国文联、文化部等部门，向东道主山东省委省政府，向出席本届论坛的各位领导和专家学者，向为承办本届论坛付出了辛勤劳动的山东省旅游局，山东省人民政府参事室、文史研究馆等部门，向出席论坛的各位表示衷心的感谢！

党的十七届六中全会提出了以科学发展为主题，以建设社会主义核心价值体系为根本任务，以满足人民精神文化需求为出发点和落脚点，以改革创新为动力，发展面向现代化、面向世界、面向未来的，民族的、科学的、大众的社会主义文化，培养高度的文化自觉和文化自信，提高全民族文明素质，增强国家文化软实力，弘扬中华文化，努力建设社会主义文化强国的宏伟目标。举办春节文化论坛，是落实党的十七届六中全会精神的实际行动，对于我们建设春节新文化，努力让人民群众都能过上欢乐祥和的春节，具有十分重要的意义。

国务院参事室党组书记、主任陈进玉同志在致辞中提出了本届“建设春节新文化”的主题，并在总结“爱”和“乐”两大主题的基础上，提炼出了春节文化所蕴含的团圆、欢乐、祈福、孝义和慈善这五大基本文化元素。进玉同志强调指出，建设春节新文化，必须重视发挥党和政府的主导作用，形成政府、民间、专家、市场和媒体五合一的联动机制。

本次论坛共收到论文30余篇。除了在论坛发言以外，还有几位专家和15个地方文史研究馆也提供了论文，都很有价值。本次论坛发言的一个重要特点，就是既具有广阔视野，又有深入研究，既有理论探讨，又有具有现实意义和操作价值的政策建议。发言的同志，有部门领导、研究人员，也有直接从事春节活动组织工作的一线工作者，大家从建设春节文化的重要意义，春节文化内涵的阐释，春节与公共文化建设、国家文化战略、旅游休闲的关系等方面进行阐述。不少专家务实地提出了很多思路、办法和经验，成为本届论坛的亮点。我相信，此次论坛，对我们搞好2012年及今后的春节文化建设，必将起到强有力的推动作用。

举办论坛的目的是群策群力，咨询国是。论坛的成功与否，关键在于发表的观点和政策建议能否对经济社会发展和国家文化建设产生积极影响。国务院参事室、中央文史研究馆联合有关部门和地方政府，连续两年举办春节文化论坛，就是要搭建一个平台，请各位专家学者和实际工作者为办好中华传统节日，深入挖掘传统节日的文化内涵，建设传统节日新文化出谋划策。下一步工作的关键就是要及时地运用于指导春节文化建设的具体实践，扎实推动论坛成果的现实转化。我们会认真总结和归纳各类观点和建议，提交党中央国务院作为决策参考。建议今天出席论坛的地方政府部门和参事室、文史馆代表能认真研究论坛上提出的工作思路和经验，争取向当地政府提出建议。

各位领导，各位专家学者！

“天地风霜尽，乾坤气象和。历添新岁月，春满旧山河。”经过数千年的积淀与传承，春节已经成为了维系我们每一个中国人精神家园的重要纽带，春节文化也已经成为了建设社会主义核心价值体系和优秀传统文化传承体系的重要平台。建设春节新文化，是一项具有重大战略意义，长期而艰巨的任务，需要我们大家持之以恒的努力。希望各位专家学者继续关注和研究传统节日文化问题。国务院参事室、中央文史研究馆真诚地期待，与地方政府、高等院校、国内外科研院所以及媒体界的朋友们通力合作，以建设春节新文化为起点，把这个研讨中华传统节日的论坛继续办下去，办出品牌，办出实效。为弘扬中华优秀传统文化、推动社会主义文化大发展大繁荣作出自己应有的贡献！

努力开创政府文史研究馆工作新局面
——在全国文史研究馆馆长培训班上的讲话

国务院参事室副主任　方　宁

各位馆长，同志们：

全国文史研究馆馆长培训班今天正式开幕了，我代表国务院参事室、中央文史研究馆向参加培训班的各位馆长和从事文史业务工作的同志们表示热烈的欢迎！

我们举办这次培训班的目的，一是深入学习贯彻党的十七届六中全会精神。以面对国内外变化新形势、适应我国经济社会发展新要求、满足各族人民过上更好生活新期待、解决文化建设面临的新问题为出发点和落脚点，进一步认清形势，找准定位，坚定信心，动员全国文史研究馆系统更加自觉、更加主动地为推动社会主义文化大发展大繁荣作出自己应有的贡献；二是贯彻落实国务院办公厅下发的《关于加强和改进政府文史研究馆工作的意见》，即国办发〔2011〕46 号文件，认真领会新时期开展好政府文史研究馆工作的重要意义。

下面，我结合自己学习党的十七届六中全会精神和国办发〔2011〕46 号文件精神的体会，围绕政府文史研究馆工作，谈几点个人意见。

一、政府文史研究馆工作面临的新形势

从国际形势来看，当今世界正处在大发展大变革大调整时期，世界多极化、经济全球化深入发展，科学技术日新月异，各种思想文化交流交融交锋更加频繁，文化侵略和文化霸权仍以各种形式客观存在着，文化在综合国力竞争中的地位和作用更加凸显，维护国家文化安全任务更加艰巨，增强国家文化软实力和中华文化国际影响力的要求更加紧迫。

从国内形势来看，我国文化领域正在发生广泛而深刻的变革，推动文化大发展大繁荣既具备许多有利条件，也面临一系列新情况新问题。我国文化发展

同经济社会发展和人民日益增长的精神文化需求还不完全适应，仍然存在一些突出矛盾和问题。例如，文化在推动全民族文明素质提高中的作用亟待加强；一些领域道德失范、诚信缺失，一些社会成员人生观、价值观扭曲等现象时有发生；舆论引导能力亟待加强和改进；文化精品力作不能满足人民群众需求；公共文化服务体系不健全，城乡、区域文化发展不平衡；中华文化走出去步伐还需要进一步加快等等。

新的国际、国内形势，令人警醒，催人奋进。作为具有统战性、荣誉性、咨询性的政府内设机构，各级政府文史研究馆应当及时找准自身历史和现实的定位，充分认识在新形势下做好文史研究馆工作的重要意义。

面临新形势，要树立坚定的信心。当前，我们开展文化建设具有三个有利条件，一是我国经济发展正处在历史最好时期，为文化的发展繁荣奠定了良好的经济基础；二是我国人口众多、市场广阔，文化消费结构不断改善，群众文化消费水平不断提高，为文化建设提供了良好的市场基础；三是群众和社会各个方面对文化建设的积极性非常高，为文化建设提供了良好的群众基础。同时，党和政府历来高度重视政府文史研究馆工作，党中央、国务院领导同志经常就文史工作和馆员意见建议作出重要批示。政府文史研究馆的同志们应该树立坚定的信心，积极利用这些有利条件，发挥自身优势，为确保国家文化安全、巩固党的执政基础，维护安定团结的政治局面、构建中华民族共有精神家园、增强国家文化软实力发挥自己的独特作用。

面临新形势，要有自觉担当的责任感。温家宝总理在纪念中央文史研究馆成立60周年座谈会上的讲话中强调提出，文史研究馆集中了一批饱学之士，许多老先生在传统文化研究和艺术创作方面造诣精深，海内外享有盛誉，对传承中华传统文化发挥着重要作用，也肩负着不可推卸的责任。文史研究馆要自觉承担起博采众长、弘扬中华文化的责任；各位文史研究馆馆员都要自觉承担起弘扬传播中华文化的使命，不断增强中华文化的辐射力和影响力。温总理的话既是对我们莫大的鼓励，也是对我们有力的鞭策。

面临新形势，要有勇于开拓的创新意识。创新是一个民族的灵魂。党的十七届六中全会指出："改革创新是当代中国最鲜明的时代特征，最能激励中华儿女锐意进取。"各级政府文史研究馆，要以勇于开拓的创新意识，充分利用自身文史资源丰富、创研力量雄厚等有利条件，创新工作方法、完善工作机制，应对新情况、解决新问题。作为政府内设的文史研究机构，文史研究馆尤其应该发挥创新引领作用，将文化创新提到与知识创新、技术创新以及制度创新同等重要的地位，使文化创新成为建设国家创新体系、增强民族创新精神和创新能力的重要内容。

二、今后政府文史研究馆的主要任务

今后，政府文史研究馆主要应该围绕国家文化建设开展工作。这是文史研究馆一以贯之的光荣传统，又是被赋予了新时代特征的重要使命。

就中央文史研究馆而言，其前身是中央人民政府政务院文史研究馆，为毛泽东、周恩来等老一辈革命家于1951年所创立。此后，全国省、自治区、直辖市和大行政区的直属市陆续成立了文史研究馆，团结、凝聚了一批文化名人和一流的专家学者。60年来，中央文史研究馆共计聘任馆员289位，现任的有52位。全国各地方政府共有33个文史研究馆，现有馆员1881位。60年来，文史研究馆在推进国家文化方面发挥了重要作用。进入新的历史时期，我国经济社会建设面临许多新情况新问题，这些新情况新问题都与文化建设息息相关，都可以从文化层面予以关注。新时期的文史研究馆仍然要以参与国家文化建设为己任，为国家和社会的发展发挥更大作用。

党的十七届六中全会指出："文化建设是中国特色社会主义事业总体布局的重要组成部分。没有文化的积极引领，没有人民精神世界的极大丰富，没有全民族精神力量的充分发挥，一个国家、一个民族不可能屹立于世界民族之林。”国办发〔2011〕46号文件也要求，文史研究馆要坚持以中国特色社会主义理论体系为指导，贯彻落实党的统一战线政策，弘扬敬老崇文的优良传统，要在存史资政、文化建设、统战联谊方面发挥独特作用。文件明确规定文史研究馆的主要任务是：组织馆员开展文史研究和艺术创作，传承、弘扬和创新中华优秀传统文化；围绕文化建设的重要问题，深入研究、建言献策；开展统战联谊活动；开展对外文化交流。可见，文化建设始终是文史研究馆的核心工作任务。

发挥自身在构建社会主义核心价值体系中的独特作用是文史研究馆一项重要任务。社会主义核心价值体系是兴国之魂，是社会主义先进文化的精髓，决定着中国特色社会主义发展方向。党的十七届六中全会要求我们把社会主义核心价值体系体现到精神文化产品创作、生产、传播的各方面，坚持用社会主义核心价值体系引领社会思潮，在全党全社会形成统一指导思想、共同理想信念、强大精神力量、基本道德规范。文史研究馆的重要任务之一，就是团结、组织广大馆员，全面贯彻“二为”方向和“双百”方针，为人民群众提供更好更多的精神食粮，发挥他们在构建社会主义核心价值体系中的独特作用。

文史研究馆馆员传统文化底蕴深厚、文化视野开阔、社会影响广泛，多为文化艺术界的名流耆宿。多年来，他们在各自的专业领域内默默耕耘，通过传承、弘扬和创新中华优秀传统文化的种种努力，为社会主义先进文化建设作出了不可磨灭的贡献。有的馆员的文化研究具有筚路蓝缕的开创意义，如中央文史研究馆第一任馆长、毛泽东同志的老师符定一先生用30年时间编成的《联绵字典》是现代辞书史上具有里程碑意义的厚重之作；中央文史研究馆第二任馆长章士钊先生所著的《柳文指要》对于柳宗元研究有奠基之功，1972年被周恩来总理当作国礼送给了访华的美国总统尼克松；有的馆员以其强大的艺术魅力打动人心，如中央文史研究馆第一任副馆长、爱国诗人柳亚子先生的诗作被毛主席称誉为“慨当以慷，卑视陆游、陈亮，读之使人感发兴起”；中央文史研究馆第四任馆长叶圣陶先生是“五四”新文化运动的先驱、文学研究会在创作上最有成绩的作家和“五四”时期除鲁迅之外最重要的现实主义小说家；有的馆员还以其全面的文化才华而成为“国宝级”的通儒大师，如中央文史研究馆第一任副馆长叶恭绰先生不仅书画俊逸雄浑，自成一家，而且书画、诗词、文物鉴藏无所不精。中央文史研究馆第二任副馆长陈寅恪先生不仅是中国现代最负盛名的历史学家，同时也是杰出的古典文学研究家和语言学家，其毕生倡导和践行的“自由之思想，独立之精神”更成为了他的光辉写照。大家熟悉的启功先生不仅是当代著名的书画家、文物鉴定家、教育家和古典文献学家，而且还是成绩卓著的红学家和诗人。可以说，馆员老先生们是建设中华民族共有精神家园的重要力量，是构建社会主义核心价值体系的重要资源。

党的十七届六中全会指出，创作生产更多无愧于历史、无愧于时代、无愧于人民的优秀作品，是文化繁荣发展的重要标志。温家宝总理要求各级政府部门，为馆员老先生们提供良好的工作条件和必要的照顾，使他们为国家文化建设贡献力量的夙愿得以实现。各级政府文史研究馆，一定要按照十七届六中全会的要求和温总理的嘱托，为各位名耆硕儒创造老有所为的良好环境，使大家在心情舒畅、安享晚年的同时，专心从事文史研究和艺术创作，争取再创作出更多的传世精品，把老先生们毕生积累的研究成果精心地加以整理，为子孙后代留下一笔精神财富，为国家文化的传承、弘扬和创新增光添彩，通过激发创作生产活力，提高文化产品质量，发挥文史研究馆引领风尚、教育人民、服务社会、推动发展、促进和谐的作用，为社会主义核心价值体系建设提供精神产品和不竭动力。

为国家文化建设贡献真知灼见是文史研究馆的另一项重要任务。60年来，文史研究馆充分发挥馆员学识渊博、身份超脱、阅历丰富的种种优势，自觉地承担着为国家文化建设提出意见和建议的任务。1953年，叶恭绰、章士钊、朱启钤三位馆员就人民英雄纪念碑的设计方案向毛主席提出了三项建议，毛主席亲笔批示：“彭真同志，此件请付委员会讨论并邀请建议三人参加。”新中国成立初期，北京四大名医之首萧龙友先生深感医药文化教育匮乏严重，于1954年向中共中央建议建立中医药学院，为国家培养中医药人才，弘扬中医文化，国家级的中医学院由此得以应运而生。

进入新时期以来，中央文史研究馆围绕中心，服务大局，根据国家文化领域出现的新情况、新问题，积极支持并组织馆员资政建言。2007年至今，向国务院报送的馆员建议达30余份，涵盖了文史、艺术、经济、教育、文化遗产保护等文化建设各个领域。馆员老先生们关于独生子女教育和落实高校办学自主权的建议、关于文化建设和文化发展的思考与建议、关于保护研究承德避暑山庄和外八庙的建议、关于保护音像著作权的建议，以及就我国民族宗教、中小学教育、文化安全等问题提出的建议等等，都受到了党中央、国务院领导同志高度重视，并得到了很好的落实。据我了解，各地文史研究馆也组织馆员，提出了一系列有价值的意见建议，很好地促进了当地经济社会和文化的发展。馆员们积极有为的资政建言对于促进政府决策的科学化民主化起到了十分积极的作用。

今后，全国的政府文史研究馆要更加努力地做好存史资政、以文化人这篇大文章。温家宝总理反复强调，“知者尽言，国家之利”。政府文史研究馆的任务，就是要发扬“文以载道，史以鉴戒”的历史作用，创造有利条件，让各位馆员充分发挥各自的专业优势，各抒己见，敢于直言，从文化的高度为解决我国现代化进程中的难题献计献策。

充当党和政府联系文化界、知识界的桥梁和纽带是文史研究馆的又一项重要任务。文史研究馆是党和政府联系文化界、知识界的重要桥梁和纽带，是党的统一战线的重要阵地。60年来，文史研究馆坚持发挥自身联系文化界、知识界名人多、大家多的优势，以巩固和壮大党的统一战线为己任，并作出了应有的贡献。自中央文史研究馆建馆以来，党外文化人士始终占馆员的大多数，从符定一、章士钊、杨东莼到叶圣陶、萧乾、启功等诸位先生，一代又一代的党外文史馆员与中国共产党共同谱写了一段段肝胆相照、荣辱与共的佳话。文史研究馆已经成为了党内外人士团结合作的重要平台。1951年10月1日，刚刚成立2个多月的中央文史研究馆就在《光明日报》上发表了全体馆员的签名文章，表示坚决拥护共产党的领导，坚决拥护党的各项方针政策，努力完成文史研究的光荣任务。直到今天，我们还能从仅存的几本馆员手抄本诗词中感受到他们对中国共产党和毛主席的衷心拥护与深厚感情。中国革命胜利后，章士钊先生在中国共产党的领导下，积极为国共两党和谈奔波操劳。1973年，为推动祖国和平统一大业，92岁高龄的章士钊先生主动提出去香港探亲访友，他的种种努力对海峡两岸关系产生了积极而深远的影响。有的馆员还亲力亲为，推动中外文化交流，开展文化联谊，如中央文史研究馆馆员王世襄先生凭其卓越成就而荣获2003年度荷兰“克劳斯亲王基金会最高荣誉奖”，王先生将所获10万欧元奖金全部捐赠给希望工程，在福建建立一所“中荷友好小学”，成为中荷友好和文化联谊的见证。此外，中央文史研究馆吸收了一大批耆年硕学的文史专家和书画家，如符定一、叶恭绰、柳亚子、章士钊、叶圣陶、徐森玉、陈寅恪、沈尹默、谢无量、杨东莼、商衍鎏、齐白石、陈半丁、朱启钤、萧龙友、张伯驹、张恨水、萧乾、启功、郁风等大家、名家不胜枚举。各地文史研究馆也团结和凝聚了一大批党外文化界、知识界的杰出人士。

温家宝总理指出，文史研究馆既是推动社会主义精神文明建设的重要力量，也是中国共产党与党外知识分子团结合作的重要途径。尽管文史馆馆员来自不同党派或是无党派人士，却有着共同的爱国热忱，都是我党长期合作共事、肝胆相照的老朋友。今后，文史研究馆的重要任务之一就是要发挥自身文史研究和艺术创作的固有优势，以文会友，以友辅仁，密切党同知识界、文化界的联系，不断增强海内外中华儿女的文化认同，促进祖国统一大业和实现中华民族伟大复兴事业。各地文史研究馆都要创造各种有利条件，让馆员们发挥好自己社会联系和人脉关系广泛这一优势，积极参与海外联谊工作，通过著书立说、艺术创作等潜移默化的文化艺术形式，在实现祖国完全统一、增强民族凝聚力等方面继续作出新的贡献。

三、开展政府文史研究馆工作的几个着力点

党的十七届六中全会指出，坚持中国特色社会主义文化发展道路，深化文化体制改革，推动社会主义文化大发展大繁荣，必须全面贯彻党的十七大精神，高举中国特色社会主义伟大旗帜，以马克思列宁主义、毛泽东思想、邓小平理论和“三个代表”重要思想为指导，深入贯彻落实科学发展观，坚持社会主义先进文化前进方向，以科学发展为主题，以建设社会主义核心价值体系为根本任务，以满足人民精神文化需求为出发点和落脚点，以改革创新为动力，发展面向现代化、面向世界、面向未来的，民族的、科学的、大众的社会主义文化，培养高度的文化自觉和文化自信，提高全民族文明素质，增强国家文化软实力，弘扬中华文化，努力建设社会主义文化强国。我认为，这一科学论断，既富含深厚的传统底蕴，又饱含崭新的时代精神，是我们今后开展政府文史研究工作的根本指导思想。

温家宝总理指出，国家发展、民族振兴，不仅需要强大的经济力量，更需要强大的文化和道德力量。如果说，经济发展改变的是一个国家的面貌，那么文化繁荣则可以化育一个民族的风骨。优秀的传统文化与时代精神相结合，这是我国文化发展的唯一正确道路。文史研究的主要任务，就是总结提炼民族文化历史的精华，古为今用，增强民族自信心和凝聚力。今后，各级政府文史研究馆，就是要在党的十七届六中全会和温家宝总理讲话精神的指导下，勇于面对新时期的新形势新任务，团结和引导全体文史研究馆馆员，本着从容淡定、因人而异、量力而行、各展所长的原则，在国办发〔2011〕46号文件规定的任务范围以内，创造性地开展工作，争取不断取得新成效。

进一步加强学习，与时俱进地开展工作是文史研究馆工作的着力点之一。这里强调的加强学习，主要指两个方面，一是强调全国政府文史研究馆系统要认真学习领会党的十七届六中全会关于建设文化强国的重要决议精神、国办发〔2011〕46号文件精神、温家宝总理在纪念中央文史研究馆成立60周年座谈会上的重要讲话精神以及60年来党中央、国务院关于政府文史研究工作的重要文献等内容；二是强调向发展变化了的时代学习，与时俱进地将新的时代元素有机融入文史研究馆工作当中去。前不久，中央文史研究馆《中华书画家》杂志，借用现代技术手段，将因历史原因造成长期分藏两岸的传世名画《富春山居图》进行“合璧”。此后，中央文史研究馆又组织两岸三地60多位顶级画家共同绘制《新富春山居图》，创作规格为3600厘米长，这幅当代最长的、由名家集体创作的经典书画长卷，深刻体现出中华文化的同根同源和隔阻不断的血脉亲情，反映了炎黄子孙“名画合璧、两岸归一”的共同心愿。这幅画在国家博物馆公开展览后，在社会各界引起了巨大反响。今后我们政府文史研究馆在开展文化活动时，要多借鉴这方面的经验，将传统文化的传承与创新与党和政府的中心工作有机结合起来，争取使我们的工作达到事半功倍的良好效果。

大兴调查研究之风是开展文史研究馆工作的着力点之二。当前，在世情、国情发生深刻变化的新形势下，党和国家各项事业面临着许多前所未有的新情况新问题的挑战，这就需要我们的政府文史研究馆和所有馆员一道，都如温家宝总理所提倡的那样，发扬崇尚理性、追求真理的科学精神和“察实情，讲真话”的精神，以“心中为念农桑苦，耳里如闻饥冻声”的态度，利用文史馆大家多、名家多的资源优势和拥有“直通车”的制度优势，立足我国社会主义初级阶段基本国情，以宽广的眼界观察世界，大兴调查研究之风，努力回答对我国文化建设领域带有全局性、战略性的重大问题。重点加强对我国社会文化发展中重大问题的政策研究、重视对历史和国际经验的比较研究、注重对社会转型期道德文化建设的研究，关心国事民瘼，贡献真知灼见，以实事求是、务求实效的态度不断提高文史研究馆的工作水平。

创新工作方式，搭建文化平台是开展文史研究馆工作的着力点之三。党的十七届六中全会指出：“文化领域各部门各单位要自觉贯彻中央决策部署，落实文化改革发展目标任务，发挥文化建设主力军作用。”近年来，中央和各地方文史研究馆在组织实施重要文化工程、举办春节文化论坛、成立中央文史研究馆书画院、筹办中国国学中心和中华诗词研究院、开展以“长安雅集”为代表的对外交流活动等诸多方面都进行了卓有成效的努力，取得了很好的效果。但是，我认为，当前全国的政府文史研究馆战线仍然亟须一种富于主动性和创造性的积极有为的精神。温家宝总理指出：“如果思想僵化，停滞不前，就会从根本上窒息文化发展、艺术繁荣的生机与活力。”60 年来尤其是改革开放以来，全国政府文史研究馆在创新工作方式、搭建文化平台方面采取了一系列举措，取得了不错的效果。如中央文史研究馆从 1989 年开始，历时五年编纂出版的多达 50 册、近 500 万字的反映清末民初以来社会历史文化风貌的《新编文史笔记》丛书在大陆和港台同时出版发行，荣获第七届中国图书奖。从 2007 年开始，中央文史研究馆组织全国文史研究馆编纂的《中国地域文化通览》，全书达 34 卷、1500 万字，是通览全国地域文化的宏幅巨制。近年来，中央文史研究馆还相继成立了中央文史研究馆书画院，创办了《中华书画家》杂志和《国是咨询》刊物，还通过举办国学论坛和春节文化论坛等活动，积极筹办中国国学中心和中华诗词研究院等文化实体，为推动国家文化建设搭建了重要的创新平台。今后政府文史研究馆，一定要进一步解放思想、锐意进取，把创新工作方式，搭建文化平台当作一项经常性工作来抓，通过新的抓手、新的平台，干出新的成绩来。

继承和发扬馆员风范是开展文史研究馆工作的着力点之四。国务委员兼国务院秘书长马凯同志在纪念中央文史研究馆成立60周年招待酒会上发表的重要讲话中，第一次系统、明确地提出了“馆员风范”的概念，这就是：心忧天下的爱国情怀、淡泊名利的道德境界、老骥伏枥的进取精神、敢于直言的铮铮风骨和倾心公益的古道热肠。这是对全国广大文史研究馆馆员的极高评价和极大鼓舞。马凯同志指出，当前我们尤其需要继承和发扬馆员们的高尚风范。全国政府文史研究馆系统尤其应当大力宣传“馆员风范”。我认为，“心忧天下的爱国情怀”能激发以爱国主义为核心的民族精神；“淡泊名利的道德境界”提供了新时期道德文化建设的精神参照；“老骥伏枥的进取精神”激励我们在可以大有作为的时代更加奋发有为；“敢于直言的铮铮风骨”树立了崇尚理性、追求真理的典范；“倾心公益的古道热肠”是对促进社会公平正义的有力引导。也就是说，“馆员风范”正是解答我们当前诸多社会难题的良方，也是新时代鼓舞人民前进的重要精神力量。结合各地实际大力宣传和发扬“馆员风范”，是全国政府文史研究馆的一项重要工作，也是推进文史研究馆工作新的突破口。

加强和改进自身建设是开展文史研究馆工作的着力点之五。馆员是文史研究馆工作的主体，要严格按照国办发〔2011〕46号文件精神，规范馆员的选聘，把责任心强、资政水平高、社会影响大的高层次人才选聘进来，使馆员队伍知识结构、专业结构、年龄结构和党内外人士比例结构都保持在科学合理的水平；要加强对馆员的组织管理和服务工作，结合国家经济社会发展的实际需要和馆员的特长、兴趣与能力开展工作，为馆员开展文化领域内的调查研究、资政建言以及文艺创作和文化交流提供必要的保障和服务；文史研究馆要坚持开门办馆的方针。中央馆在加强对各地方馆业务指导的同时，还将努力促进中央馆与地方馆以及地方馆之间的联系和合作，发挥整体优势。近年来大家通力合作编撰地域文化通览等几件大事就办得很有成效。文史研究馆要切实加强机关自身建设，源源不断地培养和造就优秀年轻干部，着力构建文史研究馆工作理论体系，提高组织协调和服务保障的能力与水平，为文史研究馆工作建设一支适应新形势、新任务要求的干部队伍。

各位馆长，同志们：

西汉贾山的《至言》曰："文王之时，豪俊之士皆得竭其智，刍荛采薪之人皆得尽其力，此周之所以兴也。"当前，我们正处于实现中华民族伟大复兴的关键时期，党的十七届六中全会要求我们必须抓住和用好我国发展的重要战略机遇期，在坚持以经济建设为中心的同时，自觉把文化繁荣发展作为坚持发展是硬道理、发展是党执政兴国第一要务的重要内容，作为深入贯彻落实科学发展观的一个基本要求，进一步推动文化建设与经济建设、政治建设、社会建设以及生态文明建设协调发展，更好满足人民精神需求、丰富人民精神世界、增强人民精神力量，为继续解放思想、坚持改革开放、推动科学发展、促进社会和谐提供坚强思想保证、强大精神动力、有力舆论支持、良好文化条件。可以说，党的十七届六中全会为政府文史研究馆工作吹响了新的前进的号角，在大发展大变革大调整的时代里，文史研究馆大有可为！

让我们紧密地团结在以胡锦涛同志为总书记的党中央周围，团结一致，求实创新，以高度的文化自觉和文化自信，努力开创政府文史研究馆工作新局面，为推动社会主义文化大发展大繁荣，为把我国建设成为社会主义文化强国作出新的更大贡献！

最后，祝培训班圆满成功！

谢谢大家！

中央文史研究馆2011年大事记

1月12日，中央文史研究馆召开全体馆员工作会议，讨论《中央文史研究馆2010年工作报告》。国务院参事室主任陈进玉出席会议并讲话，中央文史研究馆馆长袁行霈主持会议并讲话，国务院参事室副主任陈鹤良通报中央文史研究馆2010年工作和2011年工作安排，国务院参事室副主任王明明出席会议。与会馆员围绕工作报告，就文史研究馆工作发展方向、加强资政建言工作、加强基础性工作和对外交流等问题发言。

1月13日，由国务院参事室、中央文史研究馆、中国美术家协会、北京美术家协会、北京画院共同主办的“花沁幽馥——刘继瑛花鸟画精品展”在北京画院美术馆开幕。国务院参事室副主任陈鹤良、王明明出席开幕式。

1月25日，中共中央统战部与国务院办公厅举行国务院参事、中央文史研究馆馆员迎春招待会。全国人大常委会副委员长周铁农，国务委员兼国务院秘书长马凯，全国政协副主席、中央统战部部长杜青林，全国政协副主席张梅颖出席招待会，与参事、馆员欢聚一堂，喜迎新春。

2月15日至17日，国务院参事室副主任陈鹤良、中央文史研究馆馆员舒乙就“春节文化的传承与创新”课题赴山西省孝义市进行调研，考察当地年俗文化节，并与专家学者座谈，听取意见建议。

2月23日，由国务院参事室、中央文史研究馆、中国美术家协会、北京美术家协会、北京画院、中央美术学院共同主办的“老竞天成——黄均书画作品展”在北京画院美术馆开幕。国务院参事室副主任陈鹤良出席开幕式，国务院参事室副主任王明明出席开幕式并讲话。展览展出了黄均先生的书画精品60余幅以及在青年时代创作的诗稿和在中央美术学院任教期间的教学笔记。

2月28日，国务院参事室副主任、《中国地域文化通览》执行副主编陈鹤良，中央文史馆馆员、《中国地域文化通览》副主编陈祖武、薛永年赴黑龙江省哈尔滨市出席“《中国地域文化通览》三省一区编撰工作会议”。

3月5日，国务院参事室主任陈进玉、副主任王明明，中央文史研究馆馆员、《中华书画家》杂志社社长赵德润与全国文联副主席冯远、国务院参事冯骥才、中央文史研究馆馆员宋雨桂、台湾画院院长江明贤共同商议《新富春山居图》创作事宜。

3月17日，“春节文化的传承与创新”课题调研组召开专题会议，总结前一阶段调研成果，研究下一阶段工作计划。国务院参事室副主任陈鹤良出席会议并讲话，中央文史研究馆馆员舒乙主持会议，中央文史研究馆馆员程大利、北京市文史研究馆馆员刘铁梁等参加会议。

4月7日至8日，由中央文史研究馆主办，广东省政府文史研究馆承办的“纪念辛亥革命100周年研讨会”在广州市举行。中央文史研究馆馆长袁行霈，中共广东省委常委、副省长肖志恒出席会议并讲话，国务院参事室副主任陈鹤良主持会议。

4月14日，国务院总理温家宝在中南海向新聘任的8位国务院参事王明明、汤敏、施祖麟、刘桓、时殷弘、张纲、王石奇、李烈和5位中央文史研究馆馆员戴逸、汤一介、马振声、刘梦溪、陶思炎颁发聘书，并召开座谈会，听取参事、馆员发言。

4月28日，国务院参事室主任陈进玉、副主任方宁和近30位国务院参事、中央文史研究馆馆员、国务院参事室特约研究员参观考察了中国国际广播电台，并与台领导进行座谈。

5月6日，国务院参事室召开部分地方参事室、文史馆负责同志座谈会。国务院参事室主任陈进玉出席会议并讲话，副主任陈鹤良、方宁以及10个省（区、市）参事室、文史研究馆的负责同志出席会议。

5月23日，全国政府参事室、文史研究馆工作会议在四川省成都市召开。国务院参事室主任陈进玉作工作报告，四川省副省长张作哈出席会议并致辞。中央文史研究馆馆长袁行霈主持会议，国务院参事室副主任方宁，四川省政府副秘书长张晋川以及全国各省（区、市）政府参事室、文史研究馆的负责同志共150人出席会议。

5月31日，由文化部、中国文学艺术界联合会、中央文史研究馆共同主办的“大好春光——郭怡孮绘画展”在中国美术馆开幕。展览展出了郭怡孮先生从艺50年来具有代表性的作品130余件。

5月16日至25日，应英国伦敦政治经济学院商务孔子学院和韩国外国语大学孔子学院邀请，国务院参事室副主任陈鹤良、中央文史研究馆馆员舒乙等一行对英、韩两国进行文化考察，先后与英国文化创意产业创始人约翰•霍金斯，中国驻英国公使秦刚，驻韩国大使张鑫森进行座谈研讨。国务院参事室副主任陈鹤良在剑桥大学与中国留学生座谈时发表演讲，舒乙先生在伦敦政治经济学院商务孔子学院、剑桥大学和韩国外国语大学孔子学院分别以《老舍在伦敦》、《勤奋学习报效祖国》、《中华文化的特点》为题发表演讲。

6月16日，由国务院参事室、中央文史研究馆主办的“春节文化的传承与创新”座谈会在北京市举行。中央文史研究馆馆长袁行霈主持座谈会，国务院参事室副主任陈进玉主任出席并致辞。中央文史研究馆馆员、东南大学东方文化研究所所长陶思炎作主题发言，中央文史研究馆馆员、“春节文化的传承和创新”课题组召集人舒乙作总结发言。国务院参事室副主任陈鹤良，中央文史研究馆馆员、《中华书画家》杂志社社长赵德润，国务院参事郭瑞以及来自部分省（区、市）文史研究馆和社会各界的专家学者共70余人参加了座谈会。

9月6日，中央文史研究馆成立60周年座谈会在人民大会堂举行。国务院总理温家宝出席座谈会并讲话。中央文史研究馆馆长袁行霈介绍了文史研究馆60年来的发展情况。中央文史研究馆馆员戴逸、汤一介、刘梦溪和国务院参事冯骥才就文化发展、文史工作等问题发言。温家宝总理充分肯定了中央文史研究馆和各地文史研究馆所取得的成绩，并对文史研究馆工作提出四点要求：一是进一步提高国是咨询、建言献策的质量和水平；二是在推进国家文化建设中发挥独特作用；三是自觉承担起博采众长、弘扬中华文化的责任。四是继续为祖国统一和中华民族的复兴贡献力量。座谈会前，温家宝总理与全体中央文史研究馆馆员合影，并参观了“纪念中央文史研究馆成立60周年特展”——由海峡两岸书画家共同创作的66米国画长卷《新富春山居图》。

9月7日，“国务院参事室、中央文史研究馆中华诗词研究院成立暨诗词研究与创作座谈会”在北京市举行，国务委员兼国务院秘书长马凯出席并讲话。马凯同志强调，中华诗词研究院要以推崇大家、发现和培育新人为己任，成为凝聚诗词人才的重要纽带；按照贴近实际、贴近群众、贴近生活的要求，以创作精品、弘扬经典为己任，成为繁荣诗词创作的重要平台；带头倡导正确的诗词评论新风，坚持尊重艺术、尊重作者、尊重读者，坚持客观公正、宽容平等、百家争鸣，成为引领诗词评论的重要窗口；把组织研究放在突出位置上，深入研究中华诗词的艺术规律，成为推动诗词研究的重要基地；广泛收集历代和当代有关中华诗词的诗作、诗集、诗评、诗注、诗论、诗史、诗刊、诗报等，成为收集诗词资料的重要文库。座谈会由中央文史研究馆馆长、中华诗词研究院院长袁行霈主持，国务院参事室主任陈进玉致辞。中央和国家机关有关部门负责同志，部分中央文史研究馆馆员、国务院参事、国务院参事室特约研究员，各省（区、市）文史研究馆负责同志及诗词界代表参加了座谈会。

10月19日，国务院参事室、中央文史研究馆召开会议，传达中国共产党第十七届中央委员会第六次全体会议精神。国务院参事室主任陈进玉向国务院参事、中央文史研究馆馆员、机关及所属事业单位副处级以上干部传达全会精神。国务院参事室副主任方宁、王卫民出席会议。陈进玉主任指出，全会研究了深化文化体制改革、推动社会主义文化大发展大繁荣若干重大问题，认真总结了我国文化改革发展的丰富实践和宝贵经验，研究部署深化文化体制改革、推动社会主义文化大发展大繁荣，进一步兴起社会主义文化建设新高潮，对夺取全面建设小康社会新胜利、开创中国特色社会主义事业新局面、实现中华民族伟大复兴具有重大而深远的意义。陈进玉主任强调，学习全会精神对于政府参事、文史工作非常重要，对参事室、文史馆再上新台阶提供了难得的机遇和挑战。

11 月 2 日，由国务院参事室、中央文史研究馆、山东省人民政府和光明日报社共同举办的“第二届春节文化论坛”在山东省济南市开幕。国务院参事室主任陈进玉，山东省委常委、常务副省长王仁元，中央文明办专职副主任王世明，光明日报总编辑胡占凡，中国文联副主席冯远，国务院参事室副主任方宁、王卫民，中央文史研究馆馆员赵德润、舒乙、陶思炎，国务院参事郭瑞，以及来自全国各省（自治区、直辖市）的专家学者，在开展春节文化活动方面有特色的地方负责同志共计百余位代表参加了论坛。论坛共收到论文 30 余篇，15 位代表作了大会发言。舒乙、陶思炎馆员，北京师范大学民俗学教授刘铁梁、光明日报文艺部主任彭程、中国旅游研究院院长戴斌、中国民间文艺家协会节庆委员会主任李汉秋、山东工艺美术学院院长潘鲁生等学者从国家文化战略、文化产业、公共文化建设、文化传播体系以及文化“走出去”等不同角度，提出了关于建设春节文化的意见和建议。

11 月 26 日，中央文史研究馆馆长袁行霈在香港看望了中央文史研究馆馆员、著名学者饶宗颐先生，转达了国务院领导同志和国务院参事室主任陈进玉对饶先生的亲切问候。

12月14日至17日，全国文史研究馆馆长培训班在贵州省贵阳市举办。国务院参事室副主任方宁在开班仪式上讲话，中共贵州省委常委、统战部部长龙超云致辞，贵州省人大常委会副主任、贵州省文史研究馆馆长顾久主持开班仪式。来自全国33个省（区、市）文史研究馆的70余位馆长及业务处长参加了培训。培训期间，中宣部改革办副主任黄志坚同志对十七届六中全会决议进行了详细解读；中央文史研究馆馆员王蒙作了题为《关于中国传统文化的几个问题》的讲座；中央文史研究馆馆员程大利作了题为《中国书画的鉴赏》的专题报告；中华书局编审、《文史知识》杂志原副主编柴剑虹作了题为《谈谈文史知识的传承问题——以〈文史知识〉为例》的报告。

12月12日至17日，应新加坡南洋理工大学孔子学院的邀请，中央文史研究馆馆长袁行霈，中央文史研究馆馆员赵仁珪等一行对新加坡进行文化访问。先后访问了新加坡南洋纪念馆、南洋理工大学、新加坡滨海艺术中心、滨海金沙博物馆等，并与中国驻新加坡大使魏苇座谈。赵仁珪馆员应邀在南洋理工大学孔子学院作题为“李白《将进酒》赏析”的讲座。

讣告

中央文史研究馆馆员，著名画家、书法家、书画鉴赏家许麟庐先生因病医治无效，于2011年8月9日18时在北京逝世，享年95岁。

中央文史研究馆馆员、中央美术学院教授、台盟盟员，著名画家、美术教育家黄均先生，于2011年10月3日1时在北京逝世，享年97岁。

馆长馆员主要活动与成果

袁行霈 馆长

一、1月，主持中央文史研究馆全体馆员工作会议并作工作总结。

二、1月，《当代名家学术思想文库——袁行霈卷》由万卷出版公司出版。

三、3月，《论诗绝句一百首》由北京大学出版社出版。

四、4月，参加由中央文史研究馆在广东省广州市举办的“纪念辛亥革命100周年研讨会”。

五、4月，作为北京大学国际汉学家研修基地主任，参加“北京大学国际汉学家研修基地理事会”并作工作报告。

六、5月，主持在四川省成都市举办的“全国政府参事室文史研究馆工作会议”。

七、5月，参加北京大学国际汉学家研修基地主办的“近三十年国际汉学研究的理论、方法与实践研讨会”。

八、5月，北京大学国际汉学家研修基地邀请耶鲁大学著名教授孙康宜来校访问，主持赠书仪式与报告会。

九、6月，主持由国务院参事室、中央文史研究馆主办的“春节文化的传承与创新座谈会”。

十、6月，主编的《国学研究》第26卷出版。

十一、9月，国务院总理温家宝出席在人民大会堂举行的“中央文史研究馆成立60周年座谈会”，参加座谈会并介绍文史研究馆60年来的发展情况。

十二、9月，国务委员兼国务院秘书长马凯出席“国务院参事室、中央文史研究馆中华诗词研究院成立暨诗词研究与创作座谈会”，作为中华诗词研究院院长主持座谈会。

十三、11月，赴香港探望饶宗颐馆员，转达国务院领导同志和国务院参事室主任陈进玉同志对饶先生的亲切问候，接受香港理工大学授予的“杰出中国访问学人”称号，并作演讲。

十四、12月，应新加坡南洋理工大学孔子学院的邀请，与赵仁珪馆员对新加坡进行文化访问，与中国驻新加坡大使魏苇座谈。

十五、12月，主编的《国学研究》第27卷出版。

汤一介 馆员

一、《不要把儒家意识形态化——专访北京大学儒学研究院院长、中华孔子学会会长汤一介》刊于《南风窗》（第2期）（记者：章剑锋）。

二、1月，为王治河、樊美筠著，北京大学出版社出版的《第二次启蒙》作序。

三、1月，为赵恒著，陕西人民出版社出版的《领导者36项修炼：感悟〈道德经〉管理智慧》作序。

四、1月6日，《“国学”能否成为一级学科》刊于上海《社会科学报》。

五、3月27日，《汤一介：“我不是哲学家”》刊于《中国教育报》。

六、5月，《关于儒学复兴问题》刊于王杰主编的《领导干部国学大讲堂·国学卷》（中央党校出版社）。

七、5月，《高校教师的历史使命》刊于《高校理论战线》。

八、6月28日，《汤一介：否定普世价值无法建设现代社会》刊于《时代周报》（记者：李怀宇）。

九、8月，主编的《中国儒学史》（九卷本）由北京大学出版社出版。

十、8月2日，《〈纬书〉或含有“儒家神话”解读密码》刊于《中国社会科学报》。

十一、11月，《北京精神贵在践行》收录进《北京精神百家谈》（北京出版社）。

十二、11月，《古今东西之争与中国现代文化的发展》收录进陈卫星主编的《国学档案》（武汉大学出版社）。

十三、11月14日，《“启蒙”在中国的艰难历程》刊于《文汇报》。

十四、12月30日，《经济发展仍需要提倡奉献精神和道德责任意识》刊于《中国社会科学报》。

王　尧　馆员

一、6月19日，应邀在奥地利维也纳大学作藏学专题讲座。

二、《藏传佛教之活佛转世制度的形成和发展》刊于《国学新视野》（春季号）。

程毅中　馆员

一、参与《中国地域文化通览》审改工作，参加七次审稿会。

二、参与审改中央文史研究馆主编的《崇文集（三编）》。

三、为中华书局审阅百年大事记及百年总书目。

四、两次参加《燕京学报》编委会会议。

五、5月23日至26日，赴浙江省富春江采风。

六、6月15日，参加文化部主持的非物质文化遗产保护座谈会。

七、8月23日，参加中国俗文学学会第六届代表大会暨学术研讨会。

八、10月22日，在新闻出版总署举办的古籍编辑培训班上，作题为“古籍的校勘和标点”的讲座。

九、10月29日至11月8日，赴苏州市作苏州评弹的调研工作，并为苏州市中青年文艺家读书班讲课。参观苏州市评弹团、中国苏州评弹博物馆、苏州评弹学校、黄埭镇百年书场，召开座谈会，并撰写调研报告。

十、11月11日，参加中华吟诵学会的吟诵周活动。

十一、11月13日至17日，赴广西壮族自治区龙胜、桂林、柳州等地采风。

十二、11月25日至26日，赴苏州市参加《朱季海著作集》出版座谈会。

资中筠 馆员

一、4月30日，接受《文史参考》杂志专访。

二、5月8日，在北京师范大学公益研究院作讲座。

三、5月12日至17日，在江西南昌大学作讲座。

四、6月26日，参加博源基金会主办的基辛格首次来华40周年聚会晚宴。

五、6月27日，参加外交学会活动，与基辛格会见。

六、8月25日，参加《科学与民主》杂志座谈会。

七、9月6日，参加温家宝总理与中央文史研究馆馆员座谈会。

八、9月21日至25日，在上海华东师大作讲座。

九、10月8日，参加《资中筠自选集》发布会。

十、10月18日，在凤凰台“世纪大讲堂”作讲座。

十一、10月21日至26日，赴美国华盛顿参加“中美对话”，作晚餐主题演讲。

十二、11月13日至22日，参加中央文史研究馆赴广西壮族自治区采风活动。

十三、11月25日，接受《新京报》采访。

十四、11月29日，参加《新京报》年度好书颁奖会。

十五、12月1日至6日，随乐平基金会赴日本考察“守护大地”有机农业。

十六、12月8日，接受《周末画报》采访。

十七、12月13日，接受《中华读书报》采访。

十八、12月17日，参加《经济观察报》年会并作演讲。

十九、12月18日，参加《看历史》杂志为《资中筠自选集》颁奖仪式。

沈　鹏　馆员

活动

一、1月25日，在全国政协礼堂东会见厅参加全国政协京昆室主办的书画室京昆室委员迎春座谈会，观看2011年迎新春戏曲晚会节目。

二、2月26日，中国书协在中国文联大楼中国文艺家之家举办“原创·艺术·诗意·人本”沈鹏书法艺术学术研讨会。

三、3月3日至12日，出席“两会”，在小组会上发言，联名呼吁建立中国书法馆。

四、3月10日至12日，委托夫人殷秀珍教授带领辛莘、李果和姚姚携带数十年积攒的著作、手稿、证书等12箱物品，捐赠江阴南菁中学。

五、4月15日，在江苏省江阴市南菁中学出席沈鹏艺术馆开馆仪式并发表讲话，参加“沈鹏书法艺术学校”、“江阴沈鹏文化艺术促进会”揭牌仪式。

六、5 月 5 日，在中国人民大学艺术学院讲学。

七、6 月 5 日，在纪念中国书协成立 30 周年座谈会上作书面发言：《书协要减少“行政化”》（《中国文化报》6 月 9 日第 11 版），被中国书协授予“纪念中国书协成立 30 周年荣誉奖”。

八、7 月 7 日，担任中国国家画院院士、顾问、院委、书法篆刻院研究员。

九、8 月 15 日，应邀在中国美术馆举办庆祝人民美术出版社成立 60 周年“沈鹏书法作品展”。向中国美术出版总社捐赠 500 万元，设立“沈鹏美术出版基金”。

十、9 月 6 日，参加中央文史研究馆建馆 60 周年庆祝大会。同日，向南菁中学捐赠书画、文物和图书 495 件，其中书法近作 6 件共计 38 平尺。

十一、9 月 27 日，应全国政协第二届“善行天下·政协委员慈善公益事迹展”活动之邀，整理慈善公益事迹材料。20 世纪末以来，不完全统计，捐款千万元以上，捐赠书法作品千件以上，捐赠个人收藏或收购的名家书画、文物等，价值、数额难以统计。20 世纪 80 年代以来获得证书 2000 件以上，大致可分为国际、大陆和港台三大块，捐赠、收藏、参展、奖励、聘任等类别，明确注明捐赠作品 400 件以上，可作为时代和社会包括国际社会作出贡献的佐证。

十二、11 月 3 日，率中国作家艺术家代表团赴澳门出席“同根的文明——中国作家艺术家水墨丹青大展”开幕式，剪彩并讲话。夫人殷秀珍教授出席开幕式。

十三、12 月 1 日，赴长沙市出席中国百诗百联大赛高峰论坛。2 日，在长沙岳麓书院首届中国百诗百联大赛高峰论坛上演讲。10 日，出席在北京炎黄艺术馆举行的第六届快哉雅集活动。19 日，在中国国家画院书法篆刻院为沈鹏书法创作研究班学员讲课。

成果

一、1 月 3 日，《人民日报》第 4 版刊登诗词［沁园春·吴哥古窟］等 14 首、诗书［沁园春·吴哥古窟］。17日，《文艺报》第8版刊登诗书《埋笔》。27日，《北京晚报》第37版刊登行草书自撰春联：玉兔化日舒奇景，金瓯澄宇鼓太和。1月成果还有：《企业文明》（第一期）刊登草书千字文节选；《玉海诗墙》刊载草书横披清·孙诒让诗二首；华夏文艺出版社出版的《海云墨韵》载题签“海云街”、“海云民俗文化街”；《馆见》（创刊号）封二刊登诗书七律一首（灯前追忆望城岗）。

二、2月4日，《解放军报》（第3版）刊登书法“与时俱进，开拓进取”。

三、2月15日，《艺术百家》封二、封三、封底以及部分内页刊登草书《沈鹏书古诗十九首》。18日，《生活晨报·艺术收藏》第28、29、30版刊登《始于四十》、诗词6首、手札一幅和书法作品5幅。25日，《光明日报》（第12版）刊登自作诗句“废纸三千犹恨少，新诗半句亦矜多”。28日，《中国艺术报》第3版刊登《书法，回归“心画”本体》、隶书自作诗《景山古槐三首之三》（中堂）。此外，《中华辞赋》（第1期）刊登《沈鹏诗词近作八首》。

四、3月3日，《中国文化报》（第11版）刊登草书杨慎词《临江仙》。5日，《中国书画报》（头版）刊登诗书《十六字方针》。《扬子江诗刊》（总第71期）刊载《桂柬采风（四首）》。11日，《羲之书画报》（第5版）刊登《书法，回归“心画”本体》。12日，《光明日报》（第9版）刊登墨联：兔毫落墨三江水，国事开春八阵图。13日，《光明日报》（两会特刊）刊登书法作品——寄语“十二五”：把蛋糕做大做好，还要让蛋糕合理分配。坚持科学发展！14日，《中国艺术报》（第7版）刊登《求其友声》。15日，《中国书法通讯》（头版、A2、B1、B2、B3）刊登沈鹏书法艺术学术研讨会的有关内容。同日，出版《艺术百家》封二、封底及内页刊登草书《古诗十九首》。16日，《书法报》（第21、22版）刊登《书法，回归“心画”本体》、《求其友声》。23日，《书法报》（第16、17版）刊登题标“周剑初五体书法”。26日，《中国书画报》（头版）刊登诗书碑《寒山寺题壁》。3月成果还有：《蒋瑾琦近作选集》刊载题词“艰难困苦玉汝以成”；《中国书画印》（春之卷）（总第3期）刊载《沈鹏艺术年表》、《书法，在比较中索解》、《书法，回归“心画”本体》以及12幅书法作品、8幅近照；河北美术出版社出版的《中国美术馆情境书法大展作品集》刊载庚年寅客七言联、书自作诗《嵊州至上虞途中》。

五、4月5日，《人民日报海外版》（第6版）刊登诗书《七绝·寒食二首》。7日，《江苏教育报》（第4版）刊登书法作品6幅。11日，《北京青年报》（C1版）刊登诗书《悼周海婴》。同日，《潇湘晨报》（16版）刊登诗书《岳麓山爱晚亭》，诗词近作7首。16日，《江阴日报》（A3版）刊登在江阴沈鹏艺术馆开馆仪式上的讲话《桃李正酣》。19日，《人民日报海外版》（第7版）刊登《宿江西师范大学白鹿会馆》、《邓小平“文革”生活处》。23日的《光明日报》（第7版）、25日的《书法报》（第13版）刊登诗碑《寒山寺题壁》。25日，《中国书画报》（第2版）刊登诗书《七绝·寒食》、《七律·蟹争》和用鸡毫书写的毛主席诗作［卜算子·咏梅］。

六、5月14日，《美术报》（第72版）刊登行书李军撰联：一海放千帆，美景难收，为有朝霞托日起；四时妆百岛，良辰未尽，更留明月待潮生。15日，《中国书法通讯》（第1版）刊登诗书《贰仟零捌年即句》。16日，《中国艺术报》（第2版）刊登书杜甫《咏怀古迹》。18日，《书法报》（第22版）刊登沈鹏书法艺术学术研讨会发言摘要。20日，《人民日报海外版》（第16版）刊登诗书《寒山寺题壁》。21日，《美术报》（第34版）刊登己丑初冬书“福乐”。28日，《中国书画报》（头版）刊登草书中堂自作词［沁园春·吴哥古窟］。

七、6月1日，《中国书画报》（头版）刊登草书杜甫《咏怀古迹》。同日，《中华读书报》（第11版）刊登访谈录：《人民美术出版社60周年》。15日，《中国书法通讯》（B1版）刊登题词“前事已往，后来追证。品藻群流，相承载笔。”《朴东圭周祥林韩中二人书画展》刊载草书李煜［清平乐·别来春半］。23日，《光明日报》（第9版）刊登草书毛主席［沁园春·雪］。29日，《书法报》（第9版）刊登题匾“梅柳草堂”和致沈定庵札。30日，《国是咨询》刊登《书法的环境变化与持续发展》。6月成果还有：《20’四方拍卖中国书画》刊登书法作品《渊明诗》和书联一幅。《21’四方拍卖中国书画》刊登书法作品《题画》和扇面一幅。《纪念中国共产党成立90周年陈毅元帅诞辰110周年书画集》刊载草书陈毅《题西山红叶诗》（西山红叶好）。《政经领袖的细节与幕后》勒口刊载题字“凯旋的雷声”。

八、7月1日，《光明日报》（第22版）刊登诗书《七绝·礼花》。3日，中央电视台戏曲频道（CCTV11）播报沈鹏谈艺术韵律，提高审美水平。7日，《江阴日报》（A3版）刊登书法作品两幅。15日，《中国书法通讯》头版刊登诗四首、诗书《辛亥革命百年》。21日，《中国社会科学报》（第12版）刊登诗书《登滕王阁》。同日，《书法导报》（第25版、28版）刊登题签“余海翔书法”。22日，《金融时报》（第12版）刊登诗书《瞻仰孙中山先生故居》和《十六字方针》。25日，《中国艺术报》（第8版）刊登题耑“聂绀弩马山集手稿研究”。27日，《书法导报》（第21版、24版）刊登题签“连辑书法作品选”。7月成果还有：《光明的中国》刊载草书《读杜牧诗寄友人》；《中华诗词》（第7期）封三刊载书自作诗《吴为山雕塑工作室》；《书简》（第7期）刊登致范石甫手札、陈巨锁手札、朱祥林手札；《王九三诗文楹联小集》刊载书九三撰联“九势三分”；《环球快讯》（7月号）刊登草书作品三幅。

九、8月5日，《中国书画》刊登《桃李正酣》、诗书《罗丹雕塑〈思想者〉》、《辛亥革命百年》、草书《心经》以及捐赠给南菁中学的若干名人字画。15日，应邀在中国美术馆举办庆祝人民美术出版社成立60周年“沈鹏书法作品展”。同日，《艺术镜报》（第25版）刊登诗《七绝·礼花赞》，《光明日报》（第

12版）刊登《关于＜聂绀弩马山集手稿研究＞之研究》（6月24日致梁东函）、《聂绀弩＜马山集＞手稿杀青》、《读聂绀弩手稿＜马山集＞》。8月成果还有：《中国美术》（第4期）刊登《我在人民美术出版社的最初几年》、诗书《七七》；《中国国家美术》（第4期）刊登草书陆游诗（化蝶方酣枕）；《中国书画》（第8期）刊登《桃李正酣》和沈鹏艺术馆部分藏品；《中华辞赋》（第4期）刊登诗书一幅（五色令人目眩昏）；《艺术沙龙》（第1期）刊登《人民美术出版社60周年感言》；上海震霆文化传播有限公司刊载为徐震时作《凌波仙子》题跋杨万里诗（开处谁为伴）；《国酒书画》（第8期）刊载草书自作诗《徐霞客歌》（展柜）；《王明忠草书沈鹏先生诗词80首》内载书自作诗《七律》（少小离家向自由）。

十、9月3日，《美术报》（第15、16版）刊登诗书《题画梅》，题签“开元美术馆”、“开元文化大世界”。14日，《书法导报》（第20版）刊登题词“生态山西”。15日，《匡时当代著名书法家作品专场》刊登草书岳飞［满江红］。9月成果还有：《中国美术馆》（第9期）刊载草书《般若波罗蜜多心经》；《墨韵流芳——纪念辛亥首义一百周年书法作品集》刊载草书“革命尚未成功，同志仍须努力”。《光明的中国——纪念中国共产党成立90周年全国书画大展作品集》刊载书自作诗《七律·礼花》；《锥画沙》（创刊号）刊载书自作诗《访日》（霓虹明灭月黄昏）。

十一、10月15日，《美术报》（第17版）刊登题签“心印五台山”。29日，《美术报》（第47版）刊登题签“谢水墨书画选”。10月成果还有：《辛卯开岁联唱集》刊载桂柬采风掠影19幅，致周笃文手札，草书苏东坡［临江仙］（夜饮东坡醒复醉），诗词八首以及《辛卯开岁四家联唱》（兔毫落墨三江水，国事开春八阵图——沈鹏）；《中华辞赋》（第5期）刊登七律《辛亥革命百年》；《中国国家美术》（第5期）刊登题词“神工”和书自作诗七绝（草根沃野赛名花）；人民美术出版社出版《原创·艺术·诗意·人本——沈鹏书法艺术学术研讨会文集》；《沈门七子书法展作品集》刊载书蔡邕句（书者，散也）；朱祥林《浮生小记》扉页刊载草书苏轼［定风波］。

十二、11月2日，《光明日报》（第13版）刊登古风——散文诗《朝阳化石歌》。同日，《书法导报》刊登题签“陈钦硕书法艺术”。3日，澳门“同根的文明——中国作家艺术家水墨丹青大展”展出隶书中堂“五千年禹域同根史，一万里图书两岸行”。5日，《中国书画报》（第6、10、11版）刊登诗书《辛亥革命》、七律《瞻仰孙中山先生故居》、题签“天山红”及题跋“周尊圣为首届中国亚欧博览会新疆国际会展中心鸿篇巨制世所罕见。”15日，《艺术镜报》（第57期）刊登题签“天山红”及题跋“周尊圣为首届中国亚欧博览会新疆国际会展中心鸿篇巨制世所罕见”。11月成果还有：《中国百诗百联大赛作品集》刊载七绝诗《寒食（二首）》、草书自作诗《寒食（二首）》；《中华诗词》（第11期）封三刊载题耑“三馀吟”和书自作诗《读〈中华诗词〉孙中山先生等“耆旧遗音”》；《内蒙古东联书画博物馆收藏作品集》刊载草书放翁［卜算子］（驿外断桥边）；《三袁》（第38期）封底刊登草书《袁宏道即事》；人民美术出版社出版的《名家巨制》刊载草书放翁词［卜算子］。

十三、12月2日的《长沙晚报》（A19版）、3日的《湖南日报》（第4版）刊登演讲《贵在言志》。10日，《中国文化报》（第2版）刊登《贵在言志》。12月成果还有：《张改琴书画作品集》刊载《张改琴书法集小序》；《名贤研究》（第12期）刊载《桃李正酣》、《沈鹏咏江阴诗23首》；《全球杰出华人画传》刊载龙的传人系列纪念邮票票样《沈鹏》；《中国国家美术》（第4期）刊登草书放翁诗（一幅中堂）；《中华诗词》（第12期）封三刊载题耑“三馀吟”和书自作诗《“红楼馆”促题匾额》；八大山人纪念馆辛卯冬卷《八大山人研究》刊载《八大山人的“前”与“后”——领略〈八大山人全集〉》；

无锡沈鹏书法艺术馆、无锡将军书画艺术馆编印《沈鹏书法艺术》刊载多幅照片、草书自作诗《七八》、《江阴红豆之一》、《书法教学十六字方针》和隶书《景山古槐》以及草书欧阳永敬［浣溪沙］（堤上游人逐画船）。

方立天 馆员

一、论文《门外看生活禅》刊于《中国民族报》（5月31日）。

二、论文《人生就是缘》刊于《法音》（第10期）、《中国宗教》（第10期）。

李学勤 馆员

一、11月，专著《三代文明研究》由商务印书馆出版。

二、论文《纣子武庚禄父与大保簋》发表于《甲骨文与殷商史》（新2辑）。

三、论文《由清华简〈金縢〉看周初史事》发表于《中国经学》（第8辑）。

四、论文《论清华简〈耆夜〉的〈蟋蟀〉诗》发表于《中国文化》（第33期）。

五、论文《清华简〈祭公〉与师询簋铭》发表于《孔子学刊》（第2辑）。

六、论文《试释翼城大河口鸟形盉铭文》发表于《文博》（第4期）。

七、论文《论凤雏卜甲中的周王与楚》发表于《楚文化论集》（第10辑）。

八、论文《清华简关于秦人始源的重要发现》发表于《光明日报》（9月8日）。

九、论文《谈秦人初居邾库的地理位置》发表于《出土文献》（第2辑）。

十、论文《清华简系年奴虘之戎试考》发表于《社会科学战线》（第12期）。

十一、论文《膳夫山鼎与周厉王在位年数》发表于《中华文史论丛》（第4期）。

傅璇琮 馆员

一、2月26日，应邀在上海师范大学古籍研究所参加《全宋笔记》编纂工作会议。《全宋笔记》由上海师大古籍研究所所长戴建国任第一主编，本人为第二主编。《全宋笔记》现已列为国家哲学社会科学重大项目。

二、5月，与中华书局编审陈虎共同主编《中国古典文学大众丛书》（共十册），由中国大百科全书出版社出版。

三、5月，参加国家新闻出版总署举办的“中国经典国际出版工程”项目评审会议，本人为文学艺术组召集人。6月16日，又在新闻出版总署参加终审表决。

四、6月21日至23日，应邀参加国家社科基金后期资助项目评议，本人为中国文学评议第二组召集人。

五、7月，被甘肃省古籍文献整理编译中心正式聘为《中国华北文献丛书》总主编。该丛书共有八个专辑，收400多种书。8月15日至16日，在兰州市召开《中国华北文献丛书》首批出版揭牌仪式与出版座谈会，本人应邀参加，撰题为《有史以来第一部华北地区的文献总汇》总序。

六、8月9日至10日，在宁波市参加“方志文献国际学术研讨会”。本人被宁波市地方志编纂办公室聘为学术顾问，编撰“浙东方志总目提要”，以促进地方文化建设。

七、8月12日至13日，在宁波市参加“王应麟学术研讨会”。王应麟为南宋艺术大家，宁波人。2007年起，编集《王应麟著作集成》，本人为编委会主任，该书由中华书局出版。

八、9月28日，参加中国社会科学院举办的“《域外汉籍珍本文库》编纂出版工作会议”，并作题为《面向世界收录域外文人汉籍作品》的讲话。

九、10 月，泰山出版社连续出版《阅读国粹经典》丛书（共 100 册），本人被任为主编，并撰写总序，后刊于《中国社会科学报》（12 月 28 日）。

十、12 月 16 日，参加华东师范大学“《子藏》工程首批成果发布会”，会议由华东师范大学与国家图书馆出版社共同主办。《子藏》被评为上海市规模最大的古籍整理工程，本人为此会议撰写《〈子藏〉：一座宏大的文学经典》一文，后刊于《光明日报》（12 月 25 日）。华东师范大学聘本人为《子藏》学术委员会主任。

十一、12 月 20 至 22 日，参加国家社科基金后期资助项目评审，本人为中国文学一组召集人。

傅熹年　馆员

一、进行《中国古代建筑工程管理和建筑等级制度研究》的校定和编辑，准备交建筑工业出版社出版。下半年开始进行《社会人文因素对中国古代建筑的影响》研究专题。

二、《重印陶湘仿宋刻本营造法式序》、《介绍故宫博物院藏抄本营造法式》发表于清华大学建筑学院主编的《中国建筑史论汇刊》（第四辑）。

三、数次参加由首规委组织的北京市若干建筑方案的评审工作。

四、多次参加鉴定故宫博物院所藏明清人尺牍。

五、编定 1987 年、1996 年二次赴美看各博物馆及私人收藏中国古代书画之记录稿，附本人鉴定意见，定名为《旅美读画录》，约 3.6 万字。

王 蒙 馆员

一、1月17日至18日，出席“第九届两岸关系研讨会”并作题为《政治情怀与传统文化》的主题发言，会后接受东南卫视、深圳卫视联合采访。

二、3月15日，与司马义·艾买提，阿不来提·阿不都热西提、铁木尔·达瓦买提等出席维吾尔诺茹孜麦西来甫节，并表达了对维族节日的祝贺。

三、3月24日，中国作家协会召开“王蒙写新疆作品《你好，新疆》出版座谈会”。

四、4月10，赴四川省绵阳市出席“王蒙文学艺术馆”奠基典礼。

五、4月14日，在中组部“传统文化与治国理政之道研讨班”作题为《中国人关于治国理政的八种说法》的讲座。

六、5月22日至26日，赴新疆维吾尔自治区出席“第六届天山读书节活动”，并参加“《中国地域文化通览·新疆卷》编辑会”。

七、6月24日，出席“国务院参事室、中央文史研究馆纪念中国共产党建党九十周年座谈会”并发言。

八、6月29日，在中共中央党校给新疆班学员作题为《珍惜与发展新疆多民族文化》的讲座。

九、9月6日，出席“庆祝中央文史研究馆成立六十周年大会”，作书面发言《对文化发展和改革的一些思考》。

十、10月20日至27日，赴山东省青岛市主持“第二届科学人文未来论坛”。

十一、11月9日，出席经社理事会“《中华传统文化与软实力》论坛”，并作主旨发言。

舒 乙 馆员

一、受中央文史馆委托，领衔对春节文化进行调研。正月初八开始对山东省济南市、广东省佛山市、山西省孝义市三地进行实地考察，于5月赴韩国、英国对国外节日进行考察，完成两件调研报告，于6月在北京市参加春节论坛预备会，并于11月在济南市参加春节论坛，在会上作主旨发言，并向中央呈递关于重视和繁荣春节文化的若干建议。

二、以山东省济宁地区调研的情况为基础向国务院建议建立免费寄宿学校解决亚孤儿和特困生失学问题，得到温总理和刘延东同志的批示，以为是“非常重要的扶贫措施”。

三、由民族出版社于8月出版《见证亲密——纪北京承德两地带藏文的石碑和藏式建筑》一书，并于9月27日在中央文史研究馆举行首发式和研讨会，由中央文史研究馆、国家民委和民族出版社共同主办，此书为北京市和承德市带来16亿元的财政拨款，对两地涉藏的文物进行保护。

四、5月7日和9月3日分别在北京市宋庄和日本大阪市举行画展，是本人第16次和第17次个人画展；中国画报社于2012年1月出版《中国书坛四大才子》一书；7月赴俄罗斯鞑靼共和国叶拉布嘎市参加国际笔会；11月被中央文史研究馆书画院任命为理事长之一。

五、为中央电视台国际频道的《文明之旅》栏目担任主播讲者，前后讲关于《北京文化》、《文学精神》等六次，受到观众普遍热评，收视率上升为该频道第一名。

六、参加上海师范大学举办的《老舍和地域文化》学术研讨会，发表《＜剑北篇＞的足迹》论文。

七、8月23日荣获北京市第二届“景观之星”称号，本人铸钢手模将永远陈设在玉渊潭公园内。

八、经刘淇同志推荐，被任命为北京市历史文化名城保护委员会专家顾问组 17 名成员之一。

此外，还完成并发表《北京名园的特点》、《老舍的人文精神》、《台儿庄——再生的火中涅槃凤凰》、《谈我的文学创作和绘画》等文章，共计 35 篇。

杨天石　馆员

文章与专著

一、7 月，《终结帝制》由香港三联书店出版（37 万字）。

二、8 月，《帝制的终结——简明辛亥革命史》由湖南岳麓书社出版（37 万字）。

三、9 月，与谭徐峰合编《辛亥革命的影像记忆》由中国人民大学出版社出版。

四、《辛亥革命的性质与领导力量》发表于《河北学刊》（第 4 期）。

五、《辛亥革命何以胜利迅速，代价很小》发表于《中国文化》（第 4 期）。

获奖

一、《找寻真实的蒋介石——蒋介石日记解读》（第二集）被评为“金南方 2011 最受关注历史类图书”。

二、《帝制的终结——简明辛亥革命史》被评为“《新京报》2011 年度历史书”。

出访与境外会议

一、2010 年 11 月 20 日至 2011 年 1 月 20 日，应台湾“中央大学”之邀前往访问。

二、5月5日至9日，赴香港参加辛亥革命讨论会。

三、6月27日至29日，在台北市参加“蒋介石与现代中国的再评价”讨论会。

四、8月19日至22日，赴日本富士山参加“九·一八至七七事变”讨论会，发表论文《绥远抗战与蒋介石对日政策的转变》。

五、8月27日至9月1日，赴日本东京市、冲绳县等地，参加日中年轻历史研究者讲习班，发表基调演讲《建设中国近代史新的科学解释体系》。

六、9月3日，在香港法住文化书院演讲《辛亥革命中的知识分子》。

七、10月28至30日，在美国哈佛大学参加辛亥革命百年论坛，发表报告《辛亥革命何以胜利迅速，代价很小》，在30日的闭幕式演讲《谁领导了辛亥革命》。

八、11月2日至6日，在新加坡参加辛亥革命讨论会，发表演讲《孙中山与资本主义》。

境内学术会议

一、4月6日，在广州市参加文史研究馆系统辛亥革命讨论会。

二、5月17至19日，在东莞市参加虎门遗址文化公园论证会。

三、9月10日至12日，参加复旦大学近代中国人物国际讨论会。

四、10月7日至9日，赴苏州市参加南社百人展揭幕典礼并讲话，参加苏州南社研究会座谈及苏州政协辛亥革命座谈会。

五、10月11日至14日，在武汉市参加辛亥革命国际讨论会。

六、10月15日至19日，在成都市参加四川省辛亥革命暨尹昌衡国际学术讨论会议。

七、10月20日至22日，在珠海国际联合学院参加辛亥革命百年回眸与反思专题研讨会。

八、10月25日，在北京市参加《中国地域文化通览》编撰会议。

九、11月30日至12月1日，在北京会议中心参加《中国地域文化通览》

编撰议会。

十、12月9日，在香山饭店参加《中国地域文化通览》编撰议会。

十一、12月26日，在北京市参加孙中山研究会第三届理事会第一次会议。

报刊及电视访谈

一、3月16日，接受《财经》杂志主笔马国川访问，其记录以《辛亥革命是必要的》为题，后发表于牛津大学出版社出版的《没有皇帝的中国》及世界图书出版公司的《告别皇帝的中国》二书。

二、7月，接受深圳市新闻影视中心来访，拍摄《三洲田起义》。

三、8月，接受凤凰台访问，拍摄《西安事变》。

四、8月11日，接受日本NHK记者盐田纯等访问，拍摄《蒋介石》。

五、9月4日，在香港接受中国新闻社记者访问。

六、9月7日、8日，在长沙市潇湘讲堂讲辛亥革命，为湖南教育电视台录制九集电视片。

七、9月10日，为上海电视台录制纪录片《南社》。

八、9月24日，与李菁在凤凰网读书会对谈《找寻真实的孙中山》。

九、11月23日，接受《新京报》记者许姗姗采访。

十、11月26日，接受中央电视台李星言访谈。

十一、12月8日，接受《瞭望》记者李静访问。

十二、12月，接受中央台《诚信的力量》董婷采访。

十三、接受中央电视台沈芳采访，拍摄大型文献纪录片《辛亥革命》。

十四、接受中央电视台毕洪采访，拍摄《武昌起义》。

十五、接受江苏电视台采访，拍摄《南社》。

十六、接受《国土资源报》记者访谈。

十七、接受《文汇报》记者访谈。

十八、接受《北京日报》记者访谈。

演讲

一、4月8日　在广州市《南方都市报》演讲。

二、8月13日，在首都图书馆演讲。

三、9月22日，在北京市政协作报告。

四、9月25日，在广州市中山图书馆演讲《蒋介石与国共关系》，晚上在华南师大演讲《辛亥革命》。

五、9月27日，在国家图书馆部级领导干部历史文化讲座作《孙中山的民生主义思想及其现代价值》的报告，接受聘请，担任“文津讲坛”特聘教授。

六、10月1日，在国家图书馆演讲《辛亥革命的再认识》。

七、11月7日，在人民大学经济学院为杭州市委党校学员作报告。

八、12月13日，在国家博物馆演讲。

九、12月18日，在西安市西北工业大学演讲《国共关系》。

十、12月23日，在工商银行成都市金牛支行演讲。

杜廼松　馆员

一、参加故宫博物院举办的庆祝中国共产党建党90周年和纪念辛亥革命100周年活动，用钟鼎文书写毛泽东同志诗词及孙中山先生的话语，向参观公众展出。

二、参加中国收藏家协会换届选举等活动，再次被推选为协会顾问。

三、作为顾问和嘉宾，多次参加了保利艺术博物馆从海外引进的中国古文物展览等文化交流活动。

四、参加故宫博物院的学术活动，如：对学术委员会课题审查，对职称论文审定等工作。

五、1月4日，论文《我的半世纪文博考古路》刊于《世界新闻报》。

六、1月18日，论文《青铜大鼎 王权的象征》刊于《世界新闻报》。

七、4月1日，论文《地区考古成果的重要典范——谈〈林州文物考古发微〉》刊于《中国文物报》。

八、4月20日，论文《春秋战国青铜器》刊于《中国文物报》。

九、5月，在国家图书馆“文津讲坛”向社会听众作有关“金文研究中的几个问题”的学术演讲。

十、8月，专著《青铜器鉴识》由印刷工业出版社出版。

十一、9月，论文《古代青铜艺术研究的新开拓》刊于中华书局出版的《谈艺集》。

十二、9月，论文《全国铜器鉴定所见金文考察》刊于中华书局出版的《崇文集（三编）》。

金鸿钧 馆员

一、2月23日，应邀参加在北京画院美术馆举办的“黄均工笔人物画展”，并受邀在开幕式上讲话，在讲话中高度评价中央文史研究馆馆员、中央美术学院资深教授黄均先生在中国传统工笔人物画的继承和创作上的高度成就，同时黄均先生又是很优秀的艺术教育家，在中央美院中国画系任教几十年，教授的课程有：工笔人物白描临摹、工笔人物白描写生、工笔重彩人物临摹、工笔重彩人物写生。此外还在青绿山水、楼阁界画、诗文、书法、水墨兰竹等多方面都有成就。

二、3月22日至4月7日，创作《迎春》（69cm×69cm）应邀参加“民族百花奖”中国各民族美术作品展。

三、4月8日，参加中国和平统一促进会书画家联谊会举办的会长座谈会，研究开展书画联谊活动。

四、4月15日，应邀为中国戏曲学院第五届优秀青年演员研究生班讲授中国画课程，并示范表演技法。

五、5月，应北京市民族联谊会之邀与弟弟金大钧、金万钧合作大幅花鸟画《万紫千红》（90 ㎝ ×180 ㎝），7月1日，该作品参加“北京市统战系统庆祝中国共产党成立90周年书画展”在首都博物馆展出。

六、7月26日，在人民大会堂参加“中国画学会”成立大会，被聘为创会理事，并参加大型笔会活动。

七、8月31日，应邀参加中央美术学院、中国画学院新生入学师生见面会。应邀在会上讲话，勉励青年学生努力学习业务的同时，关注自身人品道德的修养，只有做好“人”，才能画出好的作品。

八、9月6日至8日，参加庆祝中央文史研究馆建馆60周年系列活动。

九、11月20日，应邀参加中央美术学院、中国画学院在华侨大厦举办的关于“中国画教学及学科建设”课题的学术研讨会。

十、12月8日至15日，参加关于“中国画传承与危机的对策”课题的调研活动，与马振声先生等赴云南省昆明市，到云南艺术学院和云南省文史研究馆书画院进行调查研究座谈会。

十一、12月30日，参加在北京画院举办的由人民美术出版社出版《中国近现代名家选粹·黄均》画册出版发行发布会，并在会上发言，高度赞誉黄均先生的人品和艺术成就。

陈高华 馆员

一、论文《元代内迁畏兀儿人与佛教》发表于《中国史研究》（2011 年第 1 期）。

二、论文《元代内迁的一个阿里马里家族》发表于中国社科院历史所《隋唐辽宋金元史论丛》（第 1 辑）。

三、1 月，专著《中国妇女通史·元代卷》由杭州出版社出版。

四、3 月，《元典章》点校本由中华书局、天津古籍出版社出版。

金默如 馆员

一、被 CCTV 中国新影响力·文化中国艺术家沙龙、文化中国网特聘为“艺术顾问”，聘期三年；为艺术家镜报创刊三周年题字“业精于勤”并发表作品；

二、为庆祝十一届全国人大五次会议，全国政协十一届五次会议开幕，应新华月报约稿“实景的新中国简史”系列，专题介绍“金默如·默契自然、鸟语花香”等作品。

马振声 馆员

一、2 月，温家宝总理颁发聘书，被聘任为中央文史研究馆馆员。

二、6 月，参加与温家宝总理座谈会。

三、9 月，被聘任为中央文史研究馆书画院院长。

四、2011 年 9 月至 2012 年 6 月，中央文史研究馆书画院进行“中国画的传承与发展”课题调研。担任课题组组长，带领课题组先后到中央美术学院、中国美术学院、香山小学、凤凰岭美术馆等几十家单位调研；走访冯骥才、舒乙、张立辰、李巍等专家百余人。课题组收集整理文字资料约20万字，并撰写调研报告。

五、9月，论文《解读“写意”》发表于《谈艺集——全国文史研究馆馆员书画艺术文选》。

六、11月20日，出席中央美术学院中国画学院“中国画教学及学科建设学术研讨会”。

七、12月9日，出席由中央文史研究馆书画院、云南省美协、云南画院等单位共同主办在云南美术馆举行的“完成与未完成——王晋元先生山水画作品展”和研讨会。

八、12月26日，作品《曹雪芹诗意》参加北京文史研究馆主办的“人文·北京”中国人物画邀请展。

郭怡孮 馆员

一、5月31日至6月9日，在中国美术馆举办《大好春光——郭怡孮绘画作品展》大型展览，展出自1959年从艺以来的主要代表作品130余件。画展由中华人民共和国文化部、中国文学艺术界联合会、中央文史研究馆、中国和平统一促进会、中国对外友好交流协会、中央美术学院、中国艺术研究院、中国美术馆主办。出席开幕式的有全国人大常委会副委员长周铁农、国务委员兼国务院秘书长马凯、全国政协副主席郑万通、国务院参事室主任陈进玉、对外友协会长陈昊苏等领导和300多位艺术家。中央美院党委书记杨力主持开幕式。王文章、冯远、王明明、刘大为、范迪安先生分别代表文化部、文联、中央文史研究馆、中国美协和中国美术馆有关主办单位讲话。展出期间，中宣部部长刘云山、中国文联党组书记赵实参观了展览。《人民日报》、中央电视台、《光明日报》、《美术报》、《文艺报》等新闻媒体作了详细报道。

二、文化艺术出版社出版《大好春光——郭怡孮绘画作品集》大型画集，为画集写《大好春光——中国花鸟画的优良传统和当代风采》的序言。

三、6月5日，在中央文史研究馆举办“大好春光——郭怡孮绘画作品研讨会”，参加会议并发言的有邵大箴、薛永年、刘曦林、李树声、王墉、陈履生、张晓凌、李魁正、杨悦浦、赵士英、田黎明、梁江、唐勇力、郑工、安远远、尚辉、刘龙庭、李一等40余人。

四、《美术》杂志（第九期）发表《大好春光——记郭怡孮绘画展艺术研讨会》综述文章和多幅作品。

五、创作《天地同和 春光锦绣》、《罗霄山花》两幅巨制，同年创作《花好何须问名字》、《韶光晔晔》、《熏风朱霞》、《明月初升》等多幅综合材料作品。

六、9月，在山东省潍坊市郭味蕖美术馆成功举办中国书画名家馆第七届年会暨中国书画名家馆馆藏精品联展。为《翰墨精粹——中国美术名家纪念馆作品集》写序言。

七、中国教育电视台制作并播出《大好春光——画家郭怡孮》专题片。

八、筹备组织“中国画学会”，经文化部、民政部批准正式成立。7月26日在人民大会堂举行成立大会。文化部部长蔡武、中宣部副部长翟卫华及各有关单位的领导和300余位中国画学会创会理事出席了成立大会。被推举为首任会长，并在成立大会上发表了《推进中国画大发展大繁荣》的主旨讲话。

刘梦溪 馆员

一、1月17日，《学习时报》刊出在伯克利大学中美文化论坛的演讲《对话是人类的生活准则》。

二、1月20日至22日，赴台湾出席两岸征文颁奖典礼，以征文评审身份致辞，阐述如何找回中华文化的大智慧。

三、2月17日，辛卯元宵节，出席中央领导人与首都知识界元宵联欢晚会。

四、3月6日，《国学与诗学》刊于《人民政协报》，《新华文摘》转载。

五、4月22日，赴南京市参加由中华文化发展促进会、台湾中华文化总会、北京师范大学人文宗教高等研究院、台湾大学人文社会高等研究院共同主办的"王道思想在今天的意义"学术研讨会，在开幕式上作题为《文化大智慧需要"证得"》的演讲。

六、4月25日至30日，应台湾"中央研究院"近代史所邀请赴台讲学，讲题为《国学和现代学术分科》，文字附篇五件，包括《国学与诗学》、《国学和国民教育》、《北大国学门和清华国学研究院》、《王国维、陈寅恪怎样看学问的中西》、《设立"国学博士"须慎之又慎》。

七、5月，《国学与红学》由上海辞书出版社出版（22万字）。

八、6月20日，《学兼四部的国学大师——张舜徽先生百年诞辰述感》在《光明日报》（国学版）刊出。

九、6月22日，出席在武汉市华中师范大学举行的"纪念张舜徽先生百年诞辰国际学术研讨会"，在开幕式上作主旨发言，阐述张学的特点及足以嘉惠后学之处。

十、9月6日，中央文史研究馆建馆60周年座谈会在人民大会堂举行，温家宝总理主持座谈会，全体馆员、参事和特聘研究员与会，馆长袁行霈介绍文史馆情况，作题目为《中国传统文化价值理念的现代意义》的发言。

十一、9月15日，为中国艺术研究院一年级全体博硕士新生讲课，题目为《修身从知耻开始——谈读书与修身》。

十二、9月19日，《茅威涛和"藏书之家"》在《中华读书报》（家园版）

刊出。

十三、10月27日至28日，由文化部和欧盟文教机构主办，国家博物馆、社科院世界政治研究中心承办的“中欧文化高峰论坛”在国家博物馆举行，应邀出席并在“中国欧盟未来自由谈”专场报告论文，题目为《文化沟通与文化对话》。

十四、11月2日，为上海交通大学新闻与传媒学院研究生作题为《怎样看待传统文化在今天的意义》的专题演讲。

十五、12月9日，文化部召开研究系列高级职称评委会，评定本年度正高职称，应聘担任评委会主席。

十六、12月10日，担任凤凰卫视世纪大讲堂主讲嘉宾，讲题为《中国传统文化价值理念的现代意义》。

王立平 馆员

一、策划“新乐府”活动：

1911年至2011年20世纪的100年间，中国和全世界一样经历了天翻地覆的巨大变故。中国人在这一百年中的苦难、纷争、胜利、进步将永远载入中华民族的史册。反映百年历史的诸多文学艺术作品中，影响最广泛、最久远、最丰富、最直接的是歌曲。回顾、总结和研究这些珍贵的历史文献不但有重大的历史意义，更有深远的现实意义。既是文、也是史、又是重要的研究课题，恰是中央文史研究馆的责任和优势所在。为此，我提出搜集、评选、整理、出版《新乐府》的建议。经过研讨和论证，制订了实施方案，得到了中央文史研究馆领导及中国音乐文学学会领导、专家、学者的肯定和支持，并将“新乐府”的搜集、评选、出版活动正式列为中央文史研究馆的项目。

二、继续创作音乐剧《红楼梦》，为西南民族大学写校歌《托起明天的辉煌》，为张海迪作词的助残歌曲《多想对你说》等若干首歌曲谱曲。

三、参加全国政协十一届四次会议和全部四次常委会，在常委会上还就文化体制改革等问题作了大会发言。

四、加入了中国书法协会。在杂志和《书法报》上发表《王立平先生谈艺说字》长篇文章。

薛永年 馆员

一、1 月，被聘为中国美术家协会第三届美术理论委员会主任。

二、2 月，应新加坡国立美术馆馆长郭建超之邀前往鉴定新加坡私家所藏近代中国名家绘画。

三、3 月，赴深圳市出席第三届《观澜国际版画双年展》评选。

四、4 月，赴山东省潍坊市出席“首届中国画节”。

五、自 4 月起，参与傅熹年先生为首的故宫博物院所藏明人书札鉴定评级小组工作。

六、5 月，赴上海市出席“纪念朱屺瞻先生 120 周年诞辰活动”，主持 “朱屺瞻与中西美术史语境：国画、西画及现代美术教育学术研讨会”。

七、7 月，出席“中国画学会”成立大会，任副会长。

八、8 月，受命担任中央文史馆书画院副院长。

九、9 月，参与主编的《谈艺集——全国文史研究馆馆员书画艺术文选》由中华书局出版。

十、出席澳门民政总署暨澳门艺术博物馆《山水正宗——王时敏、王原祁及娄东派绘画学术研讨会》，作主题报告《“四王”中奉常祖孙的艺术蹊径》。

十一、10 月，出席北京市文史研究馆、中国美术家协会、中国美术馆主办的 “人文·北京——中国人物画邀请展”评选。

十二、10 月，赴南京市出席江苏省委宣传部、江苏省文化厅、江苏省文联和中国美术家协会共同主办的“金陵百家中国画展及中外学者高峰论坛”，担任论坛分场主持。

十三、10 月，赴苏州市出席“苏州博物馆藏元《七君子图》及文人墨竹研讨会”，发表论文《元代墨竹与〈七君子图〉》，并主持第一场研讨。

十四、10 月，出席“东方既白·中国国家画院建院 30 周年国际学术论坛”，主持第二场研讨。

十五、10 月，出席故宫博物院“2011 年兰亭国际学术研讨会”，作为学术评论人对王耀庭《萧翼赚兰亭图——并记南宋高宗与理宗的相关兰亭题署印记》、陶喻之《历代兰亭修禊觞咏图源流考——以疑似南宋〈凤墅兰亭图〉刻帖为主》、林木《从兰亭修禊到文人雅集——对中国绘画史一个母题的研究》、陈韵如《兰亭修禊图式的发源与演变——以宋元明作品为中心》、宋后楣《卓迪与他的修禊图》进行评论。

十六、11 月，赴浙江省平阳县出席并主持“黄公望与平阳研讨会”。

十七、11 月，方壶楼受教诸同学为祝贺 70 寿辰编辑出版《学问与传承——薛永年教授 70 寿诞从学 50 载执教 30 年祝贺文集》。

十八、12 月，举办结合薛永年教学研究的“中国美术的传统与新境研讨会”。

十九、12 月，与中国画学会中的美术史论家赴台湾参观台北“故宫博物院”“精彩一百展览”，并考察台北市台中的美术馆、博物馆。

二十、论文《画随时代 艺为人生——〈徐悲鸿的学生们艺术文献集〉小引》载于《艺术》（第 1 期）。

二十一、论文《象外意与文化积淀——谈齐白石绘画用典》载于《美术观察》（第 4 期）。

二十二、论文《中国美术海外推广刍议——从徐悲鸿在全欧宣传中国美术谈起》，载于《中国国家美术》（第 1 期）。

二十三、论文《我法与古法——读石涛画论》载于《荣宝斋》（第 9 期）。

二十四、论文《元代墨竹与〈七君子图〉》刊于苏州博物馆编《苏州文博论丛》（总第 2 辑）。

赵仁珪 馆员

一、2 月，《启功的书画世界》由北京出版社出版。

二、《艺衡》（第 6 辑）发表赵仁珪诗词作品 14 题 18 首。

三、参展全国政协“纪念辛亥革命一百周年书画展”的四幅书法作品刊登于《国是咨询》（第 11 期）。

陈祖武 馆员

一、参加中央文史研究馆《中国地域文化通览》审读工作。

二、参加国家社科基金年度评审及重大招标项目答辩会议。

三、参加 2011 年度“经典中国国际出版工程”初审及终审会议。

程大利 馆员

一、3 月，率荣宝斋画院程大利工作室学员 20 人赴山东省沂蒙山写生 10 日，作《沂蒙山水册》册页并由河北美术出版社出版。

二、4 月，率国家画院程大利工作室学员 18 人赴甘肃省宕昌县官鹅沟写生半月，作册页两种。《画风》（第 18 期）以《笔墨文化的传承者》为题，以 80 个页面作专题介绍，刊发作品 40 幅。《美术》杂志发表四条屏山水（写意中国画展作品选登）。

三、5 月，参加国家画院主办的“丹青名家楹联特展”，入展作品 4 幅，并由人民美术出版社出版画集。

四、6 月，在《中国艺术报》辟“艺术大讲堂”专栏，发表《中国画的本质、特性、境界和欣赏》，该文入编中央文史馆《崇文集（三编）》。

五、10 月，《名师写生——程大利山水写生》由河北美术出版社出版。

六、11 月，《荣宝斋》（第 11 期）刊发《论画札记》8 篇，画作 12 幅。

七、12 月，为在贵阳市举办的“全国文史馆馆长培训班”讲述《中国画的境界和欣赏》。

八、人民美术出版社出版挂历《鹏程万里》（与沈鹏先生合作）。

陶思炎　馆员

对外交流

一、1 月，赴英国伦敦国王学院、牛津大学、剑桥大学等交流访问。

二、12 月，被邀请为“访问科学家”赴德国汉诺威大学交流，并以《中国园林景观建筑中的民俗观》为题作学术报告。

重要活动及荣誉

一、2 月 17 日，被聘为中央文史研究馆馆员，4 月 14 日在中南海紫光阁接受温总理亲自颁发的馆员证书。

二、3 月 3 日至 14 日，出席全国人大第十一届四次会议。

三、4 月 16 日，在人民大会堂参加“中国木版年画抢救保护成果展示暨表彰大会”，被中国民间文艺家协会授予“特别贡献奖”。

四、4 月，被中国民间文艺家协会聘为第八届顾问。

五、4 月，获东南大学“十一五科技先进个人”证书。

六、6 月 16 日，参加“春节文化的传承与创新”座谈会，并作《春节的文化要素及活动构想》的报告；11 月 2 日，参加在济南市举办的第二届春节文化论坛，并作《论春节文化符号的释读》报告。

七、9 月 9 日至 11 日，在东南大学主持召开“民俗艺术学国际学术研讨会”。

八、11 月下旬在京出席全国文代会。

文章及专著

一、1 月，专著《江苏纸马》由东南大学出版社出版。

二、主编的《民俗艺术学研究丛书》由东南大学出版社出版。

三、论文《中国纸马与日本绘马略论》发表于《新世代》（2 月号）。

四、1 月，《论民俗艺术学的研究》发表于东南大学出版社出版的《艺术学的理论与方法》。

五、《论纸马的信仰背景与艺术基础》发表于《广西民族大学学报》（第 2 期）。

六、《江苏纸马的主要产地与图像系统》发表于《江苏社会主义学院学报》（第 2 期）。

七、《民俗艺术学研究的历史回顾》发表于《民族艺术》（第 2 期）和中央文史研究馆主编、中华书局出版的《崇文集》（三编）。

八、《论民俗艺术学体系形成的理论与实践基础》发表于《东南大学学报》（第 4 期）。

九、10 月，《春节的文化要素及活动构想》发表于中央文史研究馆主编、人民出版社出版的《百家录话——怎么样过好春节》。

十、9月，《灵岩寺泥塑罗汉吉祥衣饰探究》发表于中央文史研究馆主编、中华书局出版的《谈艺集》，

十一、《论民俗艺术文化系统的产业化发展》发表于《艺术学动态》（第2期）。

十二、3月，《略论中国传统节日的困境与机遇》发表于中华书局出版的《清明（寒食）文化的多样与保护》。

馆长馆员诗文作品选

“国学”是否从日本进口值得认真讨论

汤一介

“国学”作为一个概念或名词，是否从日本进口的，是个值得认真讨论的问题

“国学”作为一个名词或概念在中国出现很早，《周礼·春官·乐师》中有条记载：“掌国学之政，以教国子小舞。”这里的“国学”是指国家的一种教育机构，但这个教育机构是有确定的教学内容的：它是教国子（应指朝廷贵族子弟）音乐舞蹈的教育机构。《辞海》中说：据《礼记》、《大戴礼记》、《周礼》记述，西周国学盖由前代发展而来，分小学与大学。教育内容为礼、乐、射、御、书、数，合称“六艺”，或说易、书、诗、礼、乐、春秋合称“六艺”。从先秦诸子的学术看无不与“六艺”有关，甚至可以说是由“六艺”分化出来的。特别是孔子的儒家更是一步步地把“六艺”儒家化。至汉设立太学，而立五经博士（因“乐经”已失传），确立易、书、诗、礼、春秋的官学地位，此一趋势可说历代从未改变过。（《汉书·艺文志》虽分学术科目为六艺略、诸子略、诗赋略、兵书略、数术略等，刘宋曾有“儒、玄、文、史”四科之分，但儒学化的“五经之学”一直居于主流地位，从未变过。从历史上看，后又有七经、九经以至于十三经，这些都是由儒家把它们经典化的历史演变。）据《宋会要辑稿》记载：宋朝有国子监，其教学与研究内容为儒学与医学。可见，“国学”虽为一教育机构，但是它的教学内容是明确的。因此，我们可以说自汉朝开始就把“国学”的基本教学内容定为自“五经”发展起来的“儒学”。近代，西学输入，因而我国学者又提出“国学”，这主要是就其内容而言。虽然它是相对于“西学”而言，但与日本江户时代不同，中国当时是一个受到西方列强（包括日本）侵略的国家，而江户时代中国并未对日本有什么侵略，只是文化输入问题。而在当时中国有识之士讲“国学”者，如章太炎、严复等并无全盘排斥“西学”之意，无非是想为自己的民族复兴找个根据。因此，我认为把19世纪末、20世纪初中国某些学者提倡“国学”与江户时代的日本学者排斥仁学和佛教，提倡所谓“国学”的心态相提并论，并不恰当。

出现“国学热”是必然的

到20世纪90年代后，在我国又掀起“国学热”。我想这和二战以后国际的形势有关。我们知道，自上个世纪后半叶，西方殖民体系逐渐瓦解，原来的殖民地民族和受压迫国家为了建立或复兴自己的国家，有一个迫切的任务，他们必须从各方面自觉地确认自己的独立身份，而自己民族特有的文化（宗教、哲学、语言、价值观，等等）正是确认自己独立身份的最重要因素。在这种情况下，正在复兴的中华民族强调应更多关注自身文化的主体性和特有价值，是完全合理的。因此，不少学者开始研究中国传统文化，有时并用“国学”这个名称统称之，也并不能说不可以，而且这些学者中的许多学者是以全球化的眼光来发掘中国文化对中国社会、甚至对全人类社会可有之价值，我认为这也是不应厚非的。

因此，我认为出现“国学热”是必然的。至于“国学”的内涵应如何规定，在我国社会和文化的大转变时期出现了对其内涵的种种看法也是自然的。特别是对“国学”这个特定概念的含义，绝不能由什么权威性机构来规定，只能通过讨论逐渐取得一致。我甚至认为也许现在没有取得一致的看法更有利于中国学术的发展。

“楷定”国学为六艺之学

我对“国学”当然有我的看法，因为我大体上赞成马一浮先生对“国学”的“楷定”。

1938年，马一浮先生应浙江大学校长竺可桢约，至该校讲“国学”，他说：“今先楷定国学名义。举此一名，统摄诸学，唯六艺足以当之。”“今楷定国学者，即是六艺之学，用此代表一切固有学术，广大精微，无所不备。”这个说法确有其独特见地。盖“六艺之学”为中国学术文化之源头，其后之学术文化皆源于此，而代有发挥，并在其间又吸取其他文化以营养之。这里也许可以特别注意的是马一浮先生用“楷定”说“国学名义”，而不用“确定”说“国学名义”，则颇有深义。他说：“学问，天下之公器，言确定则似不可移易，不许他人更立异义，近于自专。今言楷定，仁智楷定，则仁智各见，不妨各人自定范围，疑则一任别参，不能强人必信。”盖学术文化最忌“定于一尊”，而以“百家争鸣”为好。马一浮先生之学术成就，正因其有海纳百川之胸襟，博通中西古今之造诣，而为世所重。

作为中国学术文化之源头的“六艺”，其中必有“普世价值”的意义，正如作为西方学术文化之源的希腊文化其中也有“普遍价值”的意义。任何民族的学术文化都是在其特定的历史境界下形成，它都是有其特殊意义的文化，而学术文化的“普世价值”往往是寄寓于其“特殊价值”之中。既然学术文化之“普世价值”往往寄寓于各民族文化的“特殊价值”之中，就此意义说“六艺不唯统摄中土一切学术，亦可统摄现在西来一切学术”。（马一浮语）盖因“人同此心，心同此理”也。人类社会所遇到的问题常常是共同的，人类对解决这些问题的思考往往也是大同小异的。因此，我中华民族当然应由自身学术文化中寻求有益于人类社会生活的“普世价值”，别的民族文化亦可从其学术文化中寻求其“普世价值”。古云：“道并行而不相悖”也。马一浮先生说，弘扬“六艺之学”，“并不是狭义地保存国粹、单独地发挥自己的民族精神，是要使此种文化普遍地及于人类。”当然，我中华民族也必须认真地吸收、融化其他各民族文化中所具有“普世价值”意义的思想资源。

真正了解中国文化的源头必须进行综合性的整体研究

如果我们把“国学”楷定为“六艺之学”，也许有利于对中国传统文化有综合性地全面理解和更深刻的把握。这是因为，“六艺之学”所包含的内容可以说涉及文、史、哲甚至政治、法律、经济等诸多学科的内容。要真正了解中国文化的源头及其历代的诠释和发展，必须花功夫进行综合性的整体研究。例如五经中的每一经，它既是文学，又是历史学和哲学等，如要了解和领悟其中之总体真意，必须具备多方面的知识才有可能。不仅中国学问在一定条件下需要作综合性的整体研究，西方学问也是一样，例如“圣经学”，如果只对它分科进行研究，分成哲学的、文学的、历史的、社会的等方面的研究，或可取得部分成果，却是很难综合性地整体把握《圣经》的真谛。

我认为，把人文学科、社会学科等分科进行研究是适应近代工业化要求而有的，并不是自古以来皆如此。我国自古以来并未有绝对化的分科学术研究，其实西方在古希腊时也是如此，例如亚里士多德，他的书那么多，虽然可以从每个方面进行研究（例如哲学、美学、伦理学、逻辑学，等等），但要全面地了解亚里士多德思想，就必须进行综合性的多学科研究。

当前学术发展有一个重要的趋势，这就是跨学科研究，而对自中华文化的源头《五经》到历代对它的诠释和发展，其本身就是一种必要的跨学科研究，因此，我认为对“国学”的研究将会促进我们对中国传统文化综合性整体研究，进而真正把握中国文化精神之所在。就这一点说，大学分科过细，并不一定是大学必行之路。我认为，掌握多种学科的知识，通晓古今中外学术，很可能会在学术上更具有创造性。

对学术问题要慎用“科学性”和“非科学性”等言词

“概念”的内涵应该清楚明白和确定，这是一种要求，但并非一定都能统一，例如在中国历史上对于“人性”的说法至少有五六种，例“性善”、“性恶”、“善恶混”，等等，现在仍然是讨论的问题。在西方对于“Being”也有种种的解释，但他们到现在也未能有一个所有学者都同意的清楚明白和确定的统一认识。今天在我们学术界对“国学”有各种各样的界说，并不奇怪，也无须把各种各样的说法一概都斥之为“非科学”。盖“科学”无疑对人类社会的进步起着重大的作用。但“科学”并非万能，并不是所有学术问题或人们的日常生活问题都可以用“科学”解释，例如感情问题、个人兴趣问题，就是很难用“科学”来说清的。我认为，“科学”是个好东西，但 “科学主义”、“工具理性”并不一定是个绝对的好东西。所以我认为，对学术问题要慎用“科学性”和“非科学性”等言词。

对“国学”的概念含义不要“定于一尊”

如果我们把“国学”楷定为“六艺之学”（包括《五经》或十三经及其历代之诠释与发展），那么会有学者提出“道家”、“中国化的佛教”是不是就会被排斥在国学之外了？我有个想法，是否妥当，请大家讨论。“国学”和“中国传统文化”是两个不同的概念，“中国传统文化”则是以儒、道、释三家为主构成的。我为什么说“中国传统文化”以儒、道、释三家为主，这是因为“中国传统文化”除儒、道、释之外，还有许多其他学说或学科，如医药、农耕，等等，这样“国学”和 “中国传统文化”的内涵的区分或许稍微清楚一些。当然，我们必须注意到对中华民族来说，这三家是长期处于互补的形势之中的，而形成你中有我，我中有你的态势。对这个问题，我是赞成马一浮先生的学术态度，我也认为对“国学”的概念含义用“楷定”来说较好，并不要求“确定”，因为学术问题（包括学科概念的内涵问题）还是“百家争鸣”为好，不要“定于一尊”。

“国学”是否要立为“一级学科”可以讨论

关于“国学” 是否要立为“一级学科”，我认为这也是个可以讨论的问题。我们现在综合性大学的分科是取自西方，特别是美国教学体系。借鉴和利用西方的教育制度是无可疑义的，特别是在本科分科是很必要的。但是，即使在本科也应该提倡可以进行跨学科的选修，因为不同学科的知识往往是相通的。例如我们研究中国哲学的学生，如果没有中国历史的知识、没有一点古文献学的知识，是很难学好中国哲学的，更难对中国哲学有什么创新。

在学科分科问题上，我认为也许在某些有条件的综合性大学，可以用“国学”的名义招收研究生，特别是硕博连读的研究生。因为，我们国家无论如何要有对“国学”有专门研究的人才，他们应该能担当起对《五经》及其以后的历代诠释和发展进行综合性整体研究的重任。中华民族的文化有5000年的历史，这是我们这个民族赖以生存和发展的根子，我们对它有了综合性的整体研究，这样才能更好地为我们的56个民族的共同体和全人类社会建康、合理的发展，作出其他各民族无可代替的贡献。

我总以为，学术问题以平等讨论和建设性的批评为好，这不仅有利于学术的进步、有利于建立学人之间的和谐关系，也有利于良好学风的形成。

从汉代看罗马
——在“秦汉—罗马文明展”讲座上的讲稿

孙 机

这次展览的规模很大。将两个古文明同时展出，在我国尚属首次。展览的

“序言”中说，这叫“遥相辉映”。汉代是一个伟大的文明，罗马是一个伟大的文明，各放各的光芒，各自照亮了一大片地区。但汉文明和罗马文明又是两回事，两国在人种、语言、宗教信仰、社会制度、文化传统等方面的差异极大，是从完全不同的历史条件中诞生和发展起来的。由于两国分处欧亚，远东泰西，天各一方，所以它们的光芒就只能遥相辉映了。不过这次既然一同展出，就产生了一个互相比较的问题。特别是前几天《中国文物报》上说，这个展览就是要对两大文明作比较。其实当初我们筹展的时候，倒没敢太强调这层意思。现在双方的文物摆在一起了，比较已成为题中应有之意，避也避不开了。

然而，汉和罗马这两大古文明很难作比较。首先不好比较的是社会制度。罗马从事生产劳动的主要是奴隶，罗马是奴隶占有制国家，后期的罗马公民基本上不参加劳动。汉代的情况不一样。关于中国古代社会分期，史学界讨论了很多年，最后大多数学者都认为，汉代不是奴隶社会。制度决定社会的根本性质，渗透到社会机体的方方面面。讲细了，太烦琐；讲粗略了，又太抽象。所以在一次讲座里很难把由它引出的形形色色的表现都说清楚，只能让它作为一个大背景高悬在双方的天幕上。再如宗教信仰，也是不好比较的。在这个国家里是大神，到那个国家人家不认你了。大家知道，宗教信仰难以用科学方法证明。在这个问题上找不到评定的标准和衡量的尺度，所以无从比较。再如文化上的一些特殊成就，乃是由多项内因外因提供的适宜的温床慢慢酿成的，是长时期的历史积淀。不处在这样的环境里，不容易结出这样的果实。

比如这次展览中陈列的罗马雕像。大家能欣赏到这些艺术珍品是很不容易的，它们在意大利也是重要文物。西方注重人体美。最早的奥林匹克运动会，有些参赛者是光着身子跑的。中国古代讲究礼制，讲究冠冕衣裳，不兴这么做。风气所及，汉代没有出现以写实手法表现人体美的雕塑家，历史上没有留下汉代雕塑家的名字；而希腊、罗马就有一大批，比方说菲迪亚斯、米隆等。汉代的一些石雕，如长安昆明池畔的牵牛、织女等，表现手法相当质拙，和罗马雕像上那些涌动着活力、仿佛具有弹性的大理石肌肉相比，实在差得远。在这方面，两国的艺术传统完全不好比较。再如建筑，与汉代的夯土城不同，罗马是一座“大理石之城”。不仅城里的神庙、议事厅、凯旋门、大浴堂等雄伟壮观，即便是临街的二层或三层的公寓也并不逊色。至今走近罗马的建筑遗址，仍不能不为其磅礴的气势所震撼。它的背后有社会制度、地理环境、审美观念、施工技术等多重因素形成的合力的推动，和汉代的土木建筑是两个体系。罗马的大型石构建筑当时无法引入汉地，更不要说在这里推广了，所以也不好作比较。正像不好拿汉代的造纸或针灸去和罗马比较一样。

那么，哪些方面可以比较呢？我认为，生产、生活上的一些共同性较大事物可以比。它们仿佛是在相邻的跑道上奔跑的选手，大家都得遵守物质世界的客观规律和人类良知所制定的无形而有力的游戏规则，举手投足大同小异，仅仅是速度不一样。在一起比较一下，倒可以加深对二者的认识。但在作比较之前，必须先把它们的性质理解清楚，帽子和鞋是不好比的。例如这次展览中展出了罗马的铜阀门、铅水管和汉代的六边形陶水管。《中国文物报》上有一篇介绍本次展览的文章叫《丝绸之路的两端》，文中说它们是功能相同的城市公用供水设施。此说不确。六边形陶管是下水道，排积水的。罗马那个阀门是供清水的，因为罗马讲究从山上向下引水，如同自来水一样。所以，不应把下水道和上水管上的阀门相比。而且那篇文章在比完了之后还引用观众的观感说：“类似的技术为什么在我们这里出现得晚呢？”好像汉代不仅在造型艺术上、而且在生产技术上也处于弱势。当然，罗马的城市供水系统是古代世界上伟大的工程，当水道经过洼地时，还建起由几层拱券承托的巨型渡槽，其中有的存留至今，成为建筑史上的重要遗迹。他们对水的分配还有一套制度，什么样的贵族可以用多少水，等而下之的又可以用多少水，挺麻烦的。此外还有西方学者说，罗马后来之所以衰落，原因之一就是喝了这种水。由于铅管里的水铅超标，使罗马人铅中毒，智商降低了，打不过蛮族了。可也有人说，罗马早年强盛的时候喝的不也是这种水吗！也有一定道理。然而喝铅超标的水总不是一件美事。如果前一种说法还有能够成立的理由的话，那还不如干脆喝汉代的井水呢。所以，性质不同的东西不好比，越比越乱。

下面试就当时双方在生产生活之基本层面上的一些事物，作点粗浅的比较。

先说农业。农事的第一道工作是耕地。耕地用犁。早期的犁仅装有犁铧，只能破土开沟，不能把耕起的土垡翻转过去。而后面这一点是很重要的。因为土垡翻转以后，接触到阳光空气，生土会变成熟土。同时杂草随之埋入土中，还能起到压绿肥的效用。耕地时土垡的翻转是由犁铧和犁壁构成的连续曲面完成的，其中关键的部件是犁壁。汉代已经发明了犁壁，在陕西、山东、河南的许多地点曾经出土。且有向一侧翻土的鞍形犁壁和向两侧翻土的菱形犁壁。罗马也有铁犁铧，但没有犁壁。为了使犁起的土垡有一定程度的翻转，特于犁床底下增设一条凸起的龙骨。在耕作者的操控下，借助凸起部分的支撑，使犁体向一侧偏斜，以图达到掀翻土垡的目的。当然，其功效比有犁壁的犁差得远。也有些罗马犁在犁铧后面安装木质的八字形板翼，它的作用一般只能将土垡推开，难以使之翻转。后来欧洲农民发明了木制的泥土翻板，却仍不如汉代的铁犁壁光滑适用。而且这是 11 世纪时的事，罗马人已经来不及看到了。

说了翻土，再看粮食簸糠的情况。古代罗马人是拿着装有带糠秕的粮食的篮子站到山坡上，顺着风向来回抖动，让风把糠吹出去。直到较晚的年代，欧洲农民还这么干。而汉代却已经发明了效率很高的扇车，其明器模型多次出土。河南济源出土的陶碓和陶扇车塑造在一起；原粮经践碓脱壳后，随即可用扇车簸糠，应是汉代碓房中之配套的设备。与罗马的做法不可同日而语。

汉代和罗马都吃面食。汉代管面食叫饼，什么都叫饼，连煮的撕面片也叫汤饼。蒸的发面食品则叫蒸饼，后来又叫起酵饼，它是用酵母发起来的，自魏入晋的何曾，性奢豪。“蒸饼上不坼作十字不食”。他要求蒸饼上得裂开一个“十”字，看来和北京地区说的开花馒头差不多。何曾主要活动于3世纪上半叶，这时的蒸饼已如此讲究．则发酵面食在中国的出现当不晚于3世纪初叶的东汉后期。罗马人吃的面食是面包。现代的面包挺好吃，可是罗马时代的面包是不发酵的。《圣经》里经常提到不发酵的“无酵饼”。欧洲要到16世纪以后才有发面面包，但也不是用微生物发酵，而是用小苏打发泡，使面包里面产生气孔，变得松软。在这之前，欧洲一直是烤死面的面包。这种面包烤出来放几天再吃，可就考验你的牙口了。

由于古代中国人较熟练地掌握发酵工艺，所以酿酒的技术也相当先进。我们知道酿酒在世界上经历了三大阶段。最早是自然发酵的果酒。浆果中的糖分经过酵母菌的分解就能生成酒精。后来用粮食作原料，这就需要先利用酒曲的糖化作用，使粮食中的淀粉分解成简单的糖，再通过酵母作用产生酒精。第三阶段是用蒸馏的方法，将低度的酒浓缩成酒精度数高的白酒。最后这个阶段汉和罗马都没有达到。但罗马人喝的葡萄酒接近自然发酵的果酒，汉代人喝的却是对酿造技术要求更高的粮食酒。

下面说说手工工具。有些最基本的手工工具如斧头、锤子等，古代世界各地出土物的形状都差不多，说明人类有不少共同的想法。但也有些现在看起来很平常的工具汉代没有，而罗马有。比如架锯，公元前1世纪罗马就有了，汉代却不知此物。三国时，陆玑写了一部《毛诗草木鸟兽虫鱼疏》，讲《诗经》里的动植物。此书凡是提到树木的时候，老强调它的木纹直不直。因为当时中国没有架锯，开解大木时，是沿直线将楔子一个一个打进去，最后撑裂。北京丰台大葆台汉墓中有木方子垒的墙，即所谓“黄肠题凑”，那些木方子都是从大木上用这种方法开出来的。所以木材纹理的直不直与施工很有关系。在我国，架锯的图像最早见于北宋末年的《清明上河图》。本次展览中展出了安徽天长汉墓出土的工具箱里的刀锯。刀锯一般较小，锯条夹在木背当中，无法用来开解大木。这时中国也没有刨子。刨子要到元代才有，2010 年于山东菏泽元代沉船中出土了一只刨子。而 1 世纪时，配套使用的架锯和刨子在罗马已经相当普遍了。虽然中国刨子和罗马刨子的式样很相近，但罗马刨子的手柄是一前一后顺装的，中国刨子的手柄则横装于两侧。中国刨子很可能是自固有的平木工具“枪撕”发展出来的，不一定是从西方引进的，在这里还应当看到：种种迹象表明，汉和罗马并不是位于一条叫作“丝绸之路”的交通线的两端。像京沪铁路，这边是北京西站，那边到上海下车，绝非如此。汉代没有开辟过“丝绸之路”。

即便晚些时候，穿越欧亚大陆腹地的交通也并不很顺畅。如果当时有这样一条通道，罗马的架锯和刨子应该同时传到中国来。可是不但当时没传来，而且两种这么重要、使用的频率这么高、木工简直不离手的工具，出现在中国的时间却前后相差了几个世纪。所以很难想象，汉和罗马之间曾发生过较紧密地交往。

下面说冶铁。现代国家要发展工业，钢铁冶炼的重要性自不待言。在古代的文明国家里，生产、生活中也离不开铁。人类冶铁都是从块炼铁开始。将铁矿石和木炭一同放进炉子里加热，可以通过化学上的还原作用生出金属铁。但铁矿石在熔化后的还原过程中，变成疏松的全是气孔的海绵状物，还原出来的小铁珠凝固并隐藏在渣块中。它叫块炼铁，也叫海绵铁，含碳量很低，相当软。之后，在反复加热锻打中挤出渣子，并由于与炭火接触渗碳增硬而成为块炼钢。我国在西周末已经炼出了这样的铁和钢。更由于我国在商周时已用竖炉炼铜，沿袭了这一传统，到春秋早期就用竖炉炼出铸铁。山西天马——曲村遗址出土了春秋早期和中期的条状铸铁，湖南长沙窑岭出土了春秋晚期的铸铁鼎。可是罗马人一直未能走出锻打海绵铁的门槛。那里的冶铁之神的造像手里永远拿着象征锻铁的火钳和锤子。公元初年，罗马有的炼铁炉因为过热炼出了铸铁即生铁，然而由于生铁一砸就碎，不适应锻打的要求，所以都被当成废料抛弃了。而我国古代不仅炼出铸铁，还发展出一套以铸铁为基体的热处理技术。铸铁性脆，韧性比较差。可是如果将铸铁件长时间加热，使铁中的化合碳发生变化，就可以改变其性质。汉代用这种方法生产出可锻铸铁和球墨铸铁，性能已接近铸钢。汉代冶炼钢铁的技术在世界上遥遥领先。在西方，铸铁的应用要晚到14世纪，可锻铸铁要到18世纪，而现代炼球铁的技术是英国学者莫罗于二战后的1947年首先公布的。所以罗马与汉在这方面的差距太大。罗马人当时对此也有所察觉，1世纪时，罗马学者老普林尼就说："虽然铁的种类很多，但没有一种能和中国来的钢相媲美。"

前些年电视上播出了一部《汉武大帝》，导演称这是新古典主义，直接取材于正史。片中汉兵和匈奴兵作战，匈奴兵用刀一挥，汉兵的刀剑都断了。没办法只好派张骞到西域找大月氏女王，说我们汉朝的刀剑根本不成。于是女王给了一点黑面面，大概代表炼钢用的添加料。可匈奴本来用的是"素弧骨镞"。汉代将领对匈奴武器的评价是"兵刃朴钝，弓弩不利"（《汉书·陈汤传》）。那里的铁器基本上得自汉地，匈奴的刀剑怎能比汉军的装备更先进呢？不仅匈奴在冶铁方面无可称道，而且这时的中亚、西亚还都只能用块炼铁。《汉书·大宛传》说："自宛以西至安息国……不知铸铁器。"可见整个西域地区的冶铁业都比汉朝落后。何况古代的钢是碳素钢，无须添加料。合金钢要到近代才出现，而且所添加的如钨、钼、钒、钛等难熔金属，古代根本不曾利用。碳素钢中除了铁元素外主要含的是碳，难道张骞不远万里跑去，就是为了要点在汉地唾手可得的木炭末吗？硬把汉代文明的优势项贬成劣势项，这样的新古典主义也胡诌得太离谱了。

这次展览里还展出了两国的钱币。罗马的金、银、铜钱都是用钢模打轧出来的，上面的人像虽然美观，但一个一个地打很费工，同时也限制了它的供应量。汉代的钱大都是用叠铸法铸出来的。据西安郭家村铸钱遗址出土物得知，采用叠铸法，一组陶范一次可铸出铜钱 184 枚。所以汉代的钱币供应充足，而且形制很规范。五铢钱自武帝以迄桓、灵，面径都在 2.5—2.6 厘米，400 年中铸了几亿枚，但基本一致。货币是流通手段又是价值尺度，金属钱币长期保持稳定，无疑是利国利民的好事。

下面说车。原始社会运重物时常在地上拖，进而发明了拉东西的橇。后来在橇前部加上滚动装置，经改进乃成为车。但迈出这一步并不容易。1492 年哥伦布登上新大陆之前，那里一直没有车。印第安人行军的时候，辎重是由妇女背扛。旧大陆历史时期中已用畜力车。衡量畜力车的性能，关键是看它的系驾法，即如何将牲口绑在车上让它拉车的方法。古代世界上不同地区曾采用不同的系驾法。古印度用牛拉车，车辕绑在牛犄角上。在古埃及、古罗马，拉车的受力点落在马脖子上。马颈部的生理构造和人类差不多，都是颈椎在后，气管、食管在前。那里的古车让马用脖子拉，因而跑得越快，马越喘不上气来。这种方法叫“颈带式系驾法”。而且这种系驾法在欧洲往后一直沿用到 8 世纪。先秦时，中国古车采用“轭靷式系驾法”，汉代改用“胸带式系驾法”。这两种方法都不勒马的气管，驾车的马可以正常呼吸。这次展出的甘肃武威所出汉代轺车模型反映了这种系驾方法，许多汉画像砖、石也把它表现得很清楚。由于系驾法合理，马的力量能够充分发挥，所以中国古代的车战是在奔跑着的车与车之间进行。古代西方虽然也有战车，却不能进行车战。那里的战车一般只用于奔袭或追击，接近敌人时，武士还得跳下车来进行步战。罗马帝国晚期于 438 年颁布的《狄奥多西法典》中规定，最大的二轮车 Carrus 载重 198 公斤，只不过相当三名战士的体重。要用这样的车进行车战自然力不从心，难以胜任。古罗马屹立在凯旋门和神庙顶上的战车雕塑，艺术水平很高；却不能不认为，车的性能相当落后。但是西方在造车技术上也有它的长项，西方在极古老的时代中已经发明了四轮车的前轮向装置。它的两个前轮和两个后轮之间用转轴连接，前轮可以单独转动，带领后轮转向。中国古车上没有前轮转向装置，四轮车转弯时得绕半个大圈，在城市的路网中驾这样的车极不方便。所以在进入近代以前四轮车一直发展不起来。

再说船。大海航行靠舵手。舵控制着船的航向，自然十分重要。舵发明于中国汉代。1955 年在广州东郊先烈路东汉墓中出土的陶船，有舱室三间，舵固定在艉部正中。虽然它只能沿舵杆的轴线转动，仍然残留着由梢演变过来的痕迹，但已经可以被确认为早期的舵。广东德庆汉墓出土的陶船在舵楼后壁开舵孔，孔的两侧有托架。虽然船上的舵和舵架上的支撑件出土时均已不存，但从结构上看，这艘船上装的很可能是垂直舵。罗马的船上没有舵，是用两支舵桨掌握方向。后来欧洲人将舵桨置于艉部右舷处。直到 1200 年前后，尼德兰地区的船工才开始使用艉舵。汉代发明的舵领先世界达 1000 多年。

下面说纺织。纺织也有不好比较的地方。比如丝，虽然它已经传到罗马，但非常贵，与黄金等价。而且还不是从中国直接输入的，中间倒过许多道手。老普林尼说，中国人非常平和，非常礼貌谦虚。而且中国人只等人家来买东西，从不往外卖东西。纵然这话要打点折扣，但至少重商主义在汉代不得势。后人所说的丝路上，这时既没有汉朝政府派遣的商队，也没有民间组织的商队。

但是麻可以比较。汉代的纤维作物主要是大麻和苎麻，罗马是亚麻。直到 18 世纪以前，亚麻在欧洲纺织原料中的地位一直非常重要，我国则到了清代才有亚麻。这几种麻都要先沤再剥麻。麻纤维剥下后则要撚成线。不论东方、西方，起初都是用纺锤来完成这道工序。纺锤由纺轮和拈杆构成。陶纺轮在全世界的古代遗址中都是常见之物。不过用纺锤绩麻效率很低，纱线的拈度也不够均匀。进而汉代人发明了单锭纺车。本来，丝是自然界的超长纤维，长度可达 1000 米，只要并丝，就成为丝线。但丝线上机织造前，须先整经络纬，络纬的用具为篗车。汉代人根据纺麻线的要求，对篗车加以改造，制成了纺车，产量和线的质量都大为提高。这次展出了甘肃武威磨嘴子东汉前期墓中出土的木纺锭，它是纺织史上一件极重要的文物。它的发现证明，纺车在我国的发明当不晚于西汉末。罗马没有篗车，更没有纺车。那里将羊毛或亚麻纤维燃线，要先在腿上搓成粗纱。为了防止将腿搓伤，制作了一种扣在腿上的、有点像筒瓦那样的陶器，名纱轴。它的空腔与自大腿到膝盖处的曲线相适合，表面则有鱼鳞纹，以便搓粗纱。搓好了之后再用纺锤加拈，以取得更紧密的细线。罗马人所用的方法，使纺线成为很费时费力的劳动。纺车在欧洲的出现不早于13世纪。

丝也好，麻也好，纺线以后都得织成布帛。汉代通常使用的织机是斜织机，它有平置的机台和斜置的机架，二者呈50°～60°角。织工可以坐着，又可以一目了然地看到面经和底经开口后，经面的张力是否均匀，有无断头。提综的动作最初是用手提，后来发明了用脚踏蹑（即踏板），以杠杆原理带动传动件俯仰而提综。这样，可以腾出一只手来打筘，或两手轮流投梭，使速度大为提高。这是织机发展史上一个突破性的创造。欧洲到6世纪才出现这种装置，到13世纪才广泛应用。要织出带有复杂花纹的织物，汉代用的是提花机。除了用脚踏蹑控制地经外，另设一名提花工坐在花楼上，用手操纵提花综束与织工合作，共同将花纹织出来。在汉·王逸《织妇赋》中对此有很形象的描写。而罗马只有竖立的织机，和现在有些地区编地毯用的设备差不多，织工是站着操作的。在这种织机上一般只能织出平纹织物；如要加花，须另用手工编结。

汉代还有一些工艺上的长项，如制作玉器和漆器，因为罗马没有，不好比较。可是瓷器也是在汉代烧成的。本来商周时已有原始瓷器，但在胎质、烧成温度、吸水率等方面尚未达到真正的瓷器的标准。就胎质而言，关键是 Al_2O_3 和 Pe_2O_3 的含量。其中 Al_2O_3 及 SiO_2 的含量越高，则烧结温度也越高。而 Fe_2O_3，与碱土金属等含量偏高的胚胎，烧成温度则超不过1050℃。因为到了1100℃时，其表面就开始熔化，到了1200℃以上，就完全烧流了。真正的瓷器，其Al_2O_3的含量应在17％以上，Fe_2O_3在3％以下，再经过1200℃左右的温度焙烧，则坯体烧结，硬度增加，使器物具有不吸水性或弱吸水性。同时所敷之釉料也充分玻化，真正的瓷器就烧成了。浙江上虞小仙坛和大圆坪等地汉代窑址中出土的瓷片，已符合上述指标，已是真正的瓷器。中国匠师能将泥土烧成瓷器，当然是了不起的成就。但工艺的关键仍在于坯料的配比、窑型的选择、火候的掌握等项，说到底是一个经验积累的问题，没有多少神秘之可言，然而西方却长期对此不得要领。烧陶器用陶上。烧瓷器用瓷土，欧洲地下也有的是瓷土。当时却未能利用。

罗马虽然烧不出瓷器，却能造玻璃器。虽然这项技术是从古埃及学来的，但罗马的玻璃器更加精美。洛阳东郊东汉墓曾出土一件长颈玻璃瓶，它在深褐、橘黄、绀青、暗紫之不规则的地色中缠绕乳白色线纹。又由于表面有风化层，浮现出闪烁的金黄色光泽，斑驳陆离，非常美观。这是一件典型的罗马搅花玻璃，吹制成型。它在汉地出现，令人耳目一新。所以《汉书·地理志》有汉武帝时使人入海市玻璃的记载。不过洛阳出土的玻璃瓶，罗马人本用于盛香水，而汉代用熏炉燃香。香水初名“蔷薇水”，始见于五代时。则汉代人得到这种瓶子后，或改作他用，从中也可以看出两国风习的不同。

在生活上，汉代人和罗马人的差别就更大了。定进当时的居室，罗马人用高坐具，而汉代人于室内铺席，在席上起居。靠背椅、扶手椅、圈椅，罗马已应有尽有，或类似古希腊那种流丽潇洒的式样，或类似古波斯那种凝重端庄的造型，风格不一，洋洋大观。虽然矮背椅在埃及古王国时代已经出现，此物并不是罗马人的创造，但它在罗马得到长足发展。椅子于东汉末已辗转传到中国新疆地区，民丰尼雅遗址曾出土雕花木椅残件。然而依照华夏风俗，在席上应敛膝降腰而坐，示敬时则耸体长跽或俯地顿首，其他较随便的坐姿如箕踞、垂足，皆涉“非礼”。所以椅子长期进不了玉门关。

罗马住宅的会客室和饭厅中还要摆设带高灯檠的落地灯。因为罗马人饮宴时侧卧在比椅子还略高的靠榻上，光源矮了不行。汉代人饮宴时坐席或矮床，灯可以放在地上。

汉代点灯用麻油或荏（白苏子）油，罗马用橄榄油，都冒点油烟。但汉代人发明了在灯上装导烟管的办法，将灯烟导入灯腹，溶入其中所贮之水，使室内的空气较为清洁。本次展出的长信宫灯和陕西神木出土的雁鱼灯都装有导烟管。而且都把导烟管设计成整体造型的组成部分，构思巧妙之至。罗马的室内陈设也非常讲究，而且意大利半岛生产的灯具，当时行销地中海地区，是著名的产品，但这种有环保作用的油灯在那里未曾出现。

无论汉代或罗马的宴会上都佐以乐舞，汉代还有说唱，罗马则有哑剧，双方都有的是杂技。罗马杂技声名远扬。东汉安帝永宁元年（120 年）掸国献幻人，“能变化吐火，自肢解，易牛、马头。又善跳丸，数乃至十。自言我海西人，海西即大秦也”。跳丸即现代杂技所称抛球，须用双手同时抛接，目前世界杂技界能抛九个球的演员也不多。在古罗马的折合双连画中见过抛七个球的演员，他不仅用双手，而且前额、足尖、小腿都参加运作。汉画像石中也有类似的表演。展出的四川彭州出土的汉画像砖中有抛三个球的图像，当属小规模的游艺活动，汉画像石上抛七八个球的场面不罕见。惊险的表演则有将球和短剑一同抛接的，叫“跳丸飞剑”。山东安丘出土的画像石中，有跳八丸飞三剑的，还有跳十一丸飞三剑的。表演时丸剑起落纷繁，节奏急促，难度极大。在罗马图像中未发现过同时抛接球和剑的，更不要说加起来共十四件之多了。就这个节目而言，汉代表演者的技巧较海西幻人似尚略胜一筹。

汉与罗马在文化成就上各有千秋。罗马建筑的宏大坚固、富丽堂皇，雕刻的灵动逼真、栩栩如生，器物制作的工致美观、精确严整，都达到了人类历史上的高峰。而汉代在生产和生活用品的许多领域，也走在世界前列，不仅当时领先，在以后的上百年、甚至上千年中都领先。当然，罗马也有不少领先的项目。但领先的时间越长，越表明互相不了解。如果当时真有一条称得上是东西方文化交流的大动脉的“丝绸之路”，信息何至于如此滞后，反应何至于如此迟钝。当缣帛在罗马已经并不十分罕见之时，不少人仍认为丝是树上长出来的，足证隔膜之深。传入汉地的极少量贵重商品，虽然会很抢眼，会引起兴趣；技术上如有可能，还会进行模仿。但它们都是从高枝上摘下的花朵，完全脱离了原来的植株，更不要说其生长的土壤了。这和双方通过一定的接触，彼此有了大致的理解，在此基础上进行的有选择的、取长补短的文化交流，完全不是一回事。有些关乎日常生计、拿过来就能产生立竿见影的效果的技术，无疑是双方民众所需要的，可是彼此竟全然不知。所以汉与罗马在文化方面是各说各话，各自都是独立发展起来的，交流借鉴的成分很少。不过就汉代而言，是否可以这么说，这里的制作有点中吃不中看，它们往往不那么花哨，但切合实用、高效率、低成本，给老百姓带来实实在在的好处。总之，诚如意大利，邦迪部长为本次展览所作致辞中指出的：“本次展览将提供给观众两大文明的直接对照。二者的相似性与不同之处为历史与艺术叙述增添了无穷的魅力与吸引力，将带来难以估量的价值。”以上所作比较正是希望找到它们的相似与不同之处。其中说得不足或不确的地方，请各位多多指正。

诗作十二首

程毅中

题赠中国国际广播电台

万里天涯若比邻，有缘同住地球村。

放诸海外皆兄弟，求友嘤鸣发好音。

富春江采风二首录一

烟雨空濛入富阳，新安东下接钱塘。

谁书“之”字神来笔，画卷千寻不算长。

谒伍子胥庙

建德江头怀伍相，姑苏台下吊西施。

冤家千载终宜解，吴越恩仇付一嗤。

新安江水电站

电站钢门千吨闸，新安大坝百寻堤。

宝刀截断三江水，驱使龙王转万机。

贺合璧富春山居图展出

黄公应在望群公，合璧奇观两岸同。

泉水出山江入海，东西何处不三通。

纪念中央文史研究馆建立六十周年

馆门辟启国门前，初度春秋花甲年。

南北双楼迎日出，东西两路近天安。

齿衰十驾长途熟，耳顺兼听世事谙。

会见重开千叟宴，落成大厦广招贤。

纪念辛亥革命一百周年

革命征程万里赊，百年青史辟先河。
推翻君主争民主，倚仗人和创共和。
九仞虽亏终易帜，八方齐应竞挥戈。
孙公如在当无憾，伟业初成听凯歌。

回乡调研苏州评弹

非同越鸟不归林，游子常怀一片心。
搜索评弹开电视，每从弦外觅乡音。

广西采风

又作漓江一日游，初冬温暖似初秋。
绕山碧水明于镜，照见民心可载舟。

柳州谒柳侯祠二首

千里兼程苦觅诗，柳州来谒柳侯祠。
多年考辨龙城录①，求证罗池纪德辞。

［注］：①作者曾考证《龙城录》非王铚伪作，尚有疑问待考。

出山始识山泉净，涉世方知世路艰。
远谪南荒非祸事，长留遗爱在民间。

追和洪煨莲先生寄郑孝颖诗步原韵

少陵名句越千年，斗酒青铜三百钱。

我亦衷心尊杜甫，无从立雪到门前。

[附注]:

①作者考入燕京大学时，洪先生早已离校，故立雪无门者非杜甫之门，乃煨莲先生之门也。

②洪业先生原诗：东涂西抹亦多年，身价何曾值一钱。当代贤豪非敢比，逡巡老婢夫人前。

读《水浒全传校注》书感

程毅中

早就听说王利器先生在作《水浒传》的校注，我一直盼望着这一巨著能早日问世，但总是杳无音信。直到王先生辞世11年之后，才看到了《水浒全传校注》的全貌。初步阅读之下，真感到了震惊和佩服。

《水浒传》是一部杰作，王先生的校注又是一部力作。他用了几十年的心血，查看了近500种书，亲手抄录了130多万字。这是多么艰巨而繁重的工程啊！恐怕只有这样的校注才配得上《水浒传》这部伟大的经典著作。

《水浒全传校注》按照前人为经典作注疏的方式，广征博引，逐字逐句地加以笺证。也许有人会像批评李善注《文选》那样，认为这是“释事忘义”的炫学之举。但是今天谁又能读《文选》而不依傍李注呢？《水浒传》是一部宋元时代历史文化和社会生活的百科全书，正需要这样详尽的注释，才能揭示它独具的艺术的、文献的价值。《水浒全传校注》以翔实的资料论证了《水浒传》原作者的才学和见识，也论证了注者对《水浒传》的研究成果。这是一种坚实的基础研究。

校注者全面地占有资料，对书中的每一个环节都作了精心的考证。首先，校注者有一篇独具一格的序言，对“引首”和“艳”、“致语”等词语作了详细分析，最后对《水浒传》的版本作出了自己的结论，认为天都外臣序本，是所谓施耐庵的本；日本无穷会藏的李卓吾评本是李评真本；李评本的底本即郭武定本。这个结论是王先生经过反复研究而得出的，早曾跟我们当面谈过他的看法。虽然未必能成为公认的定论，但对于历来存有异议的版本疑团，确是提出了一个独具只眼的读法，揭示了正本清源的“话头”。

《水浒全传校注》的突出特点，就是不厌其详的收集有关本书文字的资料，注释条目之多，令人惊叹不已。如一篇引首，就设立了 106 条注。第二回设了 371 条注，第二十四回设了 241 条注。《水浒传》的研究资料，已有不止一种的专书，而《水浒全传校注》则扩大了资料的范围，又把各种资料分别系在每个词句之下，为正文作了解释和关联的旁证，也为《水浒传》的产生展示了广阔的历史背景。

注释所引的书证，则力图竭泽而渔，有见必录。往往是一个字就引用了十几种书，一条注就写了上千字。以前的训诂学家提倡“例不十，法不立”，就是说要确立一个字的义项，要举出十个以上的例证，这是极高极严的要求。王先生的注，就是按这个要求来做的。当然，并不是每条注都能举出十个书证，也不是说必须十个书证才能确立一个义项，但这种做法是符合科学研究的法则的。《水浒全传校注》的不少注释，就可以为《汉语大词典》补出许多条目和书证。它在训诂学上的独特贡献，是非常突出的。

另一方面，校注者注意于历史文化的印证，收集了许多民风世俗的资料，又是一种独特的社会史料。有些是罕见的秘籍，有些是不为人注意的杂书。从先秦古籍到民国以后的方志，都兼收并蓄，巨细不遗。他很注意于民风世俗的传承，如第 277 页注 [95]：“则‘郑屠’之称，亦宋元习俗如是也。”555 页注 [46] 对“休书”作考察之后，指出：“亦研究婚姻史之重要资料也。”书中有不少有关的社会史料，也是非常可贵的。

王先生对《水浒传》的校注，具有自己的观点，强调的是它产生于宋代，写成于传为元人的施耐庵。他有“耐雪堂”的斋名，就是以耐庵和雪芹为崇拜对象的。他在第51页注[28]中把《钱塘佳梦》的入回词与《水浒传》的引首词作对比，认为前者为拟《水浒传》而作，从而得出结论：“《钱塘佳梦》既见著于《醉翁谈录》，而《钱塘佳梦》又重刻于弘治年间，则《水浒传》非纂修于明代，似无有疑义也。”他在注释中一再指出哪些是宋元习俗或宋元俗语，就是为了说明《水浒传》里有许多是宋元以来的旧本。如第745页[59]引用《归田诗话》中“生辰纲”的记载，推论说：“然则明初人已然见到《水浒传》了。”又如1326页注[14]说：“作者书成时，尚无《宋史》，然所叙录，已与正史相辅助，全赖后人疏通证明之。乃数百年来，竟无识者，亦未有人留心及此，可慨也夫！”关于《水浒传》产生的年代，是文学史和版本学上的一个老大难问题。近年学术界比较公认的见解是，它是一部世代累积型的作品。包括语言学家和历史学家，都持这一看法。但是有一部分学者偏重它的下限，注意于寻求明代的例证；有一部分学者则偏重它的上限，着力于考证宋元时代的痕迹。王利器先生是后一派的代表。他对《水浒传》的研究，有许多突出的成就，这部《水浒全传校注》更是他几十年来的精心力作，无论能不能接受他的结论，总要先看一看他收集的文献资料。我们要全面深入地了解《水浒传》，这部《水浒全传校注》总是不能不看的。

遗憾的是，《水浒全传校注》经过几十年的惨淡经营，直到最后还没有完全杀青。王先生精益求精，始终还在订补扩充。这从某些条目的前后差异或重出可以看出这一迹象。人生有涯，书囊无底，这是无可回避的事实。因此书中有一些遗留的问题，也就不足为怪。为了继续探讨，我愿做一点拾遗补阙的献替，可惜的是，不能再就教于王先生了。

例如第55页注[39]，“故宋”一词，只注“为元代人对宋代的称呼”，没举书证，就显得说服力较弱。不揣谫陋，试举几条书证作续貂之补：

元好问《南冠录引》：“就所传谱牒，乃于河南诸房得之，故宋以后事为详，宋以前皆不得而考也。”（《遗山文集》卷三十七）姚燧《襄阳庙学碑》：“襄阳，宋之鄙城也。金社既墟，尝归吾元。由于忽弃不戍，故宋切筑为蓟北门殆四十年。”（《元文类》卷十九）郑陶孙《舍奠礼器记》：“议从旁郡致工匠补之，有袖舍奠礼器图一编来者，乃故宋景定间赵公汝楳守宣城日所作而镘诸梓者也。”（《元文类》卷二十七）俞焯《诗词馀话》：“故宋驸马杨镇有十姬，皆绝色，名粉儿者尤胜。”（涵芬楼本《说郛》卷四十三）《错斩崔宁》：“却说故宋朝中，有一个少年举子。”《勘靴儿》：“这词调寄《柳梢青》，乃故宋时一个学士所作。”《醒世恒言·佛印师四调琴娘》：“原来故宋时，最以剃度为重。”

这里应该说明，说有易，说无难，如《佛印师》这篇的年代很难断定，就不能据此而说也是元人作品。不过元代人确是多称宋代为“故宋”的。

说到这里，还可以提到，《水浒传》第四十五回原文说：“因此苏东坡学士道：‘不秃不毒，不毒不秃。转秃转毒，转毒转秃。’”第1915页注[21]引了《拍案惊奇》卷二十六，却没引《恒言》的《佛印师》，又说：“不言出自东坡。”其实，最早的来源是宋人的《东坡问答录》（又名《东坡居士佛印禅师语录问答》），书中第二则《纳佛印令》确是说：

东坡与佛印同饮，佛印曰：“敢出一令，望纳之。不悭不富，不富不悭。转悭转富，转富转悭。悭则富，富则悭。”东坡见有讥讽，即答曰：“不毒不秃，不秃不毒。转毒转秃，转秃转毒。毒则秃，秃则毒。”

又如第1923页注[54]引李昌龄《乐善录·僧道》一条，且说：“此条，宋本《乐善录》无之，而见于《续百川学海》本，不意《水浒传》之足以证成宋本《乐善录》之有遗漏也。”不料这是上了《续百川学海》的当。这一条实际上不是李昌善的《乐善录》而是出于黄光大的《积善录》，见于涵芬楼本《说郛》卷六十四。不过说《水浒传》引用的是宋代的谚语，还是可以成立的。

像这样的问题当然只是偶然的疏忽，属于智者的千虑一失。王先生作为北大的校友或作为整理出版古籍的编辑，都是我的老前辈。作为后学，在作者身后却要大胆地吹毛求疵，提出个人的一得之见，不避班门弄斧之讥，只是希望今后重印此书时能作适当的校订，使这部力作更完善一些，能起更大的影响。我相信这部传世之作一定会有重印的机会的。作为编辑工作者，对民族文化经典负有保护和传承的责任，对读者负有推广和引导的义务，这是我们共同的守则。为了推进对《水浒传》的研究整理，我愿以这篇读后感作为对王利器先生的一种纪念。

王利器先生留下了很多精湛的著作，但这部《水浒全传校注》还是没有最后完成的遗稿。河北教育出版社的同行们，付出了多年的精力物力，整理出版了这部巨著，相信许多读者会和我一样表示衷心的感激和钦佩。但我还是要吹毛求疵，提一点意见。令人惋惜的是，录入和校对的人员对繁体字、异体字还不够熟悉，因而书中出现了一些错误，不免也是白璧微瑕。这是目前古籍出版中常见的问题，值得我们认真对待。为了引起大家注意，这里举一个典型的例子：第55页注［41］引翟灏《通俗编·数目》为“個”字作注，原文是：

《大学》：“若有一个臣。”《左传》：“又弱一个焉。”《吴语》：“一个负矢，百群皆奔。”《考工记》：“庙门容大扃七个，闱门容小扃叁个。”通作箇，扬子《方言》：“箇，枚也。”《荀子·议兵篇》：“负矢五十箇。”亦作個。《仪礼·士虞》及《特牲馈食》俱云：“俎释三个。”郑注云：“今或名枚为個者，音相近也。俗言物数有云若干個者。”按：个属古字，经典皆用之。箇起六国时，個则用于汉末，郑康成犹谓俗言。唐人习用箇字，如杜诗“两箇黄鹂鸣翠柳”，“樵音箇箇同”，今或反疑个为省笔，非也。

这是清代人翟灏对“个”字演变作出的考释，很值得古籍整理者和文字学者参考，可是在书里把所有的“个”“個”“箇”三个字都排成了“個”，又把“焉”字排成了“马”字，“释”字排成了“挥”字，就使读者莫名其妙了。

八十抒怀

沈　鹏

少年多意气，老大事无端。

不改东阳①瘦，亦羞南郭②餐。

随波推浪易，为己读书难。

内外围城里，平生未等闲。

[注释]

①东阳：梁·沈约，曾官东阳太守。

②南郭：用滥竽充数典故。

书法，回归“心画”本体

沈　鹏

敬畏汉字传统——书法本体，才是书法最终的实在——情性与形质的对立统一——发扬原创必在个性化过程中实现——坚持书法本体，必然要求多元化——从深度理解“繁荣”——“心画”传统，在回归中复兴，发扬。

历史经过几番曲折，我们开始懂得：对于伟大的文化传统，不能掉以轻心，要尊重，甚至敬畏。古人讲汉字创始，出现“天雨粟，鬼夜哭”（《淮南子》）

的神秘、壮丽景象，饱含着敬畏。近代改革方块字的构想，出于可贵的勇气，逐渐被时代否定。今后随着国力增长，汉字的优越性以及在世界上普遍认同的可能性，将与时俱增。

问题说到书法。追究书法的根源，又出于对汉字的尊崇，至少让我们取得一种共识，便是书法创造必以汉字为基础。字体是书体的根基，把二者等同起来，以字体当书体，便无所谓书法；把二者割裂开来，书法不复存在。汉字最基本的功用是表意，不能想象3000多年的文明史可以离开文字传承。文字传承文化，文字本身是工具又不仅止于工具。文字自身构成庞大的文化体系，与全部中华文明融为一体。鲁迅说中国文字有“三美”：“意美以感心，音美以感耳，形美以感目”，着重从美学意义上谈中国汉文字。中国文字的“意美”，长期历史积淀变得丰富深厚，汉字的多义性、不确定性，蕴含着本民族的美感。时下网络流行大量的新词语，肯定有许多词语生命力不足，转瞬即逝，重要原因之一是缺乏美学底蕴。20世纪50年代初期，很重视语言的纯洁性，单为一个“搞”字引起不少争议，后来“搞”站住脚了，属中性，但用于“搞笑”、“恶搞”还有点味儿，恐怕不会用于诗词、美文。当前对待网络语言，赶时髦者多，以严肃态度进行自由讨论者极少见。不要怕“保守”或“激进”，历史会作出公正的裁定。

“音美”与“形美”直接被人的特定的感官——耳、目所接受。“音美”集中体现在传统的诗、词、歌曲、戏剧；其余各种文体倘内涵节律、音韵的美，也会令人击节称赏。至于“形美”，与“意美”、“音美”一样，也是汉字本身所具备，又在长期历史发展中不断丰富，其集中的体现当然是书法了。

书法与字体的变化相互平行又交叉地发展。从篆籀文字开始，没有一种字体可以与书法截然分开。宋代木板书籍有手书者，仍不失书法的一些韵味。东汉《熹平石经》是官方校正《五经》的刻石，注重文字的规范谨饬，从书法看，不失众多汉隶之一，应当视为书法的一体，只是书味不浓。近代流行的印刷用宋体字，保持着汉字各种基本笔法以及楷书结构，却不能认其为书法。至于篆、隶、行、草多种书体，我们未尝不可以找出它们最原始的基因，“还原”为“字体”，但只能在理论上加以承认，实践中不存在。因为任何书写（刻），凭借特定的工具全出以个人行为。书写中的思想，都倾向于个人意识的一部分，区别于他人，并且区别于自己而不会重复。有以仿宋印刷体的笔法相对应于楷体书法，应是对楷书的误解。楷书不但与印刷体有别，楷书的笔法，在每个书家那里也是不同的。所以即使教初学者写楷书，也不能以宋体字为准。倘要求点画与宋体字相同，索性不叫书法了。

这里我们把“字”与“书”分开，一面说明“字”为基础，一面更指出书法艺术独立性。“字”为表意的符号、工具。“书法”则是在“字”的基础上的创造。我说过立足于“形美”的艺术，与文字的“意”、“音”无关。书写一篇美文或者美的诗词，满意于综合性的欣赏，但是书法仍是独立的存在。书写的诗文只是“素材”。我在《书法，在比较中索解》一文中，谈到“把书写的‘素材’当作书法作品的‘内容’，几乎是最常见的误解”。举个简单的例子：倘有“喜”、“怒”、“哀”、“乐”四个字以同样字体由一位书写者写出，分别悬挂，给人的心理反应肯定不同。读者会随着四个字的含意引发喜、怒、哀、乐的情感，这是出于文字内含的意蕴，至于书法，则是点画、结体的形式因素，属另一层面。书法创作发挥上述四个字的形式美，不会随字的含意变化性情。当然书法有性情，那是书法自身的性情，不随字的内容变化。商店的匾额，为着实用，也要求书写美化，观看中属于两个层面的心理反应，倘因此认为“书法”有“实用性”，便不合科学。相对于书法而言，我更乐于把书写的文词称为“素材”。在文人画，古人有“喜气写兰，怒气写竹”一说，大致兰花柔韧，竹竿刚直，所以当下笔之际有“喜”、“怒”的感觉，倒不是兰花与竹子二者有“喜”、

“怒”之别。由此又可以窥见写意画的“写”与书法有共同点。不过在书法，点画因“字”而挥运的创作状态，不像画兰、竹那样直接与被画的对象合为一体。

我在《书法，在比较中索解》一文中，又举蔡邕《笔论》、李阳冰《上李大夫论古篆书》、韩愈《送高闲上人序》、康有为《广艺舟双楫·碑评第十八》等著述中由书法比喻天地万物，包括各类人物的举止神态，得出以下认识：“……很有趣，以上所有论述书法造型的语言，都仅止于比喻。虽然出以形象化的类比，却绝非书法直接描画的形象，而尤其是所有的比喻仅止于书法艺术自身，没有一种比喻同书法作品的文词素材相关联。古人早就懂得书法艺术的独立性。”

在绘画为形象者，在书法属意象。“有意味的形式”（Significant form）这一词组，Significant 原释“有意义的”、“重要的”，而“意味”更合原意。倘从我国传统美学的词语找对应，“有意味的形式”唯有“意象”最为贴近。

认定书法“纯形式”的性质，有人难以接受，奇怪“形式”怎么可以脱离“内容”？怎么会有无内容的形式？岂非“形式主义”？其实“有意味的形式”已包含了内容——“意味”，只不过它与特定形式相对应，那“内容”便不同于一般造型艺术，造型艺术的形象性，与书法艺术的“意味”不属同一个范畴。“意味”可以用文字语言解说，可以用具体形象作比方，但书法的“意味”便是它自身，不可能复述，借作比方的具体形象也只是比方而非书法造型的直接显现。否则书法就不是“这一个”特殊的艺术了。

书法作为一门纯形式的艺术，是否可以作进一步的分解呢？我以为，把一切形而下的因素统统排除，剩下的只有书写者个人情感留存。情感的纯粹个人性质，由人的思想意识决定，又因为书法创作纯系个人行为，便更加突出了情的作用。“书，心画也”一语所以千古不易，就在于用最简明的语言道出了书法的本体性质。近人邓以蛰在引用上述扬雄语后说书法“毫无凭借而纯为性灵之独创”。“毫无凭借”说的是书法虽以天地万物包括人自身为创造的灵感，但不直接摹写具体可视对象。仅凭最单纯的线的运动发挥性之所至。古人谈书法情感本体性，可以举出许多精警的话语，比如“把笔抵锋，肇乎本性”（《记白云先生书诀》）、“艺之至，未始不与精神通”（姜夔《续书谱》）、“书法乃传心也”（项穆《书法雅言》）……

在孙过庭那里，“形质”与“情性”为一对范畴。“纯形式”的书法以“形质”为基础，以“情性”为至高境界。情性，应是书法的本体性格。“故顺情性则不辞让矣，辞让则悖于情性矣”，大约《荀子·性恶》最早出现“情性”这一词语，“不辞让”者以顺乎本性为至要。书法的“形质”直接显现“形”，毛笔在纸上运行成为可感的物质性的体现。“形质”与“情性”一对矛盾的统一体以表达“情性”为最高境界。“情性”除了抽象的线条以外“毫无凭借”，纯在心灵体察。张怀瓘所谓“可以默识，不可言宣”（《六体书论》），语言文字解说可以助人理解书法奥妙，但不可能说清最原始的那份情感。这正好是艺术之所以为艺术的特殊性。

对比真书与草书，孙过庭说：“真以点画为形质，使转为情性；草以点画为情性，使转为形质。”为区别真书与草书，将“点画”、“情性”来了一个颠倒，立论以“形质”为真草二体构成的基点，“形质”主要指笔法、形态，在真为点画者在草为使转。“真”虽以点画为基本构成，而“情性”靠使转，哪怕使转在真书中不占主要地位。草书便以使转为基本构成，“情性”成为草书最重要的特质。《书谱》紧接着下面的文字说得明白：“草乖使转，不能成字；真亏点画，犹可记文。”“不能成字”，此处“字”应指草体“书法”。“犹可记文”，此处“文”指文字工具作用，真书容易读懂，“真书”与专为表意的“字”接近。

无论何种书体，中国书法以动态为特征。真书的繁而静与草书的简而动是相对而言的。上述孙过庭语以“使转”为关键词也说明了“动”的重要性。对草书“使转”有严格要求，稍有所失，立即降低格调，说明草书之难，反证草书有很高的艺术价值，以动感为至要。当然“动”应当有节律，有韵味，绝非所有的动感都有美感。

与“形质”相对的又一个范畴是“神采”。王僧虔《笔意赞》：“书之妙道，神采为上，形质次之，兼之者方可绍于古人。”“神采”可解释为神韵、光采，与“情性”对比，偏向于外露、彰显，可感性较强。若将“神采”与绘画“气韵生动”（谢赫《古画品录》）对比，“气韵生动”列为“六法”之首，品评绘画的最高标准，所用语言与书法有区别，有相类，书与画的根本要求是一致的。明代顾凝远将“气韵”与“生动”分别解释，认为有“气韵”则有“生动”。气韵“或在境中，抑或在境外”。即既在画境中，又有画外之意。品评书法，也有用“气韵”、“生动”一类词语。不过就书法而言，“形质”与“情性”这一对立统一的范畴可能最触及书法本体，唯有本体，才是最终的真实的存在。我们反复探讨书法本体，追求书法本体，抱着一个纯正目的，为了弄清究竟为什么和如何追求艺术，加强创作的自觉意识，还原书法及其与人生关系的本来面貌。试想，一件书法作品放在我们面前，我们把文字的表意作用暂且搁置一边，将书法艺术作为独立欣赏对象；书法艺术的“形质”成为我们欣赏过程中的第一直觉感受，由“形质”过渡到“情性”，我们的印象是什么呢？不就是人的最初始的本能、本性的存在吗？读一本书，可以不记得书中每一句话语，但是能够牢记书中所述实际结果。同样，读书法作品，我们可以不记得作品的文词，不记得每一笔画如何书写，留在脑海里印象最深的是作品的情性，寓于“形质”的“情性”是书写者心声的最深刻的表露……一切都排除了，剥离了，余下的只是赤裸裸的个性存在。我们与之交流、共鸣、同哀乐、合死生……进入完全自由的时空当中。

试想当今社会，人类眼力已能凭借最先进的科学技术探索到远超出过去想象的空间，宇宙恒星以3万亿乘以1000亿的数字令人震骇不已。科学技术的飞速发展肯定还会给人类带来福利。但是地球人至今不能摆脱与生俱来的烦恼，生活中充满各种困扰、焦虑、郁闷、无聊、异化、悖谬……人要超越自身，唯有安抚自己的精神，用真情提高人际交往的精神境界，也从中获得个人的真实存在。于是我们看到，书法艺术多么可贵，它在众多艺术中，既是传统的，又是当下的；既高雅，又在我们身边；既有特殊品格，又具普遍价值；它以最单纯的形式，包容十分繁复的内涵。书法是民族的，然而并非识得汉字的人都理解书法，书法有自身书写的规律，更重要的还有自身特殊的审美意识。知识水平较高的人，甚或懂得一些书写技巧的人未必都理解书法。可是也有人虽然对书法知之不多，却能够从书法与天、地、人的异质同构体会书法的美。欣赏书法与创作书法一样都要有“灵气”。西洋人不识汉字，从书法线条的特质与流动获得审美享受。赵之谦甚至认为古今只有“三岁稚子”与“积学大儒”两种人为“书家最高境”，“故以不学书、不能书者为最工。”这话颇有激愤，又是否受了禅宗“不著一字，尽得风流”的影响，不得而知，但貌似片面中有深意存焉。赵之谦所说“积学大儒”，指那种“不失赤子之心”的“大人”，由此沟通“三岁稚子”。

书法本体价值，说到底在情感的美，情感的纯正无邪。书法非常单纯，又非常能够反映人的全面修养，审美中容不得掺入杂质。所以品评书法，比别的艺术更看重格调。从鉴别优劣到真伪，“格调”在书法审美中全凭直觉，同时要求深刻的理性认识。历来品评书法格调，有许多的语词，最鄙视一个“俗”。此处被贬的“俗”非通俗，也不应当以社会地位论定。渔樵村野，未必便俗；文人墨客，未必都雅。竭力反对“俗”的黄庭坚如是说：“士大夫处世可以百为，唯不可俗”。这里的告诫明明针对着“士大夫”阶层。书法列入高雅艺术，纯然站在审美立场，并非所有作品都高雅，也非凡是操翰弄墨者都能脱俗。不过，书法艺术既然贵乎“情性”，长期的创作实践、欣赏，所谓潜移默化，陶冶情操，应能提高我们的心灵境界，“俗”与“雅”可以在一定条件下互相转化。不然学习书法又作何用？问题应当是我们以何等态度对待书法。

当今社会，书法作品在市场流通，成为文化商品之一种。书法作品一向是互相馈赠、人际交流的媒介。帖学的简札之类，碑学的铭刻之类，本意在互通信息，或宣示后人。谈到书法的价值观，我们可以从经济的、社会的、政治的、文化的众多方面进行考察。但无论何种角度，书法的核心价值还要围绕本体，书法本体既是研究问题的归宿也是出发点。我们阅读《祭侄稿》受到深度感染，文词的表意作用与书法的形式美感在欣赏过程中一起获得共鸣。倘是一般文章，其内容是与读者交流的第一平面，书写的笔法、布局居后。但《祭侄稿》早已是杰出的书法作品，读者看重它的审美价值远超出文章词句。所以我们首先从审美角度欣赏《祭侄稿》书法。书法艺术的抒情与文章的铺叙相得益彰，而我们却始终要把书法艺术作独立的存在加以考察。不仅如此，还要把纯形式的书法区别为“形质”与“情性”两个对立统一，互相依存又互相转化的范畴。终于发现，“情性”属矛盾的主要方面。“情性”当然是个性化的，“情性”不可能脱离共性，但是没有了个性，书法撇开了钟繇、索靖、王羲之、颜、柳、欧、赵、苏、黄、米、蔡等杰出大家，怎能设想历史会成什么样子？个性的可贵，不但在于为书法历史增添了什么，因为每一个思想都有个性化的特殊成分，问题如詹姆斯所说，思想“显现为始终在处理独立于它自身的客体”。（《心理学原理》）杰出书法家始终以独特的个性创造出前所未有的美的元素。创造道路人各有殊，对前人借鉴独辟蹊径，而融合诸体、变通有方始终在个性化的过程中实现。上述“处理客体”的能力，在书法家体现为创造的主体能动性，自创性，发挥为原创能力。

谈原创绝不排除并且必定重视继承，一听说原创就惧怕“数典忘祖”、“打倒一切”者，出于好意，深恐书界滋生不良风气，甚至走到行为艺术的邪路。我们说的原创要求在继承中突出个性追求，“原创”不但是对“创造”的强调，更要求继承中自觉发挥能动作用。古代伟大书家对我们的启示，首先就是个性原创。颜真卿在王羲之后另立新体，以北碑为启示成就了书坛另一丰碑。有论者称颜秉承王，找不到实据。可能出于习惯性思维，认为“书圣”是必学的。其实颜真卿时代，刻帖未盛行，二王影响不及后来。明代文徵明，有一段精辟的话：“自书学不辍，流习成弊……就令学成王羲之，只是他人书耳。按张融自谓‘不恨己无二王法，但恨二王无己法’，则古人固以规模为耻矣。” 文徵明引张融语以“规模古人为耻”，哪怕学王羲之学得很像，也只是别人的，失去了自我。文徵明小楷以宗法二王著称，能说出这样独立不倚的话，不是很值得深思吗？

个性化不是矫揉造作，个性化要求情感的高度升华。艺术中的情感活动不能直接产生，书法家的情感冲破无意识的设防，由无意识上升进入创造。原创性的可贵就在于个性的纯真，起源于无意识。个性与原创具有本质上的一致性。就绝对的意义来说，没有任何相同的个性，不但在无数各别的个体身上，即使在同一个体，个性也不重复。书家的作品看起来各有自家面貌，其实在各个书家那里面貌并不“一律”。每件作品，每个阶段都会有或大或小的质变。有创造力的书家，把个性发挥到极高的程度，不断“变法”。王献之向羲之进言“大人宜变体”，凸现了创造的自觉性。米芾自述学书前后师法十余家之多，学习的过程同时是探索求变的过程。大艺术家的作品一生可以分成多个阶段，多种系列，可见个性、创造的天地异常宽广。个人风格，并非固定模式。书法家大可不必因为找到了某些新感觉便不再继续往前探索。我们时代阻碍个性张扬的因素不可谓不多，实际生活中处处设防，学书法定要把某家某派“学像”，然后敢学别家。可是怎样叫“像”？在何等意义上说“像”？“像”了又怎样？学书法的目的意义究竟何在？精神上的自由到哪里去了？这些都无须追究。对“传统”的错误解释形成压力，堂而皇之阻碍着性情发挥。回看张融语“不恨己无二王法，但恨二王无己法”，离今1500余年南朝人的境界，我们未必达到。我们不见得都比古人开放。书法最可贵的素质缺失了，与“情性”相对应的“形质”又如何呢？两者虽然以“情性”为主导，由书写技巧支配的“形质”却是基础性的，仍受“情性”影响。发挥不出真性情的艺术，很难设想“形质”之美。没有“形质”之美，“情性”终于落空。上述主张学书法定要“像”某家某派，那个“像”，多半停留在外形，有“形”而无“质”，遑论情性了。

呼唤书法本体，还书法以本性，果真如此，书法必然出现流派纷呈的多元局面。这样考虑问题诚然理想化，书法本体不能不受到许多外来干涉，比如社会文化的低俗之风，也不可能不在书法艺术中折射出来。但是历史上每个朝代不乏执着的追求，包括无名者的书艺，比如竹木简、陶瓦文、刻石等等，都有人自觉从事个性化的劳动。明清两代馆阁体盛行，阻止不了创造性书家出现。清代碑学崛起，冲击了衰微的帖学，注入了新的生气。倘若没有阮元、包世臣、何绍基、邓石如、康有为等大力提倡碑学，书法如何出现“柳暗花明又一村”的气候？每一个新的流派出现，必定受到旧有惯性的阻力，但书坛因此有了继续前进的契机。书法的多元，除了创作，也应当包括理论、教学众多方面。多元，不以一家为准则，才有生气，有竞争，有互补，但仍是围绕书法本体而展开。

米芾《海岳名言》有一段趣话：“海岳以书学博士召对，上问本朝以书名世者凡数人，海岳各以其人对，曰：‘蔡京不得笔，蔡卞得笔而乏逸韵，蔡襄勒字，沈辽排字，黄庭坚描字，苏轼画字。’上复问：‘卿书如何？’对曰：‘臣书刷字。’”

读者可以很容易批评米芾轻率片面。但是一个宋代宣和时的书学博士能如此回答御问，不能不佩服他的率真。米芾不想在皇帝面前诋毁他人，也不想谄媚任何人，只是以自己所见信口道来，最终以“刷字”自谑。不要忘记米芾在皇帝面前说的蔡京、苏轼、黄庭坚当时都在世。没有人以为米芾“告御状”。至少在这一点上，当时的文人懂得幽默，有个性。相传苏轼与黄庭坚互相戏说彼此书法，一如石压蛤蟆，一如死蛇挂树，谈笑中诙谐、大度，丝毫不影响友情，更没有任何人身攻击。而一涉攻击，便失去了学术探讨的本意。

上引《海岳名言》对蔡京七人戏评，从一个侧面反映那个时代的书法因个性而多元化。无论“得笔”、“不得笔”、“勒”、“排”、“描”、“画”、“刷”，最终都归到笔法，笔法为体现个性的根本。虽是同代人，同为书法大家，因笔法而面貌各异。宋代书法在那个时期达到繁荣鼎盛。

我们也乐于谈书法的繁荣。30多年前，当书法被视为“四旧”扫荡之际，为着传统艺术的复兴，为着让更多的人手握毛笔，“繁荣”令人振奋，给人希望，那是一个短暂的值得珍惜的时期。经济发展的大环境，人们很快发现，书法本体在失落，被异化，功利目的抢占上风。书法最可贵的“情性”表现出淡化趋势。作为书法队伍中人，我们不必过多埋怨客观环境，无妨多想一想自身对于从事的那份专业的本质意义是否没有深入理解？我们是否对于自己的个性不敢张扬？或者确切地说，在张扬个性的时候没有认识到需要怎样的思想情感的高度？我们是否也没有懂得尊重他人作品中值得肯定的个性成分？相反，对于那些不值得肯定的因素是否缺少自由评论？我们对书法的价值观是否没有以书法本体为依归？我们对书法本体是否应当多一点敬畏之情？如是，就不能满足于浮泛的“繁荣”。单讲“繁荣”，并不意味着书法语境的拓展，更不能提高书法情感的纯度，而这一点正是艺术之为艺术最为可贵的。书法的繁荣，不能绕过书法本体，不能不为日后作千秋之想。于是我们的思潮不期而然地重新回归2000年前的“心画”，正是这一最单纯、质朴的词语，与“诗言志”（《舜典》），“乐本情性”（《汉书·礼乐志》），“修仪操以显志”（《舞赋》）等达到深层一致，各自在同中有异。

让“心画”传统进入书法家的精神家园！古人经典论述既然已揭示深层本质，就不应当视为“时过境迁”。温故知新，重在理解它的本来意义，在回归中复兴，发扬。

人生就是缘
——在从教五十周年学术研讨会上的致辞

方立天

在这金秋送爽的美好时节里，我们相聚于中国人民大学逸夫会堂，研讨学术，我感到特别高兴。这次学术研讨会和我有关，我深感荣幸。

从1961年到2011年，是我在中国人民大学从事教学工作的50年，也是我人生旅途中最重要的50年。当我回首这50年一步步前进的足迹，我深深体悟到：人类是宇宙大化中的一类特殊群体，每个人的人生都与一定的因缘条件相依相存，互动互变，并在因果律的支配下展示其独自的意义与价值。我从一个普通的年轻学子成长为一名大学教师，取得一点成绩，也是与长期来受惠于社会的多方面帮助、加持分不开的。天地人和，因缘际会，成就了我的学术人生，构成了我的幸运人生。

从历史的角度看，1956年党中央号召向科学进军，鼓励年轻干部报考高等学校，使我有幸结缘北京大学哲学系，学习5年。这一历史机缘，为我从事人文学科研究奠定了基础，成为我人生的转折点，学术生涯的新起点。“问学必有师”，在中国哲学领域，冯友兰先生亲自为我们讲授了“中国哲学史”，张岱年先生对我更是耳提面命，多有教诲。在佛学领域，汤用彤先生和任继愈、石峻先生都曾给我以直接的教导和影响。此外，陈寅恪、陈垣、吕澂等先生的佛学著作，是我案头不可或缺的，也使我受益良多。“一日为师，终身为父”，在我学术生涯的文脉里，流淌着前辈先贤的思想和睿智，他们的恩德，是我永远不能忘怀的。

上世纪“文革”结束后，党和国家实行改革开放政策，迎来了科学研究的春天，为独立、自由的学术研究开辟了广阔的前景。改革开放新时期的大环境、大背景，不仅使我不受干扰，得以真正全身心地投入教学与研究工作，而且还不时得到中央领导同志的关怀、勉励。温家宝总理当面鼓励我对佛教文化、宗教文化的研究，刘延东同志写信给我，对我的《论中国化马克思主义宗教观》一文表示肯定，中央统战部、教育部、国家宗教事务局的领导同志也对我多有鼓励、支持。在新时代宽松、安定的条件下，我收获着教学、科研成果，享受学术人生的乐趣，同时也真切地感受到时代的进步，祖国的温暖。

1961 年我大学毕业，分配到中国人民大学哲学系中国哲学史教研室工作，使我得以进入到顺心顺意地开展我喜爱的中国哲学、宗教学研究的新天地，这对我的学术生涯具有重要意义。50 年来，生活于斯、工作于斯的中国人民大学为我提供了良好的教学与研究的条件和环境，使我个人的作用得以发挥。比如，到人大工作伊始，学校领导就以开放的心态支持我到中国佛协主办的中国佛学院旁听、进修，以弥补佛教知识之不足，体察僧人的修持实践。这对我日后研究中国佛教有着重要的启示意义。我在北大学习时，养成了到图书馆学习的习惯，到人大后，我也一直坚持在校图书馆阅读、备课、研究。图书馆不仅在借阅图书方面给我很多方便，后来还在书库内专门为我设置了一张书桌。我在 2006 年前发表的著作，基本上是在人大图书馆完成的。人大的图书资源滋养了我，我真诚感激人大图书馆对我的帮助。

几十年来，中国人民大学出版社先后出版了我的五部专著和六卷本《文集》，对我的学术成长起了重大作用，我向人大出版社的朋友们表示诚挚的谢意。中国人民大学以人文社会科学为学科建设重点，学校领导对宗教学学科高度重视，2000年成立了重点研究基地——佛教与宗教学理论研究所，形成了一支和谐、团结、精进的研究团队。后来还相继成立宗教学系和宗教高等研究院，从而为我们的学术活动提供了更大的平台。学校对我取得的点滴成绩给予及时、充分的肯定，给我许多鼓励、嘉奖和荣誉。从某种意义来说，这50年，我是在中国人民大学这块沃土福地上成长起来的，是中国人民大学打造了我，成就了我。我和中国人民大学的殊胜因缘，是我学术人生的一大幸事。

“讲习必有友”，学术研究离不开学友的切磋、互助。令人鼓舞的是，改革开放以来，政、教、学三界的和谐性日益增高，三界在学术领域的良性互动也日益增多，形成当代中国和谐社会的一个突出表现，构成有中国特色的社会主义社会的一道亮丽风景。与同仁、同道的学术探讨、交流，使我受益匪浅。

以上感言，可以归结为一点：天时、地利、人和，塑造了我的学术生涯，编织了我的人生。人生离不开缘，人生就是缘。

清华简关于秦人始源的重要发现

李学勤

2008年7月入藏清华大学的战国竹简，性质主要是经、史一类书籍。其中有一种保存良好的史书，暂题为《系年》，一共有138支简，分成23章，记述了从周武王伐纣一直到战国前期的史事，将作为竹简的整理报告《清华大学藏战国竹简》的第二辑发表。作者在整理过程中发现，《系年》有许多可以补充或者修正传世史籍的地方，有时确应称为填补历史的空白，关于秦人始源的记载，就是其中之一。

大家都知道，西周覆亡，周室东迁以后，秦人雄起西方，先是称霸西戎，随之逐步东进，终于兼并列国，建立秦朝，成就统一大业。秦朝存在的时间虽然短促，对后世的影响却相当深远。特别是秦人的文化，有其独具的特点，伴随着秦人的扩张发展，广被于全国各地。研究中国的传统文化，在很多方面不能不追溯到秦人，而秦人是从哪里来的，其文化有怎样的历史背景，历来有种种看法，是学术界争论已久的问题。

关于这一问题，长期以来的主流意见，是秦人出自西方。司马迁在《史记·秦本纪》及《赵世家》中，曾经详述秦的先世，讲到商朝晚期有戎胥轩，娶骊山之女，生中谲，“在西戎，保西垂”，看来秦人当时已在西方，并且与戎人有密切关系。蒙文通先生的《周秦少数民族研究》便据此认为“秦为戎族”。

然而也有一些学者持不同意见，比如钱穆先生的《国史大纲》主张“秦之先世本在东方，为殷诸侯，及中谲始西迁”。这是由于《秦本纪》提到：“秦之先为嬴姓，其后分封，以国为姓，有徐氏、郯氏、黄氏、终黎氏、运奄氏、菟裘氏、将梁氏、黄氏、江氏、脩鱼氏、白冥氏、蜚廉氏、秦氏。”这些国族，凡可考定的都在东方。近年这种东方说的代表作，是林剑鸣先生的《秦史稿》一书。出版于1981年的这本书，以为中谲只是“曾率一部分秦人替殷商奴隶主保卫西方的边陲”，不能说明秦人即是戎族。

中谲的儿子是飞（或作蜚）廉，飞廉的儿子是恶来，父子三代都是商朝末年的著名人物。《秦本纪》说：“恶来有力，蜚廉善走，父子俱以材力事殷纣。”他们助纣为虐，史有明文，但他们给秦人带来怎样的命运，却没有文献记载。

清华简《系年》的第三章，具体回答了这方面的疑问。简文叙述了周武王死后发现三监之乱，周成王伐商邑平叛：

飞（廉）东逃于商盍（蓋）氏。成王伐商盍（蓋），杀飞（廉），西迁商盍（蓋）

之民于邾，以御奴之戎，是秦先人。

“飞”就是飞廉，“飞”字从“甘”声，“廉”字从“兼”声，古音相近通假。“商盍氏”即《墨子·耕柱篇》、《韩非子·说林上》的“商蓋”，也便是称作“商奄”的奄。关于飞廉、恶来，《秦本纪》云：“周武王之伐纣，并杀恶来。是时蜚廉为纣石（使）北方……死，遂葬于霍太山。”这和《系年》所记不同。

《系年》的记载，可以参看《孟子·滕文公下》：“周公相武王，诛纣。伐奄，三年讨其君，驱飞廉于海隅而戮之，灭国者五十，驱虎豹犀象而远之，天下大悦。”和《系年》一样，是说飞廉最后死在东方。

飞廉参与三监之乱，失败后东逃到奄。奄也即是《秦本纪》讲的运奄氏，属于嬴姓，飞廉向那里投靠，正是由于同一族姓。当时今山东到苏北的嬴姓国族都是反周的，《逸周书·作雒篇》说：“周公立，相天子，三叔（管叔、蔡叔、霍叔）及殷、东、徐、奄及熊盈（嬴）以畔（叛）。……二年，又作师旅，临卫政（征）殷，殷大震溃。……凡所征熊盈（嬴）族十有七国，俘维九邑。”这充分讲明了嬴姓国族在这场战乱中的地位。

奄是东方大国，是商王朝非常重要的组成部分。根据古本《竹书纪年》，商王献庚、阳甲都曾建都于奄，然后盘庚才迁到今河南安阳的殷。奄之所以称为“商奄”，大概就是由于这个缘故。据《左传》，周初封鲁，“因商奄之民，命以《伯禽》而封于少皞之虚”，杜预注：“商奄，国名也。少皞之虚，曲阜也。”传统上认为奄国即在今山东曲阜。不过奄的国境范围肯定要大得多，有学者主张奄相当周朝的鲁国，同奄一起反周的蒲姑相当周朝的齐国，可能是差不多的。

由《系年》简文知道，商朝覆灭之后，飞廉由商都向东，逃奔商奄。奄国等嬴姓东方国族的反周，飞廉肯定起了促动的作用。乱事失败以后，周朝将周公长子伯禽封到原来奄国的地方，建立鲁国，统治“商奄之民”，同时据《尚书序》讲，把奄君迁往蒲姑，估计是看管起来。但在《系年》发现以前，没有人晓得，还有“商奄之民”被周人强迫西迁，而这些“商奄之民”正是秦的先人，这真是令人惊异的事。

秦国先人“商奄之民”在周成王时西迁，性质用后世的话说便是谪戍。其所以把他们遣送到西方，无疑也和飞廉一家有关，因为飞廉的父亲中潏正有为商朝“在西戎，保西垂”的经历，并且与戎人有一定的姻亲关系。中潏、飞廉一家，本来也是自东方出身的。周朝命令“商奄之民”远赴西方御戎，完全不是偶然的决定。

认识到秦的先人是原在东方的商奄之民，以前与秦人始源相关的一系列问题都得到解释，例如：

在文献方面，《史记·封禅书》载：“秦襄公既侯，居西垂，自以为主少皞之神，作西畤，祠白帝，其牲駵驹、黄牛、羝羊各一云。”秦襄公为什么自称主少皞之神，是由于少皞嬴姓，《说文》：“嬴，帝少皞氏之姓也。”《左传》讲得很清楚，封鲁的奄国之地又称做“少皞之虚”，秦襄公只是没有忘记国族的来源而已。

在金文方面，西周中期的询簋和师酉簋都提到“秦夷”，还有“戍秦人”，来自东方的商奄之民后裔自可称“夷”，其作为戍边之人又可称“戍秦人”。

在简帛方面，马王堆汉墓帛书《战国纵横家书》的“苏秦谓燕王章”云：“自复而足，楚将又出沮漳，秦将不出商阉（奄），齐不出吕隧，燕将不出屋注。”所说是指各国的始出居地。秦出自商奄，正与《系年》所记吻合。这几句话后世的人们不懂，所以传世本《战国策》把“商奄”等都错误地改掉了。

《系年》的记载还有一点十分重要，就是明确指出周成王把商奄之民西迁到“邾”这个地点，这也就是秦人最早居住的地方。“邾”即是《尚书·禹贡》雍州的“朱圉”，《汉书·地理志》天水郡冀县的“朱圄”，在冀县南梧中聚，可确定在今甘肃甘谷县西南。

西周初秦人的最早居地在这样的地方，由近年考古工作看，是非常合理的。甘谷西南，即今礼县西北，正为早期秦文化可能的发源地。2004 年以来，早期秦文化联合考古队在礼县一带西汉水上游进行了遗址普查。2005 年—2006 年，又做了有针对性的调查，确认或发现了西山、大堡子山和山坪三座周代城址，见该队《甘肃礼县三座周代城址调查报告》（《古代文明》第 7 卷）。其中西山的时代相对较早，从遗址来说，其秦文化出现的时间约为西周中期，城的使用年代则在西周东周之际。2005 年以来，在西山的发掘成果丰富，见《中国文物报》2008 年 4 月 4 日所刊《甘肃礼县西山遗址发掘取得重要收获》一文。

西山位于礼县县城西侧，西汉水北岸的山坡上，还不是最早的秦文化遗址。由这里往北，没有多远便是“邾”的可能位置，有待勘查探检，这为今后的考古研究提供了珍贵的线索。

既然秦人本来是自东方迁来的商奄之民，最早的秦文化应该具有一定的东方色彩，并与商文化有较密切的关系，希望这一点今后会得到考古研究的验证。

有史以来第一步华北地区的文献总汇
——《中国华北文献丛书》前言

傅璇琮

《中国华北文献丛书》是中国文献丛书工作指导委员会的重大整理项目，由甘肃省古籍文献整理编译中心具体策划，与好几所高等院校专家学者及国家图书馆等合作，并委任我为总主编。经过几年的共同努力，已可于 2011 年、2012 年间陆续编成、印出（学苑出版社出版）。这套丛书共收录历代稀有文献 450 余种，共印为 16 开本 201 册。其中首次公布的发掘性文献 90 余种，约占全书选题量 20%；明清珍善刻本 300 余种，约占全书选题量 67%；其他稀见重要文献约占全书选题量13%。同时，全书在汉文献以外，还收有相当数量极为珍贵的首次面世的蒙古族及满族文献等少数民族文字文献。

因此可以说，它全面、系统地反映了中国华北地区历史文献的遗存状况和主体内容，可以评为有史以来第一部华北地区的文献总汇。

经筹划、研究，这套书的“华北地区”，为现行界定的北京、天津、河北、山西、内蒙古等五个地区。中国华北是一个以汉文化为主的多民族地区，是华夏民族文化的发祥地之一，历史上经济繁荣，文化昌盛，民族文明积淀深厚，构成了多民族相互融合的灿烂多姿的文化特质。但受历史和自然条件的制约和影响，华北与其他地区一样，许多早期珍贵文献随历史发展即有散佚、湮没。《中国华北文献丛书》对现有华北珍贵文献进行梳理，为研究领域与典藏领域提供一座丰富而珍稀的华北地方历史文库，时限上溯先秦下至新中国成立，涵盖人文社会科学和部分自然科学领域，无疑为弘扬和发展祖国民族文化作出了积极的努力。

《中国华北文献丛书》注意文化价值、历史价值和学术价值，重视对当代的启迪和借鉴意义，突出华北地区历史文化和文献资料特色。为此，全书共分八项学术专辑，即第一辑《华北稀见方志文献》，第二辑《华北稀见丛书文献》，第三辑《华北史地文献》，第四辑《华北民俗文献》，第五辑《华北少数民族文字文献》，第六辑《华北文学文献》，第七辑《华北考古文献》，第八辑《晋商文献》。全书由文字资料、拓片资料和图片资料组成，以影印为主。选录文献以宋、辽、金、元、明、清、民国之稿本、木刻本、泥铜活字本、石印本、铅印本、传抄本为版本筛选顺序；对不同版本的同一文献，若内容有异，版本孤善，同时进行了收录；对原稿中出现的明显错误进行了简明的标注；对部分严重漫漶不清的重要文献予以重新整理和排版，并将原稿本和新排本同时选录。为方便读者了解这套丛书的内容和特色，这里就将八个专辑作一简要介绍：

第一辑《华北稀见方志文献》，由著名史志专家、河北大学吕志毅教授主编。据中科院北京天文台主编的《中国地方志联合目录》（中华书局1985年出版）所录旧志，北京55种，天津26种，河北567种，山西427种，内蒙古50种，共计1127种。这次我们这套书共影印110种，约占华北地区总志书的1/10，其中北京13种，天津14种，河北41种，山西31种，内蒙古11种。所录之书，数量虽少，却甚求精。如北京地区的明人谢杰等所编《（万历）顺天府志》六卷，为万历二十一年（1593年）初刻本，不仅为最早版本，且分类细致，内容充实，是研究明代北京地情较为系统、完整的一部重要资料。又如河北地区之《乐亭邑志》（明潘敦复纂修），万历二十一年（1593年）刻，天启二年（1622年）增刊本。此为孤本，仅存国家图书馆。其他抄本、稿本亦有，可见这次辑录时，其注意版本价值意义。又可注意者，此辑所收，除辑录通志、府府、州县志外，还选有村镇志、乡土志、山川志、庙宇志、盐漕志、舆图志等，反映出我们传统方志的特色，又体现现代方志学的成就。

第二辑《华北稀见丛书文献》，由北京市地方志办公室、史志学者谭烈飞主编。此辑所收，不限于一般目录学上安排的丛书，收录域内较有影响和版本稀少的丛刻、汇刊，共计19种，其内容涉及的范围相当广泛，其中既有历史典籍的考证，风土民情演变的记述，社会形态特征及文化视野的考察，也有特定环境的点滴随笔，文人墨客的感情抒怀。特别是近现代人张次溪编辑的五种：《中国史迹风土丛书》、《北平史迹丛书》、《京津风土丛书》、《燕都风土丛书》、《清代燕都梨园史料》，为我们研究北京乃至中国北方民俗文化提供丰富的资料。如其中收录的明嘉靖年间张爵所著《京师五城坊巷胡同集》，书中记内城有900多条胡同，外城有300多条胡同，也确是目前研究元代及明清北京城市情况的真切史料。

第三辑《华北史地文献》，由河北大学宋史研究专家宋锡东教授主编。此辑收录97种，为了学者研究和查阅的方便，按照内容分为地理文献和历史文献两大类。地理文献，又分为六个系列，即：关隘系列、山水系列、寺观系列、水利工程系列、帝陵系列、纪游系列。历史类文献又分为八个系列，即：战事系列、地方政治系列、京师掌故系列、宫廷历史系列、民族历史系列、乡贤系列、调查系列、革新系列。这样分类，既符合规范，又有创新之意。

第四辑《华北民俗文献》，由著名民俗史专家、北京师范大学萧放教授主编。我们在清理与探讨中国文化史的过程中，如果充分利用民俗文献，就可以具体了解历史上普通大众的日常生活状态，对前人走过的道路有更感性的认识，确有学术意义与社会文化意义。华北地区的民俗文献，从写作内容与形式看，可分为三类，即庙会文献、岁时文献、地方风土文献。如晚清民国时期北京城西的妙峰山香火兴盛，妙峰山庙会组织有数百个之多，此次收录的即有奉宽的《妙峰山琐记》、金勋的《妙峰山志》、顾颉刚的《妙峰山》。又如岁时文献，北京地区辑录了好几种（如明时《帝京景物略》、清时《帝京岁时纪胜》、《燕京岁时记》等），可以对北京明清时期的岁时生活史有深切、广泛的了解。风土文献，较突出的有内蒙古地区，辑集好多种，如元人杨允孚《滦京杂咏》、明人岷峨山人《译语》、清人阮葵生《蒙古吉林风土记》等，为我们了解内蒙古地区的风土人情，提供翔实的文献资料。

第五辑《华北少数民族文字文献》，由西北民族大学蒙古语言文化学院的玛•乌尼乌兰教授主编。此次收录蒙古文文献16种。最早者为18世纪中期的《黄金史纲》，其他主要以清末民国时期的文献为主，大多是手抄本或少见的铅印本，如《玛尼颂》、《医药诗》等手抄本均为第一次面世影印，这无疑对蒙古文文献乃至蒙古学研究起到了积极的推动作用。满文文献为满汉文合璧文献《御制劝善言》，也极有史料价值。

第六辑《华北文学文献》，由西北民族大学多洛肯教授主编。应该说，北京及河北、山西等地，唐宋及金元，已有不少著名诗文作家，如王绩、卢照邻、张说、高适、元好问、纪昀等。但他们的诗文集早已有整理、编印，这次所收，主要为本身有文学创作成就，但流传不广、版本稀少者。如清初塞尔赫著《晓亭诗钞》四卷，乾隆时刻本，对研究满族文学、历史、民情极有参考作用。

第七辑《华北考古文献》，由北京大学考古文博学院沈睿文教授主编。收录历代学术专著和版本文献，内容包括宝石、古迹及调查报告、考古文章，最早者有明冯庆润《房山古迹志》，主要为近现代著作。收录有90余种，按内容可分为四类，即考古发掘工作、关于古建筑和石窟寺的调查、关于文物古迹的调查和综理（如《华北古迹古物综录》、《京兆各县古物调查志》等）、关于文物遗迹的调查与考证（如张江裁《燕京访古录》、刘锡信《潞城考古录》等），这应该说是体现现代考古学的成就，为华北地区的重要文献。

第八辑《晋商文献》，由山西省社科院孙丽萍教授主编。将晋商文献作为华北文献的一个专辑，应该说是显示特色文化，显然对晋商文化乃至中国经济发展历史状况的进一步深入研究大有裨益。如山西票号是我国封建社会末期的重要信用机构，卫聚贤所著《山西票号史》，是研究票号史和经济金融史的一部重要资料性史书。这一专辑收录11种，清刻本1种，余皆为民国时石印或铅印本。

总之，《中国华北文献丛书》从发掘和保护祖国文化遗产的角度出发，有计划地对现有华北珍贵文献进行系统性的梳理。它的出版问世，将有力地推动华北古籍整理和研究工作，也为全国古籍整理事业作出自身特殊的贡献。

中华传统文化与软实力

王　蒙

中华传统文化是一个古老的文化，是一个覆盖面、影响面巨大的文化，是一个独树一帜并拥有巨大的影响与声誉的东方文化。它历经曲折，回应了严峻的挑战，走出了落后于世界潮流的阴影，如今日益呈现出勃勃生机，它更是一个能够与世界主流文化与现代文化、先进文化相交流、相对话、互补互通、与时俱进的活的文化。

更重要的是，它提供了一种有效的生活方式，提供了一种独具特点的世界观与哲学观，一种人文价值与思路，一种独特的与精致的语言文字、工艺与文学艺术，一种乐生的、务实的、注重此岸性的生活态度与生活质量，提供了一种有参考意义的克服现代性的某些负面弊端的思路。

中华文化，首先是汉字文化。它重整合，重大概念，重万事万物间的关联，重书写与万事万物的统一。它不是着力于塑造人格神，而是追求终极概念——理念之“神”，如道、通、大、一、仁、义、天、易。追求自高而低、自低而高、自大而小、自小而大的思维秩序与社会秩序。

中华文化是一个泛道德主义的文化。它强调人伦关系，强调和谐与秩序的理想，主张克制无限竞争与不断膨胀的欲望，强调人生而有之的伦理义务，强调敬天与天人合一。这虽然有它的不足，影响了数千年来中国的科学技术的发展与文化创新，但同时，它维护了中华大国的延续与统一，帮助中华民族渡过了重重难关，以充满活力的姿态进入了21世纪。同时，今天看来，它对于回应恶性竞争、欲望的恶性膨胀、生存压力的畸形增重与飞速发展中的浮躁心理这种种“现代病”，是有积极意义的。

同时，中国文化又具有一种天行健、君子以自强不息的积极进取取向。它较易与迅猛发展的现代性接轨，它接受发展是硬道理的思路，较少那种仇视现代性、敌视科学技术的心理与不求上进、消极懒惰的人生态度。

地球不能垄断，文化不可单一，中华文化，是现代世界主流文化、以欧洲为中心的基督教文明的最重要的参照系统之一。

文化的软实力，关键在于它的有效性，我所说的有效其含义是：

第一，它能提供越来越好的生活质量与生活乐趣，提供受这种文化熏陶的大众以幸福、满足、欣悦与尊严，它扎根于人民群众之中，使人们喜爱与尊敬这种文化。简单地说，它是以人为本的文化而不是以人为敌为奴的文化。

第二，它有足够的凝聚力与亲和力，能够使受这种文化覆盖与影响的人，和善起来，聚拢起来，而不是恶斗不已，极端、恐怖、分裂。

第三，它能坚持自身的特色，自己的性格，独树一帜而又友好立身，正确地处理与异质文化的关系，能够与外来影响切磋交通，也能撞出火花，取长补短，互利互补。既不会动辄失去自信，屈服于强势的文化压力，自我瓦解；也不会盲目排斥异端；不会在急剧的全球化现代化进程中陷入认同危机，即失去自身的身份认定，陷入绝望与仇恨。

第四，它有足够的想象力与创造性，有足够的自我调整、自我更新与抗逆能力，它能够与时俱进，苟日新、又日新、日日新，自强不息。同时又有足够的对于自身的传统的珍爱与信心——文化自觉与文化自信。

我们已经并正在克服面临急剧走向现代化、全球化的世界所产生的紧张、困惑、焦虑与进退失据，我们一定能够做到文化兴国，创造历史，并为全人类作出更大的贡献。

《剑北篇》的足迹

舒 乙

摘要：老舍先生在抗战初期作为中华全国文艺界抗敌协会的代表参加全国慰劳总会北路慰问团，到长江以北各战区去慰劳抗战将士，从1939年6月28日到12月9日，历时165天，行程约1.9万里，四进西安，两过延安，北到陕西榆林、宁夏石嘴山，西到甘肃武威、青海西宁，东到陕西秋林、河南洛阳，南到湖北襄阳、老河口。长诗《剑北篇》写于1940年，耗时近一年，详细记叙了此次远行，其中提到的城市地名多达74处，原计划写一万行，后因身体不支，实得27段，共3661行，其文学特点是新旧相融，用白话文行诗，力求通俗易懂，但行行用韵，而且每段一韵到底，便于读诵上口，富有音韵美，实为诗歌创作的一种新试验。在内容上《剑北篇》有五大特点：一、不直接写慰问对象和过程，二、丝毫不涉及党派，三、只写抗战，只为救国，四、写老百姓，着重写下层大众，写祖国河山和中华悠久历史，五、讲述文化的作用和当下的文化缺失。《剑北篇》边写边发表，并于1940年出版了土纸的单行本，曾被誉为抗战时期的至力新诗改良的两部最好的长诗之一，但历来被研究得很少，受重视不够。本论文附有足迹地图。

《剑北篇》是一部长诗集，是老舍先生创作于1940年的一部重要作品，记述的是他于1939年下半年在长江以北各战区慰劳抗战将士的经历。那次远行历时165天，行程1.9万多里，到过74处城池，遍及四川、陕西、河南、湖北、宁夏、伊盟、甘肃、青海八省，所见所闻极为丰富。

《剑北篇》是一部重要的作品

说《剑北篇》是一部重要的作品有以下几个原因：一、它所记述的旅程是老舍先生一生的一段重要经历，当时他40岁，正值中年，一路上在体力上是很劳顿辛苦的，在精神上却是一次很好的锻炼，极大地丰富了他的见识，遍游了祖国大好河山，见识了中华文化的悠久和博大，又深入到大小城镇和乡野，接触了许多在苦难中挣扎的普通农民、士兵和知识分子，因此，对他本人来说，这是一次修炼和积累，宛如人生大学，从这个意义上讲，《剑北篇》可以当成老舍先生人生的一个小的里程碑。二、《剑北篇》并未写完，只是原计划的三分之一多一点，但已耗时近一年，写得很慢，也很苦，自找了一道难题，因为虽是白话诗，是新诗，但要追求形式美，讲究音韵，故意行行押韵，而且每大段一韵到底，平均140多行只用一个韵，纯属自讨苦吃，有时一天才得一二十行，坚持了一整年，应该说由《剑北篇》的创作可以看出老舍先生的勤劳和坚韧。当时正值抗战的高潮，生活很艰苦，又孤身一人，环境非常恶劣，在这样的情况下，终日为艺术的完美，为韵脚的推敲而冥思苦想，确实体现了一个有责任心的艺术家的执着和毅力，道出了老舍先生创作成就的来之不易。所以，《剑北篇》宛如一面镜子，如实折射出老舍性格的一个侧面，它是很难得的一个好例证。三、《剑北篇》的政治立场非常有趣，表面上看绝对中立，须知，老舍先生加入的全国慰劳总会北路慰问团，形式上是个统一战线性质的临时组织，体现了国共合作一致对外，有各方面的代表参加，老舍先生是无党派，代表文艺界，但总团团长是张继，辛亥革命元老之一，政治立场上是个一贯极右的政治家，北路慰问团团长是贺衷寒，是当时的国民党中央宣传部长，实际上该团的官方色彩是很明显的，在这种背景下，作者绝对中立的态度，实际上是持远离国民政府的立场，这是需要相当的独立思考能力和政治勇气的，说明此时老舍先生的政治成熟度已达到了相当高的水平，写什么和怎么写是经过了深思熟虑的，有着完整的构思和既定的方向，这一点既很独特，又很不简单，也构成了《剑北篇》的重要性之一。四、《剑北篇》的艺术成就也不容忽视，它曾被誉为抗战时期中国新诗改良尝试方面的两部最好的长诗之一。

足迹

1939年6月28日老舍先生随团由重庆出发。当夜住在内江。29日抵成都，住两晚，7月1日抵绵阳。7月2日抵剑阁，7月3日到广元。7月4日出川。

7月4日入陕，住褒城，7月5日过武侯祠经勉县抵汉中。7月6日到石门。7月7日到留坝，谒留侯祠。7月8日经双石铺（凤县）到宝鸡。7月9日到西安，停5日。7月15日经灵宝到潼关。

7月16日入河南，路过陕州，遭日军轰炸，险些遇难。7月17日抵洛阳，停留18天。7月30日抵临汝。7月31日到叶县。8月1日抵南阳。8月2日抵邓县，8月3日出豫入鄂。8月3日到湖北老河口，活动6天。8月10日启程赴襄阳，8月11日抵襄阳，活动两日，8月14日返回老河口。8月15日再度入豫，抵邓县。8月16日经内乡，抵西峡口，8月17日入陕。

8月17日住商南的龙驹寨。8月18日经武关、蓝关，过四皓寺，至商洛县。8月19日经蓝田抵西安。在西安活动到月底，共11天，到过临潼、终南山，8月31日离西安向北。9月1日经泾阳、三原、耀县，至黄陵。9月2日过洛川到宜川，在途中桥断车翻二度遇险。9月3日到秋林、兴集，活动4天。9月8日到富县，途中过洛水时洪水暴发，几葬身山洪中。9月9日经甘泉抵延安，活动1天。9月11日到清涧。9月12日到绥德。9月14日经米脂、镇川抵榆林，活动4日。9月19日返回绥德。9月20日住永平。9月21日回延安，活动1日。9月23日到洛川。9月24日经同宫（铜川）到耀县。9月25日过三原抵西安，活动5天。

10月1日离西安，10月4日抵甘肃平凉，10月5日到通渭，10月6日达兰州，活动7天，其中10月11日去榆中的兴隆。

10月 14日抵青海西宁，活动5天。

10月19日抵甘肃永登。10月20日到武威。10月23日经永昌返回兰州，活动5天。

10月31日抵宁夏固原。11月1日经同心到中宁。11月2日到吴忠。11月3日抵银川，活动两天。11月6日到石嘴山。

11月8日到伊盟的陕坝。10日到五原，12日到临河。13日到渡口。11月14日至23日经宁夏的石嘴山、银川、中宁、固原、甘肃的平凉、陕西的邠县（彬县），返回西安 ，活动3天。11月27日离西安，经宝鸡、庙台子、宁羌，入川，经四川广元、梓潼于12月3日抵成都，12月8日离成都住内江，12月9日回到重庆。

总计：1939年6月28日至同年12月9日，共165日。

共经四川、陕西、河南、湖北、宁夏、伊盟、甘肃、青海8省，约74处城池，其中四进四出西安、两过延安、兰州、银川、老河口。慰劳团曾向一战区的胡宗南将军（西安），二战区的阎锡山将军（秋林），三战区的李宗仁将军（襄阳）、汤恩伯将军（老河口），五战区的朱绍良将军（兰州），第十七军团的马鸿奎将军（银川），第十八军团的朱德将军（榆林），八路军三五九旅的王震将军（绥德）以及五原的傅作义将军和西宁的马步芳将军等献旗并慰问官兵。

总行程约1.9万多里。

《剑北篇》对陕甘宁边区的描述

现在看来，《剑北篇》的一大历史功绩是老舍先生对当时的陕甘宁边区有较大篇幅的描述，这是中国著名作家对解放区最早的记录，有着突破性的意义。

《剑北篇》一共有27段，总计3661行。

《剑北篇》的第24段叫《宜川—清涧》，第25段叫《清涧—榆林》，第

26段叫《榆林—西安》。这三段都有关于陕甘宁边区的内容。其中第24段《宜川—清涧》里由第66行起，共有129行是描写解放区的，第25段《清涧—榆林》整段都是，共有158行，第26段《榆林—西安》前19行也是关于解放区的。这三段里描写陕甘宁边区的诗句总加起来共有306行，占《剑北篇》全诗的8.4%，即有1/12的篇幅是用于描写陕甘宁边区的，其中关于延安的描述共有79行。其余依次是关于米脂——镇川、清涧、榆林、绥德、永坪——延川的，分别是65、40、36、25和19行。

对延安的描写借用了反衬法，一开始想象着期待的是人稠影乱、万家灯火和气暖声喧，但城里城外看到的却是一片断瓦颓垣，只有默默的水和寂寂的山。原来，日寇的飞机此前已把延安炸成了一片废墟，敌人妄图用这种办法去征服延安，去毁灭延安。写到这儿，诗人的笔锋突然一转，请看：

看，那是什么？在山下，在山间，
灯光闪闪，火炬团团？
那是人民，那是商店，
那是呀劫后新创的：
山沟为市，窑洞满山，
山前山后，新开的菜园梯田；
噢，侵略者的炸弹，
有多少力量，几许威严？
听，抗战的歌声依然未断，
在新开的窑洞，在山田溪水之间，
壮烈的歌声，声声是抗战，
一直，一直延到大河两岸！
在这里，长发的文人赤脚终年，

他们写作，他们表演，

他们把抗战的热情传播到民间，

冷笑着，他们看着敌人的炸弹！

焦急的海盗，多么可怜，

轰炸的威风啊，只引起歌声一片；

唱着，我们开山，

唱着，我们开田，

唱着，我们耕田，

唱着，我们抗战，抗战，抗战！

老舍先生用这种热情的笔法歌颂了延安的新生、延安的不屈和延安的抗战实际行动。他特别提到了延安的歌声，把歌声当作延安的象征和化身。

据报道，慰劳团到达延安时曾受到毛泽东主席和延安各界代表的夹道欢迎。9月10日晚上，毛泽东主席在延安招待处会见了慰劳团全体成员，并设宴招待，毛主席和老舍还碰了杯。宴会后一同前往中央大礼堂，参加延安各界召开的盛大欢迎会。会上老舍听到了《黄河大合唱》，极受感动，连说："气魄真大，好热情！"在当晚的欢迎大会上，毛主席、张继总团长、贺衷寒团长和老舍先生先后致词。第二天的延安报纸《新中华报》全文刊登了毛主席热情洋溢的讲话。在晚会上老舍先生还被与会者"拉歌"，他站起来当着毛主席和延安各界代表的面清唱了京戏。

在由伊盟和榆林返回延安时，9月21日晚延安各界又一次举行盛大晚会招待慰劳团。在《剑北篇》里，老舍先生对这次晚会有如下记述：

到延安，又在山沟窑洞里备受欢迎：

男女青年，谐音歌咏，

中西乐器，合奏联声，

自制的歌，自制的谱，由民族的心灵，

唱出坚决抗战的热情；

为了抗战宣传，话剧旧剧兼重，

利用民歌与秦腔，把战斗的知识教给大众。

9月22日下午4时，慰劳团和延安文化界、青年团体和报界开座谈会，由艾思奇主持，毛主席到会讲话，老舍先生作了文艺形势的报告。晚9点，共进晚餐，至夜12点结束。

对比起来看，《剑北篇》里对延安的记述是在所有的所到之处中写得最为明快的，既客观，又公允，字里行间流露出作者感受到的朝气和鼓舞，留下了一笔难能可贵的精彩记载，宛如史诗的一个华章。

五个特点

《剑北篇》的第一个特点是并不直接写慰劳的对象和过程。这个特点非常神奇，而且反常，不合逻辑，因为似乎完全背离了慰劳团的初衷和目的。仔细想想，这个特点却是老舍先生的真正高明之处。当时各个主要战区的司令或是蒋介石的黄浦嫡系，或是地方军阀出身的霸主，或是以“剿共”闻名的闹摩擦专家，虽然当时是抗战时期，其中有的人是爱国的，在对日战斗中立有战功，但毕竟都是政界的上层人士，从长远观点看，绝大多数都是过眼烟云，不会在历史上留下什么英名，更不会永垂青史，所以，不提他们的名字也罢，不去描述向他们献旗的过程也好。历史证明，老舍先生这种思考是非常有远见的，在后来的历史巨变中，当时的这些军人后来多数都成了历史的罪人，不出十年他们就的确被历史永远地遗弃了，而且被人遗忘了，非常“短命”。相比之下，士兵和普通百姓却是永恒的，文化和政治相比，文化永远是第一位的，是长寿的，是延绵不断的。所以，在《剑北篇》里，主角是人民大众，重点是文化，这两条构成了《剑北篇》的灵魂。

《剑北篇》的第二个特点是丝毫不涉及党派。如前所述，慰劳团的官方色彩很浓，总团长和分团长都是政界的大老和高官，团员和随团记者中也有许多官方的代表和御用媒体的代表，只有张西洛、刘尊棋等少数人是真正的民主人士和左翼新闻人士，像老舍先生这种无党派知名爱国人士更是凤毛麟角。当时的全国政治局势正值第二次国共合作的高潮，以毛泽东同志为首的共产党人提出的统一战线方针在“西安事变”之后被蒋介石被迫接受，国内局势处于相对平和的阶段，虽然也有小摩擦，但八路军和陕甘宁边区都是合法的存在，而且由于高举抗战的大旗，在民众中日益享有较高的声誉。从力量对比上看，主战场始终是由国民政府统率下的各大战区担当，八路军承担着次要的配角作用，以敌后游击战和牵制分散敌军力量为己任。总之，当时的国共两党关系极为微妙，极为敏感，存在着许多不确定因素，在这种形势下，文学作品要公开发表，要站得住，要真正起作用，最高的原则就是不公开触及两党关系，不涉及党派。这样做的最大好处就是得以摆脱官方的利用，永远和官方保持一定的距离，争取自己的主动和发言权，维护自己的独立性。实践证明，只有这种立场才能使自己的作品真正获得长久的生命力。

《剑北篇》的第三个特点是只写抗战，只为救国。既然不写慰问对象和过程，又不涉及党派，那《剑北篇》写什么呢？一句话，只写抗战，只写救国。正像老舍先生自己所说，他在抗战期间，自己的每一句话，每个作品，每个行动，都离不开抗战，无时无刻不在想着抗战，为抗战而生，为抗战而写。历史证明，他实践了自己的诺言，在那八年里，的确，老舍先生的每一部作品，小到一篇大鼓词，一小段相声，大到一部话剧剧本，一部长篇小说，都只有一个内容，那就是抗战，其中，最杰出的代表，就是百万字长篇巨著《四世同堂》，它不仅成了老舍先生自己的代表作，也成了中国现代文学的经典之作。长诗《剑北篇》

正是老舍先生抗战初期的一个有典型意义的作品，3661行中的每一个字都围绕着抗战，由头到尾都浸润着这位作家的爱国之情。诗歌这种文体正好可以抒情，可以呐喊，可以传达心声，可以把一腔热血都泼洒在读者面前，真正成为呕心沥血之作。诗歌和小说不一样，小说的情是隐式的，是讲故事，用故事用人物把读者感动了，让读者自己去下结论；诗歌则不同，诗歌是烈火，诗歌用最凝练的语言，最神采的词组，最出人意料的编排，去直捣人心，像闪电，像雷鸣，激发你，鼓动你，燃烧你，直达主题，教你舍去生命，为国为民甘愿去做任何事情。《剑北篇》就是一团火！

《剑北篇》的第四个特点是着重写百姓大众，写祖国河山和中华悠久文化。《剑北篇》的主题是抗战，但内容却因游历广阔而丰富，并不显得单调和枯燥，主要内容包括了四个部分：一是历史，包括各地的名胜古迹。二是大好河山，自然景色，山山水水。应该指出，不论是写名胜古迹，还是写大好河山，《剑北篇》在现当代作家的作品中都是首屈一指的，是创纪录的，是没有人能超过的，首先是在数量上、范围上无人能匹敌，内容极为丰富多彩，3661行诗中容纳了非常详尽而殷实的描述，因为那都是作者亲自走过的土地，一里一里地走，有时乘车，有时骑骡，有时坐舟，有时步行，长达1.9万里，耗165天，遍及8省74城，对所到之处的描写都是亲见、亲闻、亲身体验，所有的感受都极为实在，极为原真；其次是非常详细，所有的描述都很细致，包括西北黄土高原具体是什么样子，那土，那坡，那沟，那窑，那草，那石，那路，那涧……事无巨细，一一记录在案，令人绝对有身临其境之感，读下去最终会由衷地产生对作者的敬佩之情；再次是诗人对景物充满了感情，所有描述都是抒情的，都有联想，挥洒自如，上至五千年，大至宇宙，下至此时今日，小至寒窑辟壤，绝不平摆浮搁，也绝不就事论事，仿佛都被他都拉到了眼前，装在了心里，而和眼前的一切都发生了关系。三是揭露日寇的残暴罪行，尤其是狂轰滥炸给后方带来的毁灭性灾难。四是人民生活的艰苦，国力的衰败和落后，以及由此带来的现状的处处凋零和败落，另一方面是百姓的善良、勤劳、坚韧和可爱。诗中出现的人物很少，而这些少数的人物居然是普通的农村老汉，是扛枪杀敌的普通士兵，是几岁的乡村孩子，他们的出现为《剑北篇》找到了“魂”。活的人和死的物两者形成强烈的反差，在《剑北篇》里有明显的展现，由此产生的感慨和随想比比皆是，既有反思，又有激励，组成作家头脑中苦苦思索的诸多问题，所以，诗人常常心潮起伏，思绪万千，情涛涌动，而这正是写诗的好境域。

《剑北篇》的第五个特点是讲述文化的作用和当下的缺失。老舍先生一路走下来，让他感受最大的也是最痛心的是文化的缺乏和人民大众对文化的渴望与需求。老舍先生在《剑北篇》里用了很大篇幅来描述这种普遍存在的精神疾苦。他说有的地方好不容易有了一场戏看，但全是陈词滥调，词老，故事也老，有的甚至全是封建糟粕，包括给战士们看的也逃不掉这些东西；而文艺工作者也很可怜，费了好大的劲，搞出的东西竟毫无新意，不仅内容空洞，而且语言也公式化，赶不上时代，落后于群众的需求，完全辜负了时代精神，完全和抗战脱节。他在《剑北篇》里大声疾呼，无论如何要改变这种状况，要向西北输送精神食粮，要进行精神扶贫，要继续大力提倡“文章入伍，文章下乡”。要给前线送新书，送新诗，送新戏。在《剑北篇》里作者甚至对秦腔等地方戏提出了改造的真知灼见。他中肯地说：“悲郁是秦腔的基调”，但是他对所见到秦腔剧目又提出了批评：“可是举动太毛，锣鼓乱吵；歌腔雄浑，动作轻挑，不中节的锣鼓又使动作无效！再加上白口的急促，脸谱的粗糙，使浑厚苍茫的气息变作村野繁闹！”他进而对秦腔的新班提出了建设性的改进建议，“剧词太白，道白急躁，剧情的新鲜，不是感动，成了唯一的号召，假若，更加强一些民间的情调，由最俗的语言见出文艺的技巧；假若，更大胆一些，从改造而创造……利用民间的故事，插入歌谣，也许能更亲切，更多实效，从抗战中给秦腔找出新的道路。”老舍先生的这些见解，即便在今日也是具有极普遍的现实意义的高见，可以当作戏改的方针和具体办法。

老舍先生回到重庆之后，立刻向重庆的文化界作了报告，讲述自己西北之行的旅途观感，他大声疾呼，要用文化支援大西北的开发。《新中华报》接着发表了社论，题目叫《积极加强战地文化工作》，热情地评价了老舍先生的建议，号召一切从事文化工作的人到战区去，后方文化工作者应设法解决西北文化恐慌问题，争取抗战的最后胜利。

《剑北篇》是一个高度的统一，将理想、将追求变成现实、变成实践。

《剑北篇》是一个心血的结晶。

《剑北篇》是一个伟大的试验。

《剑北篇》创下了好几个新诗的第一：一韵到底的新诗、借用历史和典故最多的新诗、涉及城镇地名数量最多的新诗、描写祖国大地景色最细最美的新诗、句句都紧扣现实因而主题最鲜明的新诗。

《剑北篇》里阐述的文艺的最高境界是大写的真理：

我们要写，墨是血，笔是刀，
把英雄的事迹，胜利的信条，
铭刻在历史的心上，使千秋百代永远崇高！
美的崇高，
是爱的开导，
……
去看，去看，看水阔山高，
看自然给中华的奇珍异宝，
受了美的熏陶，
燃起爱的火苗，

使热血与行云，诗声与虎啸，
结成爱与美的心潮，
用崇高的热情使江山完好！

《帝制的终结——简明辛亥革命史》序言

杨天石

原始社会实行氏族民主制，无所谓帝制。帝制，全称君主专制制度，或称皇权专制主义，源自原始社会的酋长制。中国传说中的尧、舜禅让应该属于氏族民主制，而夏禹传子应该是帝制的雏形。公元前221年，出生于赵国邯郸的39岁的嬴政统一中国，建立了统一的中央集权制的秦帝国。他自称始皇帝，设想此后的历史就这样“二世”、“三世”地传下去，万世一系，以至永远。“百代都行秦政法”，秦帝国虽然二世而亡，此后的中国，朝代不断更迭，君主专制制度却一直延续下来，始终是中国的统治制度，长达2000多年。

君主专制制度的特点有以下几个：1. 皇帝掌握至高无上的绝对权力，国家的行政、立法、司法三大权力都集中到一个没有任何限制，不受任何监督的个人身上。因此，社会兴衰、国家强弱、民生苦乐，也均系于一人之身。2. 实行终身制和以宗法血缘关系为继承原则的世袭制。皇帝没有任期，童稚幼儿可以登基，老昧糊涂不须去职。其人不论德或不德，才或不才，即使是痞子、流氓或者低能、弱智，均可按照宗法血统原则承袭。3. 以天命论为护符。皇帝又称天子，宣称其统治的合法性来自天命，神圣不可侵犯。反对皇帝，那就是逆天，是最大的罪恶和不道。不论是庸君、昏君，甚或暴君，人民都只能接受、拥戴而无权另择。因此，君主专制制度是一种十分落后、十分腐朽的制度，它和中国自给自足的地主——小农经济相结合，构成了我国的中古社会——皇权专制地主小农社会，也就是人们通常所说的封建社会，使中国长期陷于发展缓慢、滞后的状态。[1]

然而，这个在中国延续了2000多年的君主专制制度却在公元1911年被推翻了。那一年，按照中国传统的纪年法，是辛亥年。当年10月10日，爆发武昌起义。从那一刻起，历史老人突然青春焕发，健步如飞。自武昌新军打出第一枪起，至南京临时政府成立，亚洲第一个共和国——中华民国诞生，不过前后80多天，三个月不到。如果从孙中山在异国他乡成立兴中会，提出“振兴中华”的伟大口号算起，也不过18年。在一个幅员辽阔、浩瀚无垠的超级大国里，推翻绵延多年、根深蒂固的君主专制制度却如此迅速，不能不是一个奇迹。

凡革命，大都免不了流血、牺牲、破坏。有一种说法：革命不是请客吃饭，不是绘画绣花，革命是暴动，是一个阶级推翻另一个阶级的暴动。辛亥革命前，康有为曾经以法国革命为例吓唬人们说，革命会人头滚滚，血流成河，伏尸百万，然而，辛亥革命虽然有流血，有牺牲，但是并不大，社会更没有大破坏。苏州反正时，为了表示象征意义，只命人挑去了巡抚衙门屋顶上的几片瓦。不旋踵之间，制度大变，出现了新旧两重天的迥异局面。这不能不算是个奇迹。

辛亥革命之所以胜利快，代价小，原因很多，其原因之一在于满洲贵族集团的自作孽，不可活。

满洲贵族入主中原，靠残酷的屠杀与严酷的镇压建立统治秩序，本来就缺乏正当性与合理性。晚清末年，国势衰微，政权腐败，列强入侵，满洲贵族割地赔款以求苟安，其统治就更加缺乏合理性与正当性。甲午战败，维新运动兴起，以慈禧太后为首的满洲贵族集团镇压了维新派，使中国失去了一次改革、奋起的机会。紧接着，义和团运动失败，八个帝国主义国家联合入侵，慈禧太

1 我将中国历史分为远古（传说时代）、古代（夏至战国）、中古（秦至清中叶）、近代（鸦片战争至中华人民共和国成立）、现代（中华人民共和国成立以来）等几个阶段，其中中古时代，我称之为皇权专制地主小农社会，其特征为地主、农民的小农经济组合与皇权专制主义，其理由在此不能详论。

后抛弃国都，挟光绪皇帝西逃，这是中国多年未有的奇变。庚子回銮，满洲贵族集团创巨痛深，不得不捡起被他们否定过的维新派的改革方案，实行“新政”。客观地说，这次改革在某些方面迈出的步子更大，是有成绩的。例如，废科学，兴学堂，奖励实业，鼓励资产阶级发展，以及编练新军，实现军事现代化等。

对“新政”的成绩，人们应该承认，但是，不应该夸大。在实行“新政”的过程中，满洲贵族集团始终拒绝对君主专制制度作实质性的改革。一方面，它派人出洋考察，宣布预备立宪，摆出一副要引进世界先进政治制度的姿态，但是，1908 年颁布的《钦定宪法大纲》、1911 年成立的“皇族内阁”却彻底暴露了满洲贵族集团的虚伪和顽固。

《钦定宪法大纲》宣布“大清皇帝统治大清帝国，万世一系，永永尊戴”。“君上神圣尊严，不可侵犯。”皇帝可以颁行法律，发交议案，召集及解散议院，设官制禄，黜陟百司，统率陆海军，编定军制，订立条约、总揽司法，委任审判衙门，集诸般权力于一身；对“臣民”则规定了种种“不得置议”、“不得干预”的限制。它虽然也照虎画猫，学着西方宪法，规定“臣民”有言论、著作、出版及集会、结社等自由，但强调必须在“法律范围”之内，实际上将这些“自由”又取消了。1909 年，慈禧太后临危，在去世之前，抢先毒死光绪皇帝，命令只有三岁的小儿溥仪即位，由光绪皇帝的亲弟弟载沣摄政。载沣摄政后，首先致力于集中军权，然后，进一步将政治权力集中到满洲贵族手中。1911 年，载沣宣布内阁名单，在 13 个内阁成员中，汉人仅 4 人，而满族大臣则有 9 人，其中皇族 5 人，所以当时被称为“皇族内阁”。

《钦定宪法大纲》的颁布和“皇族内阁”的成立，表明满洲贵族集团不想“让权于民”、也不想“分权于民”，相反，却将权力更多地集中到君主个人和一小撮贵族手中。晚清时期，中国出现过立宪派和颇具规模的国会请愿运动，他们求稳怕乱，害怕激烈的革命会造成社会的巨大变动和破坏，力图走君主立宪道路，但是，满洲贵族集团的倒行逆施让他们彻底失望。1911年，满洲贵族集团宣布铁路国有，与民争利，这就彻底与广大人民对立。轰轰烈烈的保路运动兴起，几乎所有的人都站到了革命方面，武昌起义的炮声一响，立刻风起云动，全国响应。革命在哪里发生，何时发生，有其偶然性，但是，在偶然性中，又存在着历史发展的铁的必然性。

辛亥革命成功，亚洲第一个共和国——中华民国诞生，紧接着六岁的小儿溥仪退位，帝制终结。但是，孙中山很快就让位于袁世凯，袁世凯很快又复辟帝制。论者常常以此责难辛亥革命，贬损其价值。然而，殊不知，革命党人胜利虽快，却缺乏争取彻底胜利所需要的力量。定鼎南京后，缺乏北伐所必需要的经费，四处借贷，四处碰壁。革命党人的金库里一度只剩下10块大洋，不仅无法支付进军北京所必需的庞大军费，连维持政府的周转也艰窘异常。在这种情况下，何能北伐！更何能彻底革命！

当孙中山风尘仆仆，自海外归国时，就曾制订策略。那时，孙中山的亲密助手胡汉民已经出任广东都督，劝孙留在广东，练兵北伐，对抗已经掌握清政府军政大权的袁世凯，然而，孙中山不以为然地说："谓袁世凯不可信，诚然，但我因而利用之，使推翻260余年贵族专制之满洲，则贤于用兵十万。纵其欲继满洲以为恶，而其基础已远不如，覆之自易，故今日可先成一圆满之段落。"[1]所谓"利用"，就是应许袁世凯，只要其"反正"，就推举其为民国大总统。果然，袁世凯为总统的宝座所诱惑，停止进攻革命军，与革命党人谈判议和。其后，孙中山虽多方筹集经费，准备北伐，直捣北京，以便彻底推翻清帝国统治，为民主、共和奠定坚实基础，但是，筹款始终没有进展，孙中山不得不采取此前所订策略，接受和议。不久，清帝即宣布退位。世界历史上出现了一个"以和平收革命之功"的例子。[2]袁世凯后来虽然背叛了自己的诺言，在1916

1《胡汉民自传》，《革命开国文献》第一辑，《史料》一，台北"国史馆"1995年版，第141页。
2 许师慎《孙中山先生自美经欧返国》，《革命开国文献》第一辑，《史料》三，第2061页。

年当了皇帝，但是，只当了83天，就在全国人民的反对中倒台并且一命呜呼了，完全应验了孙中山的“覆之自易”的预言。次年的张勋复辟寿命就更短，只不过12天。中国历史上前所未有的民主共和制度终于确立。从这个意义上，孙中山是大智者，是最终的胜利者。

孙中山曾经将清朝的司法比喻为希腊神话中国王奥吉亚斯的“牛圈”，养了3000头牛，30年中从不打扫，粪秽堆积如山。实际上，中国的专制制度，特别是皇权专制制度也是这样的“牛圈”。辛亥革命胜利得快，代价小，自然难免有其弊病，这就是孙中山早就说过的：“清朝遗留下之恶劣军阀、贪污官僚及土豪地痞等之势力依然潜伏，今日不能将此等余毒铲除，正所谓养痈遗患，将来种种祸患未有穷期，所以正为此忧虑者也。”[1]但是，这只能说明，中国需要打扫和清除的“粪秽”太多，历史包袱过于沉重，即以君主专制主义而言，它既然绵延2000余年，又何能在短时期内就铙歌奏凯，彻底清除其影响和流毒。辛亥革命只是“先成一圆满之段落”，就这一点上来说，它是成功的。我们不能要求它在短时期内完成所有中国革命应该完成的任务。段落不是文章，孙中山和他的同志们一生都在写一篇大文章。为此，孙中山辛勤奋斗，鞠躬尽瘁，至死方已。他也一直提醒人们：“革命尚未成功，同志仍须努力。”我们纪念辛亥革命，就要继续写好这篇大文章。

辛亥百年，辛亥革命研究也已百年，但是，对这次革命的若干基本问题似乎还可以讨论。例如，多年来，人们将辛亥革命定义为资产阶级革命，其领导力量定为资产阶级革命派。但是，对此却一直缺乏认真的、充分的、强有力的论证，也很少有人要求这样的论证。似乎是一种无须论证，不言自明的真理。其实不然。

在西方，推翻君主专制制度本来是资产阶级的任务，但是，中国的辛亥革命却与之不完全相同。第一，这一革命的目的之一是反对满洲贵族集团，具有

1 《孙中山三赴纽约》，《近代史资料》，总第64号。

种族斗争的意义，这是西方资产阶级革命所没有的。第二，这一革命发生的主要原因在于列强入侵，中国面临瓜分危机，救亡图存成为第一紧急要务，这也是西方资产阶级革命所没有的。第三，西方资产阶级革命时，它面对的是专制制度、封建贵族等敌人，但是，当它革命成功、资本主义发展起来之后，很快就发现自己的身后站起一个新的反对者，这就是早期的工人阶级和工人运动。中国的革命者有鉴于此，力图避免资本主义前途，或者取其“善果”，避其“恶果”，节制资本主义在中国的发展。南京临时政府成立后，并没有提出强有力的、有利于发展资本主义的政策，在这一方面，他们还赶不上清政府实行的“新政”。关于此点，读者只需比较“新政”时期发展资本主义的措施和南京临时政府颁布的多项法令，就不难明白。当然，他们的某些政策，例如，实行“平均地权”，征收单一的地价税，免除其他税种，会有利于资本主义的发展，但是，当时的革命党人却视之为消灭贫富差别、造福全民的良方。我觉得，如果就这次革命过程中提出的动员口号来说，革命党人的主观愿望是使革命成为种族革命、政治革命、社会革命的三合体，但是，革命党人所期望的“社会革命”始终未及实行，因此，就这次革命的实际内容来说，是以推翻满洲贵族为主体的君主专制制度的爱国的民族、民主革命。

关于这次革命的领导，最初的一种说法是资产阶级、小资产阶级领导的，后来干脆省略小资产阶级，只说是资产阶级领导的了。但是，遗憾的是，中国资产阶级并不为这说法争气，放眼辛亥革命史，资产阶级热衷的似乎只是收回利权运动一类的爱国抗争和立宪运动一类体制内的改革，对体制外的革命并不感兴趣，他们宁愿跟着康有为、梁启超和袁世凯跑，而不愿意追随孙中山。有鉴于此，有些学者不得不提出，中国民族资产阶级分上层和中下两个阶层，辛亥革命是民族资产阶级中下层领导的，然而，客观存在的历史事实也并不支持这种说法。有关史家们说不出这两个阶层是如何划分的？各自的代表人物是谁，其经济地位如何影响着他们政治主张的分野？客观存在的事实是，辛亥革命前后，中国只存在一个发达不足、力量微弱的资产阶级，资产阶级只支持一种政治主张，走康有为、梁启超倡导的君主立宪道路。只是在革命即将或已经在全国爆发时，资产阶级和“立宪派”的士绅们才逐渐地、部分地转向革命。

辛亥革命的领导者实际上是一批青年学生，留学生或者国内新式学堂的学生，也就是19世纪末至20世纪初在中国出现的新型知识分子。据统计，至1905年，仅当时在校的留日学生就有八九千人之多，而至1910年，国内新式学堂的学生已达150余万，成为一支很大的社会力量。这批人，和中国社会的传统知识分子不同，所受的不只是儒家文化的浸染，也不需要通过科举以谋进身之阶。在他们的思想、文化结构里，既增加了声、光、化、电等近代自然科学知识，也增加了西方17世纪以来逐渐发展起来的民主主义以至社会主义的成分。他们在校或者离开学校后就成了职业革命家，或者投笔从戎，成为“混”进军队的职业军官和职业士兵，有的则“拿起笔，作刀枪”，成为投身新兴文化事业的脑力劳动者，办报，办学堂，办出版社，当记者、教师、文人。众所周知，马克思主义是根据人们在社会生产体系中的地位，同生产资料的关系，在社会劳动组织中所起的作用，以及取得社会财富的方式来划分阶级的。这批革命者大部分尚未进入社会经济结构，人们根据什么来为他们划阶级呢？能根据他们的思想和世界观吗？须知，其中有若干人向往“社会主义”，主张“社会革命”呢！在《民报》发刊词中，孙中山就明确表示：中国不能重走欧美资本主义老路，他说：“近时志士舌敝唇焦，惟企强中国以比欧美，然而欧美强矣，其民实困。观大同盟罢工与无政府党、社会党之日炽，社会革命其将不远。吾国纵能媲迹于欧美，犹不能免于第二次之革命，而况追逐于人已然之末迹者之终无成耶！”[1]朱执信在《民报》发表的文章曾大骂资产阶级是“掠夺盗贼”，[2]

1 《孙中山全集》第1卷，中华书局版，第288-289页。
2 《德意志社会革命家小传》，《民报》第2期。

后来孙中山也大骂资本家“无良心”，“以压制平民为本分”，“对于人民之痛苦，全然不负责任”。[1]将大骂资本家的思想家定为“资产阶级”是不是有点冤？

某次讨论会上，一位学者表示：“孙中山不是资产阶级革命家，难道是无产阶级革命家？如果将孙中山定为无产阶级革命家，他一定会跳起来反对。”孙中山生前，曾表示要当“工人总统”。[2]将孙中山定为无产阶级革命家，他会不会跳起来反对，我看不一定，但将他定为资产阶级革命家，我估计他一定会跳起来反对。列宁在分析俄国革命时，曾经分析过俄国先后出现过的“三代人物”，第一代是十二月党人和赫尔岑等贵族知识分子，第二代是以车尔尼雪夫斯基和民意党为代表的“平民知识分子革命家”。第三代才是“无产阶级”。[3]可见，列宁不曾认为“非无即资”，政治舞台上除了这两大阶级外，没有其他阶级或阶层。毛泽东在分析五四运动时也曾认为，五四运动在其开始，是共产主义的知识分子、革命的小资产阶级知识分子和资产阶级知识分子三部分人的统一战线的革命运动。[4]他并没有说，五四运动是资产阶级领导的，还是无产阶级领导的，似乎至今也没有史学家或其他人对此做过判断。那么，我们有什么充分的理由论定早于“五四运动”的辛亥革命是资产阶级领导的呢？

在《民报》和《新民丛报》的辩论中，梁启超主张实行“制限选举”，反对给家无足够储粮、目不识丁的“贫民”以选举权和被选举权。在他看来，如果穷光蛋、大老粗们进了议会和政府，那么，就“不知议会果复成何议会，而政府果复成何政府”。[5]革命派与此相反，主张实行没有任何财产和文化限制的“普通选举”。反问说，何以家无足够储粮，就没有资格成为议员，“犹是横目两足，犹是耳聪目明，独以缺此区区阿堵故，不得有此权利，吾不知其何

1 参见拙作《孙中山与中国革命的前途》，《哲人与文士》，中国人民大学出版社 2007 年版，第 124 页。
2 《孙文力助工人之宣言》，《香港华字日报》，1921 年 6 月 9 日。
3 《纪念赫尔岑》，《列宁全集》第 18 卷，人民出版社版，第 15 页。
4 《新民主主义》，《毛泽东选集》合订本，人民出版社 1967 年版，第 660 页。
5 梁启超《开明专制论》，《新民丛报》第 75 号，第 21 页。

理也。”[1]在资本问题上，梁启超歌颂资产阶级是“国民经济之中坚”，认为中国应该“以奖励资本家为第一义”，为了与外资竞争，应该有大资本家，有托拉斯垄断集团。革命派则主张实行国家民生主义，将一切操纵国计民生的大企业掌握在国家手中，使国家成为大资本家。他们针锋相对地提出，不能只考虑资本家的利益，置其他人的利益于不顾，必须郑重研究财富分配问题，避免出现欧美社会贫富悬绝，劳动者如在地狱的情况。姑不论今天我们应该如何分析这些争辩的是非曲直，但这些情况至少可以说明，当时，梁启超等人是在为资产阶级说话，代表的是资产阶级的利益和要求，而革命党人则是在为广大人民群众说话。考虑到当时的革命者追求的是与君主专制相反的“共和”制度，以“平民”自居，自称所从事的革命为“平民革命”，因此，我以为称这批革命者为“共和知识分子”或“平民知识分子”较为恰当。

历史是已经发生过的历史。历史学家的任务是还原、重建、说明已经发生过的一切。有一种说法，当时，如果不革命，按照清政府“新政”的路子，或者按照康有为、梁启超设想的道路走下去，是不是更好？所付出的社会代价是不是会更小？历史不能假设，我不赞成这一种研究方法。因此，本书只以辛亥革命的实际发生过程为叙述对象，而不做离开这一过程的猜想式的分析和议论。

我踏入辛亥革命研究这一领域，如果从研究那一时期的文学团体南社算起，断断续续，已经50多年。如果从参加写作《中华民国史》第一编《中华民国的创立》算起，也有30多年了。其间曾比较深入地研究过孙中山思想、新型知识阶层的兴起，同盟会的内部矛盾、辛亥革命前夜的保界拒约运动、南京临时政府的财政困难与北伐夭折等专题，写作过若干篇论文，这些论文，大部分已结集为《从帝制走向共和——辛亥前后史事发微》一书，后来则收入拙作《杨天石近代史文存》中的《晚清史事》。2000年至2001年间，我还参加过蔡美

1 县解《论社会革命当与政治革命并行》，《民报》第5号第61页。

彪先生主持的《中国通史》第12卷的写作，负责撰写戊戌维新和辛亥革命两章的初稿。这本小书就是在综合自己的上述研究，又部分吸收前辈和同辈们的成果基础之上完成的。我的原则是：简明而不失其要；采择众说而又保持自己的独立见解，尽量发掘并利用新史料，希望以不大的篇幅，全景式地讲述辛亥革命的历史，使读者能以较少时间全面了解这一革命。我曾经想重读重要资料，更广泛地参考海内外诸家的著作，但是，中间插进了赴台访问、讲学，归来后，交稿期间已迫，只就这样见读者了。乱头粗服，在所难免，修订、加工，精益求精，期以异日。

皖浙贵之行

杨天石

登黄山

萦回山径入葱茏，怪岭奇松看未穷。

欲问此山绝险处，云端缥缈上莲峰。

浙西北道中

清风送爽下杭州，稻穗沉沉好个秋。

美景浙西新视点，农家户户小洋楼。

题杭州

青山笼翠桂香秋，旖旎湖光水似绸。

日暖风酥人语软，此乡端恰是温柔。

贵阳

四周山色莽苍苍，新月如钩到贵阳。
昔日蛮荒边徼地，而今灯火竞辉煌。

山行

不觉崎岖径路艰，只缘贪看贵州山。
平生已惯颠簸苦，大趣常存过险关。

织金洞有感

童童山外了无奇，洞壑山中变万姿。
想象世间高智者，貌平内慧或如之。

观黄果树瀑布

仿佛白绫千丈挂，又如天女纺银纱。
雪崩玉裂飞龙吼，十里方圆遍雨花。

地区考古成果的重要典范
——谈《林州文物考古发微》

杜廼松

林州市位于太行山东麓，在晋、冀、豫三省交界处，它的东面，与闻名于世的安阳殷墟仅一步之遥。境内自然条件奇美、优雅，丰富的自然资源养育了这里勤劳勇敢的炎黄子孙，不断开创了一代又一代的历史文明。

林州历史悠久，大体说，战国时属魏临虑邑，两汉设隆虑县和林虑县。金置林州，明将州改县。1994年后又复启用“林州”之古名。从历史考古角度考察，大量的历史文献与考古资料表明，这里有着浓郁的文化底蕴，保存有丰富的历史文化遗产。近年来，由于林州的考古与文物工作的不断开展和研究，从而对该地区在多层面上的历史文化有了更多的认识。这与这里的文物考古工作者在文物考古工作中，努力与科学研究相结合是不可分的。在考古发现和研究上，从原始社会、商周、春秋战国、秦汉、魏晋南北朝、隋唐，以迄宋元明清各朝，各个时期的考古工作都取得了重要成绩。

最近欣闻林州市即将出版《林州文物考古发微》一书，这对宣传地区文物考古有着重要意义。该书编著者之一是著名文物考古专家张增午先生，笔者与其相识已近30年，记得上世纪80年代初，中西南地区文博系统在四川成都杜甫草堂举办文物考古培训班，笔者有幸受邀讲学。由于老师与学员同住草堂内，因而教学之余大家接触也就多了，增午先生常到我房间谈一些有关文物考古上的问题，给我的直觉是，他用心、勤奋，谈话有准备。以后我们在业务上也常有些联系，也常听到、看到他的一些学术信息。1983年，笔者由于工作需要，曾赴安阳及其邻近地区考察有关考古材料，同时也到达了林县（今林州市）文物单位，增午先生曾热心地为我介绍了那里的文物考古成果，在面对文物考古资料时，他如数家珍，讲得极为娴熟、精到。例如在介绍1975年城关下庄村出土的一件有“作母戊宝尊彝”铭文的大型兕觥盖，以及拣选的尊、斝、觚等铜器，都很深刻。众所周知，在地方从事考古工作极为辛苦，内容也杂，常常是碰到什么问题就解决什么问题，但工作中也常常可以培养出较为全面的人才，各时代考古、各类文物他都要接触。在客观工作环境下，“暂时的是现实，永生的是理想”，他侧重了陶瓷器、青铜器，以及地方的历史地理研究，在全国多种刊物上曾发表了大量的学术论文，其研究与创新力度，早已引起了业内和媒体的关注，在社会上产生了很大影响。

《林州文物考古发微》一书，撷取了作者的一些主要论述，分为“概述篇”“报告篇”“研究篇”“其他篇”等，在内容上很大程度反映了作者研究的历程和轨迹。尤其是在“研究篇”内，不少都是作者之力作。仅举数篇为例，即可见一斑。

《商周青铜兕觥初论》一文，搜集了传世与出土的50余件兕觥资料作综合分析，按其器形分成四足或三足、圈足式、方腹方足式、长身角形式。再以式为基础指出商周时代青铜兕觥在各个阶段上的特征。作者在分析出土兕觥墓葬的情况后，指出青铜兕觥是“区别贵族身份的重要标志之一”，有着独特的见解。

《河南出土宋代青白瓷及相关问题》一文，将宋代青白瓷景德镇类型和河南窑场类型加以对比，明确分析出，后者受景德镇湖田窑青白瓷影响，尤其是在形制上最鲜明，但不如前者胎质洁白和釉色莹润翠绿，且花纹也较浅。河南窑场青白瓷在借鉴景德镇湖田窑的特征后，逐渐形成有特色的地方青白瓷。笔者认为，这些提法为瓷器的鉴定也提供了重要依据。

《福建漳州地区明清瓷器略探》一文，作者提出了漳州窑如何命名问题，并提出，从发表的材料看，漳州地区出土的同类器风格雷同，共性大于个性，应看作同一窑系。作者还界定了漳州窑的主要特征，如漳瓷是以“白釉米色”或称为“米黄釉”及“纹如冰裂”为特色而区别其他名瓷。还提出，素三彩的上、下段与漳瓷发展的渊源或流变是否有关系的课题。

《赵都中牟林州说的推定》一文，针对战国时期赵国曾都“中牟”史事，对“中牟”地理位置进行探索，以解决这一古今悬而未决的问题。该文指出，近年来在林州市境内发现了赵国南长城；还发现了隆虑古城遗址，有夯土城墙、壕沟、瓦当等遗迹遗物；还发现了赵国族属的贵族墓地。因而推测出，林州是赵都中牟的政治中心区域，隆虑可能是赵都之都城。有的学者对此说法曾说：“赵都中牟林州说，实是突破前人的新见。”可见该文在业内产生的重要影响。

全书的"论述篇"文章很多，如《林县商文化研究》、《河南林州市北宋墓葬出土陶瓷器考略》、《元明青花梅瓶器型及相关问题》、《云南青花瓷器的发现与研究》、《豫北长城遗址的探索》、《林州汉唐石刻存留杂录》等，都是值得一读的好文章。增午同志大作的出版问世是他几十年日日夜夜辛勤劳动的成果，笔者也深表祝贺。"会当凌绝顶，一览众山小。"希望增午同志以此为契机，在文物考古研究中，更上一层楼。

元代女性贞节观的流行

陈高华

元代女性再嫁现象是很普遍的。但另一方面，寡妇励节自守、不愿再嫁者亦有之。《元史》的《列女传》中便载有数十人，其他文献（主要是元人文集中）也有不少节妇的事例。节妇都是"少年丧夫，处人之所难堪"。[1]她们平时过着"屏脂泽不御，寒幌青灯，孤影相照"的生活，有的孤身一人，无依无靠，挣扎度日。有的含辛茹苦，上养公婆，抚育子女。如乌伤（今浙江金华）楼氏在夫死后"断发誓不食他姓，家日单，冻馁交攻，当风雪凄楚，青镫夜织，鸡再号，犹轧轧闻机杼声，人弗能堪，夫人裕如也。"[2]寡妇是社会的弱势群体，她们还要应付来自各方面的种种骚扰。值得注意的是，从有关节妇的记载来看，守节者多数受到父母、公婆或族人的压力，要求她们改嫁，仅《元史·列女传》所载，即有十余例，由此亦可见当时的风气以及守节之不易。宋濂作文歌颂婺州（今浙江金华）节妇楼氏时感叹道："求如夫人者，十或不能二、三。"[3]总的来说，有元一代妇女守节者的比例是偏少的。

1 宋濂：《柳氏二节妇传》，《宋文宪公全集》卷33。
2 宋濂：《贞则堂记》，《宋文宪公全集》卷43。
3 《贞则堂记》，《宋文宪公全集》卷43。

秦汉以来，历代王朝大多一面对再婚采取宽容的态度，一面又提倡贞节，两者并行不悖。元朝政府沿袭这种做法。对再婚相当宽容，在提倡贞节方面，则有一系列的政策，加以鼓励。至元八年（1271）二月的圣旨中宣布："妇女夫亡守志并欲归宗者听，其舅姑不得一面改嫁。"至元十三年（1276）蒲台县一妇女夫亡不愿改嫁亦不与小叔续亲，户部提出处理意见："今后似此守志妇人，应继人不得骚扰，听从所守。如却行召嫁，即各断罪，仍令收继。"中书省同意。[1]以上两条规定都是承认妇女有守志的权利，不许他人干扰。旌表节妇的举措，始于何时有待查考，但至迟在至元五年（1268）到至元九年（1272）间已实行。[2]至元十年（1273）二月，监察御史报告说大都居民魏阿张"孝奉老姑，守节不嫁，钦依圣旨事意，官为养济。仍令除免差役，更加旌表，以励风俗。"得到中书省批准。[3]可知此时对"节妇"已有"旌表"和"除免差役"等优待措施。但是，在相当长的一段时间内，元朝政府从中央到地方对于贞节的表彰并不热心，大多是虚应故事，常被富强之家用来作为规避差役的一种手段。

到了元成宗铁穆耳时期（1295—1307），元朝政府提倡守节的力度有所加强。唐、宋时期，妇女再嫁或归宗（回娘家）可以带走原来的嫁妆。进入元代，仍然如此。成宗大德七年（1303）徽州路总管朵儿赤建议：

随嫁奁田等物，今后应嫁妇人不问生前离异、夫死寡居，但欲再适他人，其元随嫁奁田财产，一听前夫之家为主，并不许似前般取随身。

礼部审议认为："除无故出妻，不拘此例，合准已拟相应。"中书省批准礼部的意见，下发各地。[4]随嫁奁田财产，历来归妇女所有，夫家无权干预。现在寡妇再嫁，原来属于她的妆奁财物都要被剥夺，留归夫家所有。这是中国

1 《通制条格》卷3《户令·夫亡守志》。《通制条格校注》第148页。
2 王恽：《论节妇雷姑状》，《秋涧先生大全集》卷85。按，此状作于王恽任监察御史时（1268-1272年）。
3 《通制条格》卷17《赋役·孝子义夫节妇》。《通制条格校注》第516页。
4 《元典章》卷18《户部四·婚姻·夫亡·奁田听夫家为主》。

历史上首次明确禁止妇女携带妆奁再嫁的法令，实际上是从经济上对妇女再嫁加以限制。紧接着，大德八年（1304）正月的诏书中称：“妇人服阕守志者，从其所愿。若志节卓异，无可养赡，官为给粮存恤。”[1]这是现在所见首次以朝廷的名义明确表示要对节妇提供资助。同年八月，礼部呈文中说：

议得义夫、节妇，旌表门闾，本为激励薄俗，以敦风化。今各处所举，往往指称夫亡守志，不见卓然异行，多系富强之家，规避门役，廉访司亦不从公核实，以致泛滥。今后……举节妇者，若夫亡在三十之前，柏舟自誓，守志至五十以后，行露不侵。执节不回，如文宁女。临难不避，如义宗妻，似此之类，听各处保明。

中书省研究认为：

义夫、节妇、孝子、顺孙旌表门闾，本欲敦民俗而厚风化，必得行实卓越、节操超绝者，方可垂劝将来。迹者各处官司不详此意，往往不核名实，泛赏保举，叹致谬滥，甚非所宜。今后举节妇者，若三十以前，夫亡守志，至五十以后，执节不易，贞正著明者，听各处邻佑、社长明具实迹，重甘保结。申覆本县，牒委文资正官，体覆得实，移文附近不干碍官司，再行体覆，结罪回报，凭准体覆牒文，重申保结，申覆本管上司，更为核实保结，申呈省部，以凭旌表。仍从监察御史、廉访司体察，如是富强之家，别无实迹，幕向虚名，营求保举，规避门役，及所保谬滥不实，邻佑、社长并元保体覆官吏，取招治罪。[2]

原来的节妇表彰弊端甚多，元朝政府进行改革，明确了节妇的标准，必须三十以前守志、五十以后不嫁，才具备条件。[3]同时制定了旌表的步骤，先由基层的邻佑、社长申报，本县查实，再由附近官司复核，申报到本管上司（行省、路），再上报中书省礼部。中间还要经过监察部门调查核实，的确符合标准，

1 《通制条格》卷3《户令·夫亡守志》。《通制条格校注》第148页。
2 《通制条格》卷17《赋役·孝子义夫节妇》。《通制条格校注》第517-518页。
3 元代后期许有壬说：“法：三十前夫亡，六十后不嫁，表厥宅里。”（《田氏墓志铭》，《至正集》卷55）。

没有作弊，才能旌表。如有不实，邻佑、社长和有关官吏都要治罪。标准和申报步骤的确立，意味着将节妇旌表制度化，这在中国历史上是首次。

根据以上法令，妇女如守节，便可保留属于自己的妆奁，可以得到旌表，受社会的尊重，可以免除差役，家境困难的甚至会得到一定的资助。如果改嫁，就会丧失奁田财物，这样改嫁者只能孤身进入新的家庭，将会处于难堪的地位。而整顿称号的做法，无疑会提高“节妇”称号获得者的荣誉感。成宗朝接连发布的几项法令，从不同方面推动了守节行为的发展。

以上所说成宗朝几项政策法令出台的背景是不清楚的。很可能两方面的因素起了作用。一方面，理学在元代日益兴盛，理学家重视守节的思想对政府制定有关政策法令产生影响。早在世祖忽必烈时代，程朱理学便受到朝廷的重视，在社会上的影响也不断扩大。贵溪（今江西贵溪）的一位普通妇女便“尝叹美程子‘孀妇饿死事小失节事大’之语”，[1]可见理学家的贞节观念已相当普及。另一方面是蒙古人对家庭和婚姻的观念。蒙古人认为，妇女结婚以后即是夫方家族的财产，死去丈夫的妇女只能由本家族成员收继，其财产亦不能转移到家族之外。提出再嫁妇女要将妆奁留于夫家建议的朵儿赤应是蒙古人或色目人，他的想法显然受到蒙古观念的启示，其出发点与江南原有的婚姻习惯不同，却产生了推动守节的效果。[2]

此后，武宗至大二年（1309）九月，尚书省上奏说：

有各省咨将文书来，为妇人夫亡不于夫家守志，却他家爹娘家去了，服内接受别人羊酒财钱，一面改嫁去了也。俺商量的，他爹娘重要了两遍财钱有。元娶的男妇的翁婆根脚里羊酒段匹钞定取来，是他孩儿死了，更将他男妇要了财钱改嫁去了。为这般上头，渐渐的翁婆家消乏了也。今后妇人夫亡，自愿守志，

1 吴澄：《贵溪翁十朋故妻李氏墓志铭》，《吴文正公集》卷 36。
2 参见［美］柏清韵：《元代的收继婚与贞节观的复兴》，见《宋元时代的法律思想与社会》第 387-428 页。台北编译馆 1999 年版。

交于夫家守志。没小叔儿续亲，别要改嫁呵，从他翁婆受财改嫁去呵，怎生？

武宗批准了这一建议。[1]上面说过，至元八年二月的圣旨允许寡妇“归宗”（回娘家）守节，“其舅姑不得一面改嫁。”新的法令则规定妇女必须在夫家守节，这样，再嫁的聘礼不归娘家而改归夫家，实际上意味着改嫁必须由夫家翁婆作主。再嫁财礼归夫家可以说是寡妇再嫁将奁田财物留在夫家规定的延伸，两者都是将男妇视为家族的财产，都是为了维护夫家的利益。“1309 年的法令奇怪地汇合了草原文化和儒家理想的要求，史无前例地支持黄榦对寡妇的理想：在夫家守节和侍奉公婆。”[2]在客观上同样起到限制再嫁和提倡守节的作用。

相继公布的上述政策法令，有力地推动了贞节观念的传播。正是从元代中期起，贞节观的影响较之以前有明显的扩大，具体表现在以下几个方面。一是收继婚的取缔。元朝前期政府以法令形式在汉人、南人中推行收继婚，实际上是对贞节观念的否定。收继婚在汉人、南人中受到不同程度的抵制，因而收继的范围不断缩小。至顺元年（1330）元朝政府正式在汉人、南人中取缔收继婚，无疑有助于守节行为的扩展。二是守节行为日益受到社会的重视。据《元史·文宗纪》记载，文宗一朝（1328—1332）受旌表的节妇即有 20 余人，这是以前诸帝的《本纪》中没有的。[3]元代后期文人歌颂守节行为的诗文较之前期作者的同类作品明显增多。前期可以王恽的《秋涧先生大全集》为例，此书共 100 卷，数量之大在元人文集中是罕见的，但其中有关节妇的文章仅 2 篇，另有诗 4 首。后期可以《宋文宪公全集》为例（宋濂由元入明，但他所记人物大多活动于元代），此书共 53 卷，内收有关节妇的文章 20 余篇。两者相比，变化是很明显的。三是蒙古、色目妇女中也有人讲究贞节。著名的有蒙古贵族

1 《元典章》卷 18《户部四·嫁娶·舅姑得嫁男妇》。
2 ［美］柏清韵文，《宋元时代的法律思想与社会》第 421 页。黄榦是朱熹的女婿和门人，他有关婚姻和守节的言论，见柏文第 365 页。
3 《元史》卷 32-36《文宗纪一、五》。

鲁国大长公主祥哥剌吉，“蚤寡守节，不从诸叔继将尚。”[1]色目女性有于阗（今新疆和田）人萨法理，出身上层家庭，29岁时丈夫去世，守寡26年，“准律，可旌其门，曰：贞节。”[2]民间亦有一些例子。蒙古、色目人中盛行收继婚，现在改而守节不嫁，这个变化是巨大的，无疑是受汉人、南人的影响。

总的来说，有元一代，妇女再嫁现象是具有普遍性的，但是贞节观念日益流行，元朝中期以后，守节的事例不断增加。元亡明兴，朱元璋继承了元朝的节妇标准和旌表办法，以及再嫁必须将妆奁留给夫家等规定，从而使妇女守节逐渐成为一种社会风气，再嫁者常受社会所鄙视。妇女守节和再嫁是一个问题的两面，是妇女社会地位的重要标志。守节的盛行和再嫁的减少，标志着妇女地位的进一步没落。这个变化可以说是从元代开始的。

除了守节不嫁的节妇之外，有一些女性“以早寡不忍独生，以死从夫”，还有一些女性在战乱中为保全贞节而自杀或他杀，她们往往被文人称为烈妇或贞妇。但亦可称为节妇。[3]三者实际上没有多大差别。政府对于烈妇、贞妇两类女性没有另外的规定，通常仿照节妇的旌表办法，她们中有的人可得到“褒表”、“赐钱赠谥”和“旌门复役”、“给钱助葬”等待遇。

中国美术向何处去

杨延文

不断创新是我的绘画语言，绘画理念。传承是中国画得以延续的根基，但是传承绝不是最终的目的，唯有传承基础上的创新，我们的中国画艺术才能葆有旺盛的生命力，才可以在世界交流中保持优势。画家要嘴一份，手一份。“嘴

1《元史》卷33《文宗纪二》。
2马祖常：《容国夫人萨法理氏碑铭》，《石田文集》卷14。
3金华谢勷在战乱中自杀，被称为节妇，见王袆《谢节妇传》，《王忠文公集》卷23。

一份”就是要说出足以影响人的话语;“手一份”就是手头必须创作出好的作品。

艺术“为人民服务”不过时

当代艺术品拍卖频创天价,成了高端艺术。艺术是不是离人民越来越远了?艺术还需要“为人民服务”吗?我认为,艺术“为人民服务”是个不能回避的问题。这是艺术家必须去实践、去身体力行的,舍此别无他路。因为艺术来源于人民,也必须回馈于人民。

这听起来似乎有点像喊口号,其实不然。“为人民服务”依然是摆在艺术家面前的首要任务。那么,艺术家要怎么做才算“为人民服务”?其基点就是要创作人民群众喜闻乐见的作品。有人会提出,当下大众审美是不是让艺术家“屈尊”了呢?其实,引领时代的作品才是人民喜爱的作品,人民喜闻乐见的往往带有前瞻性。人们的思维都是向前的,不喜欢陈旧的,喜欢更丰富的、更新的事物。这就如同人们不喜欢吃剩饭一样。

历史上的艺术品主要是给人启示,给人展示那个时代的创造力和前瞻性。存留的作品只是一种参照性。艺术家,应该在时代的启迪下,结合人民的需求,把自己的艺术天赋和前瞻性结合起来,进行创作。

妨碍中国美术发展的种种

其实,当下不是欣赏者没有高要求,而是相当的从业者误导了人民群众。现在,掌握传统艺术的人,固执地认为传统是唯一;掌握现代艺术的人,又固执地认为现代是唯一;搞艺术理论的人,按照自己的主张定标准。总之就是不管人民,各吹各调。

而画家往往具有“山寨”思想:自己会什么就说什么好,会的就拼命复制,复制自己、复制前人、复制国外……再把这些“复制品”投向社会,投向市场,误导群众。

艺术家们急着加入各种美术专业单位,以便提出自己的主张,办自己的事。

这些单位里，领导就像是“山大王”，利用职权和话语权，抬高自己作品的价格；下属就拼命“山寨”、复制。

现在，成立名目繁多的美术单位，设立各种职位，转来转去还是那几个人。艺术家戴的“帽子”越来越多，越来越高；再以此作为资本到处吹嘘，忘乎所以。很多画家把职务、岗位作为作品的附加值。这本是风马牛不相及的两件事，却捆绑在一起。结果，大众看到的不是艺术，而是职务。

帽子连着票子，位置连着利益。艺术的公共资源被少部分人占有了。这些人公器私用，利用职位为自己谋利益，正是美术界所痛恨的。就目前情况来说，整顿和管理好这些美术专业单位是应该实施的，应该建立美术机构监管机制，把它们纳入人民的监督之下，逐步恢复其公益性。

同时，美术界“吹黑哨”也不得不提。一个画家的作品，在他升职前是一个评价，升职后又是另一个评价。艺术批评不遵循艺术规则，失去了公正性。艺术批评能否回归到艺术标准，其实很简单，就是美术理论家敢不敢讲真话的问题。美术理论家为什么不敢讲真话呢？一方面是碍于情面，另一方面则是受人恩惠，不得不应和于人，为其张目。还有更甚者就是毫无原则地抹黑。一些理论家只喜欢符合自己理论的作品，以自己的好恶为评判标准。这样既伤害了艺术家，也误导了大众。

此外，艺术拍卖不规范也阻碍了中国美术的发展。艺术拍卖也是有引领性的，因为在普通人眼中，高价艺术品就代表着被认可的东西。事实上，价格不等于价值，价格高的艺术品有可能一文不值。炒作也带给人们浮躁的心理，使大家失去艺术的判断力。

现在，很多人把绘画当作有价证券。殊不知，好的艺术品才有价值，有价值才有价格。现在人人都可以向画家伸手，以各种旗号，把画家当成了“礼品加工厂”。这些商业化的产物，占去画家的精力、时间，影响了创作。

中国美术发展的关键是人才

尽管面临种种阻碍，中国美术仍然在向前发展。如今，中国美术发展的历史底蕴有了，国家政策也有了，剩下的就是从业人员、管理机制如何跟上步伐的问题了。

中国美术长足发展的关键是人才，是一批与时代、与世界同步的人才。这样的人才会出现在“70后”的身上。因为“70后”他们生长在这个时代，也是这个时代的见证人，对当下时代的认知有自己的情结。

怎样造就这样的人才呢？我认为主要有三方面的工作要做。

首先是改革艺术教育。现在的艺术教育滞后、散乱，缺乏艺术教育的长效规划和运行机制。对于儿童艺术教育，他认为应该强调其自由发展，而不是过早地灌输成年时期做的事情。这样可能会窒息儿童的特殊才能和潜质。艺术只可培育，不可拔苗助长，也不可养分过度。否则，再有天分的人，艺术之路也可能夭折。对于艺术院校教育，我要呼吁缩短学制，大体3年就够了。艺术家的成长是源于潜质和社会环境，长期在某一老师的影响下，容易形成单一、狭隘的工作者。拜师学画就如同投胎，投错了胎，被错误的东西引导，就可能长成畸形儿。

其次，艺术用人制度要改革，让艺术家在平等的环境中竞争。应该鼓励学生毕业后走职业画家的道路，把留学、游学等交流机制建立健全。现在，各种美术单位就像是“土围子”，故步自封，一些人没有艺术创造的动力。而画家职业化道路，可以实现公平竞争，优胜劣汰。

最后，还要净化社会环境，使艺术家拥有一个纯净的创作氛围。要把“打造”、“包装”这些字眼从艺术词汇中去除，并进一步打倒“笔会”，取消“评奖”，给艺术家一个平和的环境，让他们静下心来创作。

此外，当下艺术的领导部门，应该把提高艺术质量作为主要目标。

我寄希望于“70后”的艺术家，认为他们是在世艺术家里，最与时代同步的人。艺术只有与时代同步，才会有价值。

艺术的裁判是历史

泥沙俱下，鱼龙混杂。普通大众如何有能力判别艺术的高下呢？

美术专业单位，包括美院、画院等机构，都应该像博物馆那样，逐渐对公众免费开放，成为公益性教育基地。只有提高大众的审美能力，增加他们的美术知识，多比较，多鉴赏，才会具有艺术判别能力。

有些艺术单位存在着，但已经死了；有些人不在这个圈子里，但他还活着。艺术的高低终究不是以职务来判别的。不管怎样，大家是看画，不是看人。时间是判断艺术的最好标尺。艺术本身，就让时间去评说。

艺术会跟着社会走，我也相信艺术一定是有前途的。而这个前途，就是按照艺术之规律去攀登。

解读“写意”

马振声

当前，写意画风靡中国画画坛，良莠不齐，真假难辨。至于何为“写意”，更是思想混乱、概念不清，可谓仁者智者各执一端。有的把水墨等同于“写意”，有的把“写意”对应于“工笔”，更有把涂鸦视为笔墨，把“不似”当做传神。写意之真谛，不是用语言容易说清的。仅以本人学习、实践的粗浅体会，梳理成文，试作解读。

唐代张彦远在《历代名画记·论顾陆张吴用笔》中说：“吴生何以不用界笔直尺而能弯弧挺刃、植柱构梁？对曰：守其神，专其一，合造化之功，假吴生之笔，向所谓意存笔先，画尽意在也。”[1]我以为这段文字是对中国画“写意”二字较为确切的注脚。

中国书画的“写”，既是一种“书写”的行为动作，更是一种心理状态。正如张彦远所说：“意不在于画，故得于画矣。不滞于手，不凝于心，不知然而然。”[2]宋·米友仁说：“泊然无著染。每静室僧趺，忘怀万虑，与碧虚辽阔，同其流荡。”[3]清·石涛说：“求之不易，则举笔时亦不易也，故有真精神出现于世。空山无人，左右都散，独坐无事，弄笔为亦快。”[4]这均是艺术家在创作过程中的一种超然物外的精神状态。

“夫欲书之时，当收视反听，绝虑凝神，心正气和，则契于玄妙。”[5]这是唐太宗李世民依靠修身养性调整心理状态，以达到“思与神会，同乎自然，不知所以然而然矣”[6]的境界。以癫狂著称的唐代书法家怀素，则是借酒畅怀以排除自我心理的障碍和外界事物的干扰，“狂来轻世界，醉里得真如。”[7]以达到“醉来信手两三行，醒后却书书不得”超常发挥的神奇效果。据说吴道子也饮酒，他作画时能够：“弯弧挺刃，植柱构梁，不假界笔直尺。虬须云鬓，数尺飞动，毛根出肉，力健有余。”“数仞之画，或自背起，或从足先，巨壮诡怪，肤脉连结。”[8]这是何等的恣意纵情，出神入化，挥洒自如，淋漓痛快！吴道子“守其神，专其一”达到了天人合一、心手双畅的无我之境。神假天造，这是虚灵玄妙的神明之力所为！

1 张彦远，“论画”，选自《历代论画名著汇编》，文物出版社，沈子丞编，1982 年 6 月第一版，39 页。
2 张彦远，“论画”，选自《历代论画名著汇编》，文物出版社，沈子丞编，1982 年 6 月第一版，40 页。
3 选自《清河书画舫》第十卷，《中国书画全书》第四册，上海书画出版社，2000 版，325 页。
4 “石涛论画”，选自《中国画论类编》，俞剑华编著，中国古典艺术出版社，1957 年 12 月第一版，165 页。
5 李世民，“笔法诀”，选自《历代书法论文选》，上海书画出版社，1979 年 10 月第一版，117 页。
6 李世民，“指意”，选自《历代书法论文选》，上海书画出版社，1979 年 10 月第一版，121 页。
7 选自《怀素自序帖真迹》，文物出版社，1974 年 5 月第一版。
8 张彦远，“论画”，选自《历代论画名著汇编》，文物出版社，沈子丞编，1982 年 6 月第一版，39 页。

“神”，是宇宙之主宰，人的灵魂。守其神、专其一，岂独画也？凡事之臻妙者，必聚精会神；如庖丁之发硎，郢匠之运斤。若神不守舍，必然是“效颦者徒劳捧心，代斫者必伤其手。”“意旨乱也，外物役焉。”[1]孔子曰：“吾道一以贯之”。此“道”，大小无边际，深远无尽头，“玄之又玄，众妙之门”。“神之灵”和“道之妙”互为契合，是为“心源”。或许我们用语言难以表述这玄奥的内容，但是这种“物冥玄化”的境界是真实存在的。每一个艺术家在自己的创作实践中，都曾有过这种玄妙的体悟，并在自己的心灵深处追求着、期待着。这种发自“心源”的自然神秘之力，才是真正属于“艺术”的至关重要的那一部分。正如意大利美学家克罗齐所说：“它不得不肯定有一种特殊的心灵活动做产生它自己的来源。这在古代叫做‘心里的或超级的想象’，在近代较常用的名称是‘直觉的理智’或‘理智的直觉’。”[2]法国雕塑家罗丹说：“如果宗教不存在的话，我要创造一种宗教。真正的艺术家，总之，是人类之中最信仰宗教的。”[3]他将这种神秘美妙的自然之力解释为宗教信仰。这种朴素而无穷无尽的大自然的创造力，见用于神，藏用于人，需“尊而守之，强而用之，无间于外，无息于内”。[4]不由人左右，只有在“忘我之境”，才可如天之造生，地之造成般的出现于墨迹笔端。《菩提心论》有云：“妄若息时，心源空寂。万得斯具，妙用无穷。”[5]这种“神人假手”，有如神助的“不知其然而然”的神来之笔，恰恰是自古至今那么多天才艺术家所痴迷而向往的“写意”之魅力所在。在内得于心源之神，在外合于造化之功。凝神遐想，妙悟自然，是谓“山川与予神遇”，所以“望秋云，神飞扬，临春风，思浩荡”。[6]郑板桥题画有云：

1 张彦远，“论画”，选自《历代论画名著汇编》，文物出版社，沈子丞编，1982年6月第一版，40页。
2 克罗齐，选自《美学原理》，外国文学出版社，1983年11月第一版，75页。
3 罗丹口述，选自《罗丹艺术论》，沈琪译，人民美术出版社，1978年5月第一版， 97页。
4 选自《禅学与中国画论》，北岳文艺出版社，2002年4月第 版，56页。
5 选自《禅学与中国画论》，北岳文艺出版社，2002年4月第一版，56页。
6 王微，“叙话”，选自《历代论画名著汇编》，文物出版社，沈子丞编，1982年6月第一版，16页。

"江馆清秋，晨起看竹，烟光日影露气，皆浮动于疏枝密叶之间。胸中勃勃，遂有画意。"[1]这种触景生情、勃然心动所产生的欲画之意，同时在心里已经形成了既朦胧又具体，被精神改造过的"造化之功"——意象。用克罗齐的话说：心灵主动地将形式赋予原来杂乱无章的感受或情感之上，从而形成意象。艺术是心灵活动的表现，是在人们内心完成的。如郑板桥所云："其实胸中之竹，已不是眼中之竹也。"意象，可谓"守其神，专其一，合造化之功"的结果。

"守其神，专其一，是真画也。"张彦远又云："死画满壁，曷如污墁。真画一划，见其生气。"[2]真画者，在于守神专一有真精神出现；而一划者，在于意明笔透，以形传神，神完气足，充满生机。"气韵雄壮，几不容于缣素。笔迹磊落，遂恣意于墙壁。"此吴生之笔是也。形因气而生，笔由骨而成，"气韵生动"、"骨法用笔"，据此二法可落笔而成形。"夫象物必在于形似，形似须全其骨气，骨气形似皆本于立意而归乎用笔。"[3]所以，"以气韵求其画，则形似在期间也。"[4]故张彦远云："是知书画之艺，皆需意气而成。"[5]可知气韵在"写意"中的用笔造型之重要意义，这是中国画"写意"独特的造型观念与造型方法。郑板桥所云："磨墨展纸，落笔倏作变相，手中之竹又不是胸中之竹也。"[6]此时的胸中之意已变成笔下之趣，此乃"吴生用笔"之所为。

吴道子的生花妙笔并不是凭空而来的，张彦远说"当有口诀，人莫得知"，我以为在他成功的背后不知付出了多少的艰辛和努力！至少有两点：其一是"格法"。清·唐岱《绘事发微》写到："气韵与格法相合，格法熟则气韵全，古人作画岂易哉！"[7]所谓"格法熟，则气韵全"，熟悉事物的规律和法则，才

1 选自《郑板桥全集·板桥题画》，北京市中国书店，1985年6月第一版，2页。
2 张彦远，"论画"，《历代论画名著汇编》，文物出版社，沈子丞编，1982年6月第一版，40页。
3 张彦远，"论画"，《历代论画名著汇编》，文物出版社，沈子丞编，1982年6月第一版，36页。
4 张彦远，"论画"，《历代论画名著汇编》，文物出版社，沈子丞编，1982年6月第一版，36页。
5 张彦远，"论画"，《历代论画名著汇编》，文物出版社，沈子丞编，1982年6月第一版，35页。
6 选自《郑板桥全集·板桥题画》，北京市中国书店，1985年6月第一版，2页。
7 选自《历代论画名著汇编》，文物出版社，沈子丞编，1982年6月第一版，419页。

能做到得心应手，“率志委和，理融情畅”，不为物使，不为形役。“致知格物”或通过师徒口传身授；或传移摹写以继承前人的经验，更重要的是通过在现实生活中的写生，学习、研究，造化之“理”“法”。是知“气韵全”必“格法熟”，格法是“以气韵求其画”的前提和现实基础。其二是“用笔的功力和修养”。关于用笔，宋·郭思“论用笔得失”，“凡气韵本乎游心，神采生于用笔，用笔之难断可识矣。”[1]毛笔是根据传神写意的审美理想，创造的中国特有的书写工具。书，乃玄妙之技，“惟笔软则奇怪生矣”。[2]中锋用笔，万毫齐力，体现大中至正的理念。势出八面，气象万千，用笔以应造妙玄微之变。“所以意存笔先，笔周意内，画尽意在，像应神全”。[3]石涛说：“在于墨海中立定精神，笔锋下决出生活。”[4]在笔墨中能尽其灵，又足其神，既要靠天资蒙养，更要有功夫、生活。

“守其神，专其一”，神之谓也；“合造化之功”，意之谓也；“假吴生之笔”，笔之谓也。“神”、“意”、“笔”此三言为“写意”之法则。“向所谓意存笔先，画尽意在也”此二语为“写意”之目的。总之，“写意”之道，无外乎张彦远所云这三言两语而已。深谙于此，“写意”之理明而法尽也。

学兼四部的国学大师
——张舜徽先生百年诞辰述感

刘梦溪

今年，2011 年，是张舜徽先生诞生 100 周年。他 1911 年 8 月 5 日生于湖

1 选自《历代论画名著汇编》，文物出版社，沈子丞编，1982 年 6 月第一版，84 页。
2 选自《历代书法论文选》，上海书画出版社，1979 年出版，6 页。
3 选自《历代论画名著汇编》，文物出版社，沈子丞编，1982 年 6 月第一版，85 页。
4 选自《历代论画名著汇编》，文物出版社，沈子丞编，1982 年 6 月第一版，368 页。

南省沅江县，没有进过学校，完全靠刻苦自学，成为淹贯博通、著作等身的一代通儒。我曾说章太炎先生是天字第一号的国学大师。章先生的弟子黄侃，也是当时后世向无异词的国学大师。章黄之后，如果还有国学大师的话，钱宾四先生和张舜徽先生最当之无愧。

一代通儒

钱和张为学的特点，都是学兼四部，而根基则在史学。但同为史学，钱张亦有不同，钱为文化史学，张则是文献史学。古人论学，标举才学识三目，又以义理、考据、辞章分解之。义理可知识见深浅，考据可明积学厚薄，辞章可观才性高下。学者为学，三者能得其二，士林即可称雅，兼具则难矣。盖天生烝民，鲜得其全，偏一者多，博通者寡。三者之中，识最难，亦更可贵。无识则学不能成其大，才亦无所指归。张先生的识见是第一流的，每为一学，均有创辟胜解，这有他的《周秦道论发微》可证。

道为先秦各家泛用之名词，但取义各有界说。儒门论道，一以贯之，忠恕而已，性与天道，孔子罕言。韩非论道，则云明法制，去私恩，而以儒家之圣言为“劝饭之说”（《韩非子·八说》）。管夷吾论道，无外无内，无根无茎，万物之要。老聃论道，强名曰大，道法自然。庄生论道，无为无形，可生天地。先秦诸家之道说，异同异是，释解缤纷。而《荀子·解蔽》“人心之危，道心之微”一语，尤为历来研究心性之学者所乐道。《尚书·大禹谟》“人心惟危，道心惟微，惟精惟一，允执厥中”十六字，虽出自“伪古文”，亦堪称中国思想的语词精要，至有被称作“十六字真传”者。

然张舜徽先生别出机杼，曰：“余尝博考群书，穷日夜之力以思之，恍然始悟先秦诸子之所谓‘道’，皆所以阐明‘主术’；而‘危微精一’之义，实为临民驭下之方，初无涉于心性。”（《道论通说》）经过博考群书、日夜思之，而认为先秦诸家之道论，乃帝王驭民之术，亦即统治术，这是张先生对于先秦思想文化史的一项极大判断。此判可否为的论？思想史学者必不然。但在张先生，足可成一家之言。因为它的立说，是建立在精密比堪抽绎诸家文本基础之上的，以诸子解诸子，旁征博引，巨细靡遗。即如道和一的关系，老云“抱一”，庄云“通一”，韩非云“用一”，管子云“执一”，《吕览》云“得一”。此何为言说？张先生写道：“皆指君道而言，犹云执道、抱道、通道、用道、得道也。‘道’之所以别名曰‘一’者，《韩非·扬权篇》曰：‘道不同于万物，德不同于阴阳，衡不同于轻重，绳不同于出入，和不同于燥湿，君不同于群臣，凡此六者，道之出也，道无双，故曰一。’韩非此解，盖为周秦时尽人而知之常识，故诸子立言，率好以‘一’代‘道’之名，无嫌也。”（同前）不能不承认纂解有据，而绝非腹笥空空之贸论也。

张舜徽先生的独断之识，见于他所有著述，凡所涉猎的领域与问题，均有融会贯通之解。以本人阅读张著之印象，他似乎没有留下材料之义理空白。他的学主要表现为对中国固有典籍烂熟于胸，随手牵引，无不贯通。如果以考索之功例之，则张氏之学，重在典籍之文本的考据比堪。义宁之学的诗文证史，古典今情，宜非其所长。但二百万言的《说文解字约注》，又纯是清儒《说文段注》一系的详博考据功夫。《约注》一书，可见舜徽先生积学之厚。至于文法辞章，置诸20世纪人文大师之列，他也是可圈可点的佼佼者。他文气丰沛，引古释古，顺流而下，自成气象。为文笔力之厚，语词得位适节，断判出乎自然，50年代后之文史学人，鲜有出其右者。这既得力于他的学养深厚，也和年轻时熟读汉唐大家之文有关。他尝着意诵读贾谊《过秦论》、《陈政事疏》等长篇有力之文，以培养文气。虽然，张先生长于为文，却不善诗词韵语，或未得文体之全，但亦因此使张学无纤毫文人之气，实现了《史通》作者刘知几说的“耻以文士得名，期以述者自命”的“宏愿”。

学兼四部

古人为学所谓通，或明天人，或通古今，或淹通文史，或学兼四部。诸科域博会全通，则未有也。张先生于通人和专家之分别，规判甚严。他说以汉事为例，则司马迁、班固、刘向、扬雄、许慎、郑玄之俦，为通人之学；而那些专精一经一家之说的“博士”们，固是专家之学也。对清代乾嘉学者，他也有明确分野，指戴震、钱大昕、汪中、章学诚、阮元诸家为通人之学；而惠栋、张惠言、陈奂之、胡培翚、陈立、刘文淇，以治《易》、《毛诗》、《仪礼》、《公羊》、《左氏传》等专学名家，则为专家之学。即以张先生界定之标准，我也敢于说，他是真正的通儒，所为学直是通人之学。

张先生为学之通，首在四部兼通。他受清儒影响，从小学入手，即从文字、声韵、训诂开始，此即清儒所谓“读书必先识字”。再经由小学而进入经学。先生所治经，以郑学为圭臬，可知其起点之高。汉代经学发达，有五经博士之设。然家法成习，碎义逃难，终至经学为经说所蔽。逮汉末大儒郑康成出，打破今古文之壁垒，遍注群经，遂为“六艺之学”立一新范。故张先生之《郑学丛著》一书，未可轻看。此书正是他由小学而经学的显例。书中《郑学叙录》、《郑氏校雠学发微》、《郑氏经注释例》三章，尤为后学启发门径。但张先生虽治经，却不宗经，以经为史、经子并提，是他为学的习惯。要之许（慎）郑（玄）二学，实为先生为学之宗基，故能得其大，积其厚，博洽而涯岸可寻。张之洞《书目答问》谓“由小学入经学者，其经学可信；由经学入史学者，其史学可信”，已由张先生为学次第得到证明。至于子学，《周秦道论发微》为其代表，前已略及。明清思想学术，亦为先生所爱重，则《顾亭林学记》、《清代扬州学记》两书，是总其成者。集部则《清代文集别录》（上下册）、《清人笔记条辨》，识趣高远，宜为典要。

当然张先生学问大厦的纹理结构还是乙部之学，也可以说以文献史学为其显色。斯部之学，其所著《汉书艺文志通释》、《史学三书评议》、《广校雠略》、《中国文献学》、《中国古代史籍举要》、《中国古代史籍校读法》等，均堪称导夫先路之作。所以然者，因先生一直自悬一独修通史之计划，终因年事，未克如愿。晚年则有创体变例之《中华人民通史》的撰写。一人之力，字逾百万，艰苦卓绝，自不待言。仅第六部分“人物编”，政治人物21人、军事11人、英杰12人、哲学19人、教育15人、医学15人、科学18人、工艺技术10人、文字学7人、文学16人、史学12人、文献学8人、地理学8人、宗教4人、书法12人、绘画12人。各领域人物共得200人，逐一介绍，直是大史家功力，其嘉惠读者也大矣。而史标“人民”，复以“广大人民”为阅读对象，用心不谓不良苦。但以舜徽先生之史识史才，倘不如此预设界域，也许是书之修撰，其学术价值更未可限量。

沾溉后学

张舜徽先生一生为学，无论环境顺逆，条件优劣，从未中辍。每天都早起用功，又读又抄。抄是为了加深记忆。小学的根底，得其家传，是自幼打下的。十五六岁，已读完《说文段注》。中岁以后益增自觉，竟以十年之功，将3259卷的“二十四史”通读一过。晚年，学益勤。至20世纪80年代，先生已年逾七旬，仍勤奋为学，孜孜不倦——

天热，就在桌旁放一盆冷水，把湿毛巾垫在胳膊下；汗流入眼睛，就用毛巾擦一下再写。天冷，手冻僵了，就在暖水袋上捂一下，继续写下去。雨天房子漏水，就用面盆接住；水从室外灌进屋里，就整天穿上胶鞋写作。每晨四点起床，晚上睡得很晚。就是这样，经过十年苦干，整理出了一大批研究成果。（张君和编《张舜徽学术论著选》，页635）

意志、勇气和毅力，是张先生为学成功的秘诀。他认为“才赋于天，学成于己”。识则一半在天，一半在己。勤奋努力与否，至为关键。为将己身之经验传递给后学，1992年初冬，当其81岁之时，还撰写《自学成才论》上下篇，交拙编《中国文化》刊载，此距他不幸逝世，仅两周时间。

《自学成才论》之上篇写道：“自隋唐以至清末，行科举之制达一千三百余年之久，而事实昭示于世：科举可以选拔人才，而人才不一定出于科举。以高才异能，不屑就范，而所遗者犹多也。清末废科举，兴学校，迄于今将百年矣。而事实昭示于世：学校可以培育人才，而人才不一定出于学校。以出类拔萃之士，不必皆肄业于学校，而奋起自学以成其才者济济也。”又说：“自来豪杰之士，固未有为当时制度所困者，此其所以可贵也。”更标举孟子“待文王而后兴者，凡民也；若夫豪杰之士，虽无文王犹兴”之义，提出“虽无学校犹兴”才是廓然开朗、有志有为的“伟丈夫”。

张舜徽先生本人，就是“虽无文王犹兴”的豪杰之士，也是廓然开朗、有志有为的“伟丈夫”。《自学成才论》下篇，叙列王艮、汪绂、汪中等孤贫志坚的学术大家，开篇即云：“自来魁奇之士，鲜不为造物所厄。值其尚未得志之时，身处逆境，不为之动，且能顺应而忍受之。志不挫则气不馁，志与气足以御困而致亨，此大人之事也。盖天之于人，凡所以屈抑而挫折之者，将有所成，非有所忌也。其或感奋以兴，或忧伤以死，则视所禀之坚脆，能受此屈抑挫折与否耳。”所陈义固是先生一生为学经历之总结，深切著明，气势磅礴，字有万钧。“自来豪杰之士，固未有为当时制度所困”、“自来魁奇之士，鲜不为造物所厄”，屈抑和挫折预示着“将有所成”。试想，这些论断，是何等气魄，何等气象！真非经过者不知也。

张舜徽先生为学的这种大气象和真精神，垂范示典，最能沾溉后学。所谓学问之大，无非公心公器也。学者有公心，方能蓄大德；视学术为公器，才能生出大智慧。我与先生南北揆隔，未获就学于门墙之内。然我生何幸，当先生晚年董理平生著述之际，得与书信往还，受教请益，非复一端。80年代末，《中国文化》杂志筹办之始，即经由先生弟子傅道彬先生联系，函请担任学术顾问一职，蒙俯允并惠赐大稿《中华人民通史》序，刊于《中国文化》创刊之第一期。90年代初，拙编《中国现代学术经典》启动，尝以初选诸家之列目呈请教正，先生很快作复，其中一节写道：

细览来示所拟六十余人名单，搜罗已广，极见精思。鄙意近世对中国文化贡献较大者，尚有二人不可遗。一为张元济，一为罗振玉。张之学行俱高，早为儒林所推重，实清末民初，大开风气之重要人物，新中国成立前一直为中央研究院院士。其著述多种，商务印书馆陆续整理出版。罗于古文字、古器物之学，探究广博，其传布、搜集、刊印文献资料之功特伟，而著述亦伟博精深，为王国维所钦服。王之成就，实赖罗之启迪、资助以玉成之，故名单中有王则必有罗，名次宜在王前。罗虽晚节为人所嗤，要不可以人废言也（六十余人中，节行可议者尚多）。聊贡愚忱，以供参考。闻月底即可与出版社签下合同，则选目必须早定。此时合同未立，暂不向外宣扬。如已订好合同，则望以细则见示。愚夫千虑，或可效一得之微也。京中多士如云，不无高识卓见之学者，先生就近咨访，收获必丰，亦有异闻益我乎？盼详以见告为祷。

张先生对罗振玉和张元济的推重，自是有见。我接受他的意见，罗后来列入了，但张未能复先生命。张先生此信写于1991年5月23日。至次年1月16日，仍有手教询问《丛书》之进展情形。而当我告知近况之后，张先生喜慰非常，又重申宜包括张元济的理据。现将张先生这封写于1992年4月13日的来示抄录如下，以资纪念，并飨读者。

梦溪先生大鉴：

得三月二十五日惠书，藉悉《中国现代学术经典丛书》之编纂，布置就绪，安排得体，以贤者雄心毅力为之，必可早望出书，甚幸事也！承嘱补苴遗漏，经熟思之后，则张菊生先生（元济）为百年内中国文化界之重要人物，而其一生学问博大，识见通达，贡献于文化事业之功绩，尤为中外所推崇。其遗书近由商务整理出版甚多，可否收入，请加斟酌。往年胡适亟尊重之，故中央研究院开会，必特请其莅临也。承示《中国文化》第五期即可出书，此刊得贤者主持，为中外所瞩目，影响于学术界者至深且远，我虽年迈，犹愿竭绵薄以贡余热也。兹录呈近作二篇，请收入第六期，同时发表。好在文字不多，占篇幅不多，并请指正！专复，即叩近安。

张舜徽上　四月十三日

此可见张舜徽先生对《经典丛书》的悉心关切。可惜他未及看到丛书出版，就于 1992 年 11 月 27 日遽归道山，终年 81 岁。他其实还在学术的盛期。他走得太早了。张先生写给我的最后一封信，落款时间为 1992 年 11 月 9 日，距离他逝世仅 18 天。

古诗十九首

王立平

先师元白公韵语集有《古诗二十首》、《古诗四十首》，一事一吟，选材广泛、立意生动、格调幽默、语言古朴，真《古诗十九首》绝妙之现代版也。欲效之久矣，今凑成十九首，以足“十九首”之数，愿先生在天之灵以教我。

一、防护栏

仰望高楼巅，层层防护栏。
人成铁囚犯，家变动物园。
一楼始作俑，层层往上传。
不然贼儿顾，循栏可攀援。
水涨船亦高，遂成大奇观。

道高魔更高，视此如平川。
时闻矫健贼，又奏凯歌还。
本领超奥运，楼壁竞攀岩。
水浒有定论，徐宁怕石迁。

二、挂号

老来怕生病，生病怕挂号。
幸有老妻贤，奋勇以自告。
夜半闻铃起，不待金鸡报。
长龙数百米，首尾弯弯绕。
为防加塞者，前胸后背靠。
苦熬数小时，气郁心烦躁。
如此一两回，病倒自难料。
遂有号贩子，敢把高价要。
明知是火坑，也得往下跳。

三、散步

每天两次走，米达[①]逾数千。
既可活筋骨，又可觅诗篇。
不论寒与暑，坚持数十年。
惜乎弯弯绕，不能直线连。
否则日日累，早已到广寒。
掉臂逍遥游，何必乘飞船。
健步凌云去，无翅也飞天。

哀哉复哀哉，人间行路难。
行行重行行，只到八宝山。

[注]：① 米达，英语 metric 的音译，即公尺。

四、堵车

马路平如砥，大道如青天。
无奈车挨车，寸步难往还。
恰如过江鲫，挤到瓶颈间。
一处肠梗阻，全身血脉瘫。
街变停车场，绵延遍城关。
最怕计程车，吞字即吞钱。
君若有内急，叫苦无人怜。
不如开步走，龟兔谱新篇。
李白生今日，重赋行路难。

五、书法家

当今谁最多？答曰书法家。
只要会写字，即敢以此夸。
更有怪癖者，争先竞涂鸦。
状如鬼画符，枯蚓满纸爬。
君若不为然，反唇即相加：
“尔等馆阁派，陈腐如泥沙。
此乃现代派，艺苑真奇葩。”
退避不敢言，寒蝉遇群蛙。

——忽忆皇帝装，原也无片纱！

六、围棋

四大发明后，第五是围棋。
自古无同谱，招招数学题。
纵横十九路，点点有玄机。
看谁黑白子，先占要略席。
或遇将才等，手谈难相欺。
或施屠龙术，死伤互狼藉。
或放胜负手，制胜在出奇。
或战三百合，消长在毫厘。
叮咚落子声，伯牙遇子期。
此曲养心志，修身最相宜。

七、街头象棋

竞技百余种，象棋最普及。
街头与公园，到处有棋迷。
黄昏趋灯聚，夏日随荫移。
蒲扇任意摇，茶杯随手提。
或坐小马扎，或蹲若弓箕。
双方正沉思，观者不胜急。
索性频出手，喧宾夺主席。
胜负尚其次，一乐尤可期。
所以下到老，依旧是臭棋。

八、成都麻将

举国打麻将，成都最有名。
飞机未降落，已闻麻将声。
设局首茶馆，盖碗佐香茗①。
边打边斗嘴，全是麻将经。
风水轮流转，何必怕输赢。
外人见莫怪，此是巴蜀风。
即使遭地震，照聚防震棚。
城市需定位，领导费经营。
有人提建议，干脆叫“耍城”。

[注]：① “茗”本读上声，此处随俗，读平声。

九、假货

今日中国人，事事假货忧。
肉是注水肉，油是地沟油。
粮食掺色素，水果药催熟。
衣是假名牌，住是豆渣楼。
大钞多假币，空有四巨头。
偶然得微恙，假药害更尤。
也有例外者，服毒欲自休。
居然无异样，假货当歌讴。
境外成街鼠，国人共蒙羞。

十、人祸

君到中国看，到处都是人。
满街过江鲫，闹市不容针。
挥汗即成雨，联袂即成云。
僧多粥太少，必然起纠纷。
不惜求温饱，毁坏地球村。
碧水成浊淖，荒漠吞森林。
昔有先觉者，衷言告至尊。
反遭大批判，兴丧势转轮。
万事可重来，唯此退无门。

[注]：“昔有……”四句，上世纪50年代，马寅初先生提倡新人口论，被斥为反动人口论。古人云：“一言可以兴邦，一言可以丧邦。”此之谓也，马寅初先生衷言遭拒，兴邦之途转瞬即成丧邦之辙。

十一、生

人人要自由，此语颇荒诞。
生即不由我，父母偷其便。
人人要平等，冠冕难实现，
呱呱落谁家，命已定大半。
从此登羁旅，迢迢度驿站。
前途似万千，轨迹只一线。
世代信无穷，爪痕只一段。

是人是蝴蝶，庄子浑莫辨。
究竟我为谁，西哲也兴叹。

十二、长

生长有烦恼，我辈前无古。
丰年不满十，荒年倍其数。
物质极贫穷，精神遭桎梏。
不得强羽翼，只许相煎促。
本应展宏图，却被蚕茧缚。
欲求黄钟鸣，反如寒蝉树。
不幸生斯年，不舍离斯土。
一人不足惜，一代祭刀俎。
子在川上曰，逝者如斯夫！

十三、老

铿然一叶落，泠然天下秋。
蓦然一临镜，霜雪爬满头。
春华与秋实，四季皆可讴。
青丝与白发，各自有风流。
皆在过程中，何必较喜忧。
只恨少壮志，不幸溺横流。
老来欲补牢，回日力难雠。
时光一错乱，悠悠万事休。
白发临秋风，万慨寄登楼。

十四、病

少小体羸弱，疾病早纠缠。
老来更张狂，病病相勾连。
日日复日日，太半病中煎。
恨不扫病魔，宁可折十年。
可惜无灵药，心馀力孤单。
病魔且莫舞，我死君亦完。
不如两相让，各自保平安。
我留君一席，君容我迁延。
待到大限日，一起上西天。

十五、死

生则为偶然，死则为必然。
生即倒计时，死即为终端。
生路千千万，共趋鬼门关。
达者执畚锸，迷者铸铁棺。
与其恋尸骨，何如勘因缘。
死若勘不破，知生何从言。
欣然携亲朋，计程八宝山。
一路观风景，便是人生欢。
山重水复后，化作一缕烟。

[注]：孔子云："不知生，焉知死。"又曰："子不语怪力乱神。"吾亦曰："反之亦然，不知死，焉知生。"

十六、家

狡兔三窟秘，双燕小巢轻。
人生求稳定，结婚组家庭。
亚当与夏娃，月老系红绳。
辛苦共耕织，慈爱抚幼婴。
纵遇暴风雨，小港浪自平。
床头几片瓦，我家紫禁城。
老来子孙去，各自展鹏程。
舔犊何须报，反哺念旧情。
代代无穷已，人类得永恒。

十七、回忆

少小爱幻想，老来爱回忆。
幻想如朝阳，蒸蒸有活力。
回忆似余晖，依依恋大地。
近事转头忘，旧事分明记。
老屋小庭院，沧桑可废弃？
儿时小伙伴，健在今余几？
青春东逝水，沙痕何处觅？
频忆犹不足，闲寻旧踪迹。
山高水长处，一一入梦呓。

十八、命运

印度分种姓，贵贱由天定。

古代分九品，清浊渭与泾。

当代划阶级，子孙早定性。

户籍分城乡，同生不同命。

所以倡人权，天生当平等。

坦途获自由，有志皆驰骋。

忽闻基因学，密码如命令。

程序早排好，寿夭与疾病。

命运究如何，恼人如春梦。

十九、灵魂

人生一落地，灵肉即相副。

人死余僵尸，灵魂归何处？

若与身俱死，如何只见骨？

若弃身而去，虚空哪可宿？

所以求道人，专心为之悟。

悟者九天行，迷者苦海渡。

今有革命人，彻底倡唯物。

又将见马列，作为临终祝。

既然无灵魂，何处可光顾？

新时期美术史研究论评

薛永年

中国的美术史著作在世界上出现最早，唐代张彦远的《历代名画记》写于9世纪，比西方最早的传记体美术史——意大利瓦萨里的《意大利著名建筑家画家和雕塑家传记》早700年。虽然如此，但是把美术史作为一个国际性的现代学科，还是20世纪以来特别是新中国建成以后的事。进入改革开放新时期以来，随着综合国力的增强、民族的振兴、文化的发展、美术创作的兴盛、美术思潮的活跃、国际学术交流的开展，中国的美术史研究与写作，获得了前所未有的发展，取得了丰富的成果。陈寅恪指出："一时代之学术，必有其新材料与新问题。取用此材料，以研求问题，则为此时代学术之新潮流。"观察30余年来中国美术史研究的发展，大体可以围绕时代提出的新问题、提供的新材料以及适应新问题新材料的方法。而新问题的提出，新方法的探讨，不但来自学术自身的需要，又与中国社会的政治、经济、思想、文化和国际交流相联系。

新时期美术史的研究是新中国美术史研究写作的辩证发展，在讨论新时期美术史学之前，有必要对此前新中国的美术史研究与写作加以回顾。从1949年到1976年，中国美术史学面对的主要问题是：怎样继承发扬"五四"新文化运动的批判精神和大众方向而"推陈出新"，如何以马克思主义批判地继承中国的史学和艺术学传统，指导美术史研究和写作。此一时期，在前半个世纪兴起的马克思主义史学和艺术学获得了绝对的话语权，经过苏联阐释的马克思主义史学、美学、文艺学和美术史学，成为中国同行学者学习效法的范例。老一代的美术史学者开始认真学习新的唯物史观和辨证方法，力图借助苏联的经验用于美术史教材的编写和相关的研究与写作。留苏归来的美术史学者开始在研究教学中发挥重要作用，有史以来的中国第一个美术史系在中央美术学院建成，着手理论与实际结合的新一代人才的培养，使得20世纪以来画家而兼学者的美术史研究队伍开始向专业美术史队伍发展。

这一时期美术史学术的“推陈出新”主要表现在以下四个方面。一是由于美术史被视为理论学科并直接服务于美术院校的教学，因而围绕院校教学需要编写中国美术通史和西方美术史教材，成为影响最大的主要撰述方式。试图以马克思主义的观点方法为指导，分期叙述美术的源流发展，体现唯物史观，阐发对中国美术发展内在逻辑的认识，更成为大势所趋。写作者普遍相信马克思主义是一种可以揭示客观规律的科学，运用它进行阐发美术的发展，除去可以进行马克思主义的社会史观教育和爱国主义教育之外，还可以洞悉美术发展的客观法则，区分遗产的精粗，以利于当前的创作。尽管编者对马克思历史唯物论和唯物辩证法并非都运用纯熟，也出现过混同马克思主义与庸俗社会学的现象，但整体而言，毕竟开辟了美术史研究和写作的新时代。

二是继承了“五四”新文化运动的批判精神与开拓意识，美术史学者在继续批判文人画和“南北宗”论的同时，使几千年被边缘化的民间美术、工匠艺术在美术史著作中获得了前所未有的地位。在美术史专门史的研究上，与民间工匠关系密切的石窟艺术史、年画史和连环画史受到了前所未有的重视，开展了积极的研究，推出了一些发轫性的著作。这与运用马克思主义两种文化的观念分析美术遗产并肯定以往忽视的民间艺术精华大有关系，同时也直接服务于彼时发展年画、连环画等美术创作的文艺政策。

三是中国美术史的研究与写作，开始深入到局部研究和资料梳理方面。学者们根据现实的需要和个人的学养，通过个案、断代画史、画种专史、美术年表和美术史料学的著述，迈开了深入探讨的步伐。促成这一深入的要求，既来自美术创作的借鉴，也来博物馆的征集、收藏、陈列与出版。在基本建设中陆续出土的考古新发现，文物考古工作的发展对美术史研究的带动，引发了对考古资料的重视和书画鉴定理论方法的探讨，从而推动了一些美术文物交叉学科的兴起，而美术考古学的创生和现代书画鉴定学的奠立，都为有效地从作品抽引结论的基础研究打下了前古所无的基础。

四是对外国美术史的翻译介绍，较集中于苏联的成果，并从现实美术创作需要出发对西方美术的阐释。系统地翻译苏联美术史家特别是阿尔巴托夫的著作、苏联的俄苏美术史的成果，旨在引进运用马克思主义的理论与方法的典范，而客观上传播了苏联学者的观点方法与模式。对古希腊文艺复兴、18、19世纪画家流派的编著，则提供了现代派以前的西方美术史知识。结合印象派的评价问题展开的翻译研究和讨论，尽管围绕着如何给印象派定性，可否“洋为中用”问题，但促进了学术争鸣，活跃了学术空气。

这一时期中国的美术史研究和写作，有宏观的，也有微观的，有阐释的，也有资料的，有考证的，也有鉴别的，有撰著的，也有翻译的和编译的，而且在每一个方面都取得了可观的进展。但就整体而言，重视理论性成为大的趋势，对理论的认识又就不免与政策连在一起。研究工作的进展，当然离不开理论的指导，在这个意义上也可以强调“以论带史”。但正确理论指导应该是提供科学的方法论，在实际研究中引出创造性的具体结论，而绝不是先设定一种具体的结论，在附会以美术史实。但是，随着20世纪60年代中期政治对美术的冲击，这种先设定具体结论再寻找美术史实的现象出现了，“以论带史”终于蜕变成了“以论代史”，终至在“文化大革命”中发展成“儒法斗争美术史”的提倡，在那动乱的十年中，美术史学彻底失去了学术自身。

改革开放新时期的美术史研究与写作，始于“文化大革命”的结束。经过思想上的拨乱反正，学术上的正本清源之后，整个国家进入了改革开放的新时期。对内的改革，对外的开放，使美术史学术面对的问题，一方面是总结学术政治化的教训，回归艺术史本体，力避片面地简单地对待传统，开始迈开重新研究传统书画史学经验的步伐。另一方面是打破近乎封闭的状态，积极了解引进国外同行的理论方法与资料，摆脱单一的研究模式，使国内的美术史学术在国际化中确认自己的民族身份。此一时期美术专业队伍的扩大和多研究中心的形成，国际学术交流与合作的不断加强，美术创新与理论创新的需求，市场经济下收藏鉴赏的全民化，特别是举国弘扬民族传统与文化建设的诉求，综合性大学对美术史人才的培养，都促成了美术史研究写作前所未有的繁荣昌盛和开拓进取。

就学术自身而言，30余年来的中国美术史研究的新问题，来自史学和艺术学发展的客观要求；所适用的材料既有前所未知的出土遗迹面世，又有早已湮没不彰的传世作品，还有近百年来生动丰富的美术运动与美术思潮；新方法不但来自国外的引进与消化，也来自传统的开掘与完善，更来自对象与问题的需要。尽管对新问题切入的角度不同，新材料使用的多少有别，研究方法更是多种多样。但学者们对新问题的敏锐把握，对研究方法的积极探索，对新材料的重视与开掘，造成了这一时期美术史研究与写作的新面貌与新特点，总起来看是：在活跃中兴盛、在开拓中进取，在多元中互补，在开放中自觉。

联系社会环境观察新时期美术史研究的走向，可以大体概括为三个阶段。第一个阶段可称恢复传统与探索突破阶段（1978—1985），在拨乱反正中恢复“文革”前传统，在对外开放中探索突破。第二个阶段可称积极开放与多元进取阶段（1986—2000），在扩大开放中讲求方法论和探讨学术史，在深化改革中拓广美术史研究领域，加深对民族传统的追寻。第三个阶段可称走向世界与文化自觉阶段（2001—），在综合国力空前增强和加入世贸组织之后，美术史研究在国际语境下走向了民族文化身份的自觉。在上述的三个不同阶段中，学者面临的问题有所变化，研究方法和材料资源存在差异，得失显然也不尽相同。

第一个阶段面临的问题，是在恢复被“文革”扭曲中断的20世纪新传统中发展学术、造就人才。美术史观、史学方法基本上来自经苏联学者阐释的马克思主义史学和文艺学，但实事求是学风的恢复，新出土大量前所未知的美术遗迹，开放后获悉的中国海外遗珍和西方现代艺术，既为重新书写中国美术史提供了方便，也为译介过去视为禁区的西方现代美术史提供了可能。尽管发表的论著论文，较多来自以往的积累，但在补充新材料修订原有结论中，提升了认识，完善了系统，甚至也突破了某些非艺术原因造成的禁区，汇入了解放思想的文化热潮。

第二个阶段面临的问题，是改革开放背景下美术史研究的新课题，或者关系到美术运动、美术思潮与美术创作，或者关系到美术史学科的自身发展，有当下热点引发的古代和近代美术史的再认识，也有开放以后对西方现代美术与美术史学的思考。而学界对学术史的梳理，对空疏学风的批判，都导致了美术史研究更多选择个案研究和基础研究。美术市场的兴起，又导致了社会学取向中经济与艺术关联的思考。在开展多取向多角度的美术史研究中，出现了四个重要现象。一是西方美术史方法论的译介、传统书画史学的梳理和编写方法的评介。二是20世纪美术史写作的反思，现代美术史的编写和古代被遮蔽传统的再发现。三是艺术品鉴定学的研究、著述与普及，艺术管理专业对美术史学者的吸引。四是美术史图像被社科人文学者纳入研究资源，使美术界关心的“美术的历史”部分地演化为文化界关心的“历史的美术”。

第三个阶段面临的问题，亦由国内国际的背景所引发。城市化进程加剧，美术博物馆的兴建，画廊与拍卖的兴盛，消费文化的需求，导致了史家、论家、批评家到策展人身份及其关注方面的变更。入世后全球化的浪潮与文化民族化主张的激荡，国际语境下传入的后工业社会的“新艺术史学”和“视觉文化理论”，开始取代“传统美术史学”观念与方法，一方面开拓了新的研究视野与新的方法论领域，另一方面也造成了传统美术史研究对象的位移和精英美术研究的消解。美术史学科对象的进一步市场化与普及化，固然造就了众多实用性的艺术管理和策展人才，为相关学科的理论阐释提供了图像资源，甚至在跨界中开拓了跨学科的领域，但也在一定程度上模糊了学科界限，削弱了着眼于美术史本体研究的借古鉴今。与此同时，则是研究者民族文化身份自觉意识的高涨，在中国美术史研究中表现为开放中积极传承文脉的要求，表现在世界艺术史研究上是体现中国的识见而提出走出编译状态。

整个新时期在美术史研究大势上呈现出七大特点。一是掀起了前所未有的美术史观和美术史方法论的讨论和研究，带动了美术史研究和写作的多元互补。二是在中国美术史的研究和写作上，美术通史和绘画通史的编写由简明而详瞻，由单一模式而多样发展，带动了断代史、区域史、画种史、宫廷画史、民间美术史、种种专题和个案研究的广泛开展。三是重新评价本世纪初以来否定甚多的文人画，特别是几乎全盘否定的文人画正统派，实事求是地恢复其本来面目，推动了后期美术史研究以往被遮蔽领域的深入。四是中国学者的西方美术史的研究介绍，打破了印象派以后的禁区，迈开了广泛传播西方现代美术后现代美术的步伐，开始系统地译介研究西方的美术史家、美术史学与美术史学方法，并以中国的立场编写大部头的世界美术史，逐渐走出编译状态。五是近现代美术史研究的兴盛，使 20 世纪以来和新中国的美术家进入了历史，总结了百年来的经验教训，推动了中西美术的交流比较研究。六是美术鉴定之学的发展和鉴赏知识的普及，美术文献学的复兴和美术史学与考古学的联姻，基础研究受到前所未有的重视。七是以视觉文化研究为特点的西方新艺术史学发生越来越大的影响，拓展了研究对象，丰富了研究方法，也在一定意义上疏离了美术史本体和美术史传统。

30 年来美术史的研究和写作，其实是 20 世纪以来美术史写作在新形势下的辩证发展。中国古代只有“画史”“书（法）史”，“美术史”是推翻帝制之后从国外引进的。这一学科从出现起就与西学的东渐和新学的成长同步，灌注了科学民主精神，承担了为救亡和振兴而普及美育的使命。因此，美术史学科在中国的发展，始终既要引进西方的艺术史学的良规，又要继承固有传统的精华，而引进与继承的出发点和归宿都是振兴中华的需要。需要的一个方面来自作为新学的人文社会科学建设，另一个方面来自美术运动、美术思潮与美术创作。历史的经验是：发展美术史研究需要在整体上和动态中保持几个张力：引进西方的艺术史学的良规与继承固有传统的精华间的张力、学科本体性研究与社会学他律性研究间的张力、宏观性的理论策略研究与具体微观性研究间的张力。而对整体与动态的把握全赖于对现实的深切了解。

新时期以来，改变了此前美术史研究服务于政治的单一方向，开始了服务于市场经济下的文化建设，研究队伍也由画家为主转变为学者为主。研究成果，品类众多，丰富多样，前所未有，有艺术史观的，有方法论的，更多是对美术发展本身的研究，也有对中外交流的研究。对美术发展本身的研究，有历史真相与固有线索的研究，有对美术史发展得失成败及其根源动力的现代阐释，有运用美术史图像做历史学、思想史、文化史和文学史的研究，更有美术史学术史的研究。但30余年来，日渐突出的美术史趋向，是以一种理论去阐释有助于伸张正义公平等价值观念的美术史现象，反映了西方“新艺术史学”和“视觉文化理论”的影响。最有益于吸收历史经验推动学科建设的研究，是美术史学术史的研究。先是对西方美术史学及其方法的系统译介，是对西方中国美术史研究源流发展的梳理，接着对中国古代书画史学史传统的探求特别是对张彦远的研究，还有对20世纪中国美术史学及若干史家的研究。

如上所述，近30年来美术史的研究，有了极大的发展，取得了前所未有的成就，但也遇到了一些新的问题和新的挑战。为了学科的健康发展，有几个问题值得思考。

问题之一是开疆拓土与把握本体二者之间如何保持动态的平衡。随着交叉学科的兴起，美术史的资源特别是图像资源已被社会学科人文学科广泛使用，导致出现了思想史的美术史、社会学的美术史、物质文化史的美术史等。站在美术史学科的立场来看，由于研究领域开阔了，对象和问题广泛了，不仅专业基础理论与专门知识的需要极大扩展，而且研究方法也要因应对象，而如何把握学科边界，认识美术史学科独特的研究对象与任务就成了迫在眉睫的问题。

问题之二是如何对待美术史的资源。在美术史研究的三大资源（文献、作品、口述）中，作品真迹及其图像不仅是第一手资料，而且是进入过历史情景的原始资料。它保存了文献不足以取代的原生态的信息。这一特点，使作品的艺术风格成为美术史研究不同于一般历史研究的重要对象，如果忽略了对美术作品风格品质的重视，在文献和口述历史上又用非所长，美术史学者区别于一般史学家素养的特色就不复存在。因此，如何看待风格品质在美术史研究中的地位，如何不忽视鉴赏能力的提高，不但关系到美术史研究中自律和他律关系的认识，也是把握学科边界使美术史学者的作用不被取代的重要方面。

问题之三是在一切历史都是当代史的认识下美术史的阐释与历史的把握怎样不顾此失彼。历史的真面目往往被掩盖在纷繁复杂的史料中，只有将历史上传承下来的、关于某个历史人物、某个历史事件或某个历史现象的各种各样的文本和图像搜集起来，通过反复比对、考证、鉴别，尽可能地掌握其中所包含的完整信息，才能使重构的历史更加接近历史的真实，在理解历史联系的条件下阐释历史。否则，历史学尽可能求真求实的学术品格及其严谨性亦将丢失。理解与阐释是两个不同层次的概念，阐释是主体对客体的外在认知，是古为今用，理解则属于主体对客体的全部联系的切实把握，在知其然亦知其所以然。历史的阐释无疑更能伸张文化价值观念，但如果离开了求真的追求，忽略了对历史的理解，会不会重复“文革”中以先验的观点选择史实的覆辙？

问题之四是美术史家在急剧变化的社会环境下如何坚持身份意识的问题。

20 世纪以来，中国的美术史学者，不但曾与创作家同体，而且往往身兼史论批评三重角色，以至于上世纪 80 年代的学科目录把美术史、美术理论与美术批评同隶于“美术学”之下以后，史论批评专家也都可以称为美术学家。但上世纪晚期的情况是美术史家、美术理论家都向美术批评家倾斜。世纪之交以来，美术批评家又有不少人适应社会的需要承担了美术策展人的角色。美术史家身份在美术学内的不确定性，固然有利于学者在美术的范围内打通古今中外，有利于宏观的思考和竭尽所能地发挥作用，然而社会的效益、研究的条件和劳务的报偿，又在美术史、美术理论、美术批评及美术策展之间存在很大差异，经济社会对短期实效性的偏爱，身份转换的可能，可能会导致美术史研究和基础理论研究力量的削弱，长远地看对于批评家和策展者资取美术史论研究新成果也是不利的。

美术史早已是世界性的学问，而随着中国综合国力的增强，文化建设高潮的兴起，世界对中国的瞩目，都要求中国的美术史研究和写作在认真地总结新中国成立以来特别是近 30 余年来经验得失的基础上，为迎接新的机遇与挑战，把有效地进入国际语境和坚持民族文化身份统一起来。学科的发展要求美术史学者切忌追随时风，急功近利，而能重视对古代传统和西方美术史学的双向深入，特别是重视国学传统，不仅是文史学的传统，也包括中国史学传统和书画史传统中可能已被忽视而实际有益的东西，比如那种精密的文献考证的功夫，那种对视觉感悟的体验、对美术实践的谙熟，对视觉语言与文化语言的微妙转化的把握等等，对于西方的研究经验的学习，也适宜避免被动的仿效因应，盲目的追求学术时尚，而是立足于体系性的通盘了解之后结合自我研究实际的自觉战略抉择。这样，未来中国的美术史研究和写作就会建立在历史的经验上而高视阔步地走向新的境界。

《清代学术源流》序

陈祖武

承北京师范大学出版社不弃，2010年初，责任编辑同志致电寒舍，嘱祖武选编近若干年所撰学术论文，以《清代学术源流》为题结集，奉请该社出版。谬蒙盛谊，喜愧交并。祖武深知，虽已届望七之龄，然在学史、治史的道路上，无非起步伊始。所知不过沧海一粟，要认真去学习的功课还太多太多，又遑论东施效颦，忝然出版文集！好在近二三十年间，祖武关于讨论清代学术史的习作，皆在不同场合，以不同形式发表，业已接受过方家大雅的指教。因而此番结集，或可作为学史历程的一个阶段性记录。其间的偶然所得及诸多失误，对今日及往后的年轻朋友，抑或不无些微助益。秉持此一宗旨，于是便有了奉献给各位的这一册不成片段的集子。如果幸能再获四方高贤拨冗赐教，祖武不胜感激，谨预致深切谢忱。

以上，算是本书的编选缘起。2004年8月，应《人民日报》理论部之约，祖武曾就清代学术史研究写过一篇短文，题为《清代学术研究的三个问题》。六年过去，重读箧中旧文，似乎所言尚无大谬，谨冠诸卷首，权充本书前言。

近一二十年间，关注清代学术的学者日益增多，并不断有研究成果问世，显示了良好的发展前景。关于清代学术研究，笔者以为，划分清代学术演进的阶段、清理《清史稿·儒林传》之讹误和发掘《清儒学案》的文献价值，是值得关注的三个问题。

划分清代学术演进的阶段

清代学术，以对中国数千年学术的整理、总结为特点，经史子集，包罗宏富。260余年间，既随社会变迁而显示其发展的阶段性，又因学术演进的内在逻辑而呈现后先相接的一贯性。以时间为顺序，大体上可以分为三个阶段。

第一个阶段为清初学术，上起顺治元年，下迄康熙六十一年。顺治、康熙两朝，是奠定国基的关键时期。就一代学术的发展而言，清初的80年，是一个承先启后、开拓路径的重要阶段。其间，才人辈出，著述如林，其气魄之博大，思想之开阔，影响之久远，在中国古代学术史上是不多见的。清初学术，既有别于先前的宋明学术，又不同于尔后的乾嘉汉学，它以博大恢弘、经世致用、批判理学、倡导经学为基本特征。正是在以经学济理学之穷的学术潮流之中，清初学术由经学考辨入手，翻开了对传统学术进行全面整理和总结的新篇章。

第二个阶段为清中叶学术，上起雍正元年，下迄道光十九年。雍正一朝为时不长，实为清初学术向清中叶学术演进的一个过渡时期。清中叶学术以乾嘉学术为主体。王国维曾以一个“精”字来概括乾嘉学术：“国初之学大，乾嘉之学精，而道咸以来之学新。”乾嘉学术，由博而精，专家绝学，并时而兴。惠栋、戴震、钱大昕主盟学坛，后先辉映，古学复兴蔚成风气。三家之后，最能体现一时学术风貌，且以精湛为学而睥睨一代者，当属高邮王念孙、王引之父子。至阮元崛起，身为封疆大吏而奖掖学术，以道光初《皇清经解》及与之前后问世的《汉学师承记》、《汉学商兑》为标志，乾嘉学术遂步入其总结时期。

第三个阶段为晚清学术，上起道光二十年，下迄宣统三年。嘉庆、道光间，清廷已内外交困。面对汉学颓势的不可逆转，方东树、唐鉴等欲以理学取而代之，试图营造一个宋学复兴的局面。然而时代在前进，不惟汉学日过中天，非变不可，而且宋学一统也早已成为过去，复兴蓝图不过一厢情愿而已。晚清学术，既不是汉学的粲然复彰，也不是宋学的振然中兴，它带着鲜明的时代印记，随着亘古未有的历史巨变而演进。70年间，先是今文经学复兴同经世思潮崛起合流，从而揭开晚清学术之序幕。继之洋务思潮起，新旧体用之争，一度成席卷朝野之势。而与此同时，会通汉宋，假《公羊》以议政之风愈演愈烈，终成戊戌维新之思想狂飙。晚清的最后一二十年间，“以礼代理”之说蔚成风气。先秦诸子学的复兴，更成一时思想解放的关键。孙中山先生“三民主义”学说挺生其间，以之为旗帜，思想解放与武装抗争相辅相成，腐朽的清王朝无可挽回地结束了。然而，立足当世，总结既往，会通汉宋以求新的学术潮流，与融域外先进学术为我所有的民族气魄相汇合，中国学术依然沿着自己独特的发展道路执着地求索，曲折地前进。

清理《清史稿·儒林传》之讹误

《清史稿·儒林传》凡四卷，前三卷入传学者共284人，第四卷依《明史》旧规，为袭封衍圣公之孔子后裔11人。前三卷为全传主体，以学术好尚而区分类聚，大致第一卷为理学，第二、三卷为经学、小学。入传学者上起清初孙奇逢、黄宗羲，下迄晚清王先谦、孙诒让，一代学人，已见大体。各传行文皆有所依据，或史馆旧文，或碑志传状，大致可信。因此，数十年来，几辈学人研究清代学术史，凡论及学者学行，《清史稿·儒林传》都是很有参考价值的。

然而，由于历史和认识的局限，加以书成众手，完稿有期，故而其间的疏失、漏略、讹误又在所难免，从而严重影响了该传的信史价值。仅举数例，以见大概。

卷一《陆世仪传》，称传主“少从刘宗周讲学”。据考，陆氏虽于所著《论学酬答》中表示，刘宗周为“今海内之可仰以为宗师者”，却并无追随其讲学的实际经历。正因如此，乾隆年间全祖望为陆世仪立传，说陆氏因未得师从刘氏而“终身以为恨”。又传末记陆世仪从祀文庙，时间也不准确。传称：“同治十一年，从祀文庙。”其实，陆氏从祀，事在同治十三年四月，五月十六日饬下礼部议复，从祀获准已是光绪元年二月十五日。

又如同卷《颜元传》，称“明末，父戍辽东，殁于关外”。“戍”字不实。据考，颜元父至辽东，系明崇祯十一年为入关清军所掠，非为明廷戍边。一字之讹，足疑撰传者之立足点所在。

戴震为乾隆间大儒，影响一时学风甚巨。在《清史稿·儒林传》中，戴氏本传举足轻重，不可轻率下笔。然而此传则疏于考核，于重要学行似是而非。传称“年二十八补诸生”，不确。据段玉裁《戴东原先生年谱》、洪榜《戴先生行状》、王昶《戴东原先生墓志铭》，均作乾隆十六年补诸生，时年29。此其一。其二，传称“与吴县惠栋、吴江沈彤为忘年友”，亦不确。惠栋、戴震相识于乾隆二十二年，戴少惠27岁，确为忘年之交。而沈彤已于乾隆十七年故世，终身未曾与戴震谋面，“忘年友”云云，无从谈起。疑系张冠李戴，将沈大成误作沈彤。其三，紧接“忘年友”后，传文云“以避仇入都”。倘依此行文顺序，则先有与惠、沈订交，随后传主才避仇北上。其实大谬不然。戴震避仇入都，事在乾隆十九年，三年后南旋，始在扬州结识惠栋、沈大成。于此，戴震事后所撰《题惠定宇先生授经图》、《沈学子文集序》，说得非常清楚。

他如对吕留良、谭嗣同、梁启超、章太炎等人视而不见，拒不入传，则已非疏失可言，而是腐朽的历史观使然。有鉴于此，清理《清史稿·儒林传》之讹误，爬梳史料，结撰信史，已是今日学人须认真去做的一桩事情。

发掘《清儒学案》的文献价值

清代史料，浩若烟海，一代学术文献足称汗牛充栋。以文献长编而述一代学术，前辈学者早已建树筚路蓝缕之功，其间业绩最为卓著者，是徐世昌主持纂修的《清儒学案》。

《清儒学案》的纂修，始于1928年，迄于1938年中。这部书虽因系徐世昌主持而以徐氏署名，实是集体协力的成果。全书凡208卷，入案学者计1169人。上起明清之际孙奇逢、顾炎武、黄宗羲，下迄清末民初宋书升、王先谦、柯劭忞，一代学林中人，举凡经学、理学、史学、先秦诸子、天文历算、文字音韵、方舆地志、诗文金石，学有专主，无不囊括其中。它既是对清代260余年间学术的一个总结，也是对中国古代学案体史籍的一个总结。惟因其卷帙浩繁，通读非易，所以，除上个世纪40年代初容肇祖、钱穆等先生有过评论之外，对其做专题研究者并不多见。

同《清史稿·儒林传》相比，《清儒学案》的入案学者已成数倍的增加，搜求文献，排比成编，其用力之艰辛也不是《清史稿》所可比拟的。尽管一如《清史稿》，由于历史和认识的局限，《清儒学案》的历史观已经远远落伍于时代，疏失、错讹亦所在多有。然而其文献价值则无可取代，应予以充分肯定。今日学人研究清代学术史，《清儒学案》实为不可忽视的重要参考著述。

《清儒学案》承黄宗羲、全祖望二家开启的路径，采用学者传记和学术资料汇编的形式，述一代学术盛衰。这样一种编纂体裁，或人自为案，或诸家共编，某一学者或学术流派自身的传承，抑或可以大致反映。然而，对于诸如此一学者或流派出现的背景，其学说的历史地位，不同时期学术发展的基本特征及趋势，众多学术门类的消长及交互影响，一代学术的横向、纵向联系，尤其是蕴涵于其间的规律应当如何把握等等，所有这些问题又都是《清儒学案》一类学案体史籍所难以解答的。一方面是学案体史籍在编纂体例上的极度成熟，另一方面却又是这一编纂体裁的局限，使之不能全面反映学术发展的真实面貌。这种矛盾状况，足以说明学案体史籍已经走到了尽头。

进入20世纪以后，随着西方史学方法论的传入，融会中西而有章节体学术史问世。梁启超先生挺然而起，倡导“史界革命”，完成《清代学术概论》和《中国近三百年学术史》的结撰。以之为标志，学术史编纂翻过学案体史籍的一页，迈入现代史学的门槛。

祖武治清代学术史30余年，以读清儒著述为每日功课。不间寒暑，朝夕以之，幸有所得则为文敬请四方同好指教。多历年所，成篇居然数以十计。此番应北京师范大学出版社之约，从中遴选20余篇结集，旨在据以窥知有清一代学术之演进历程。承国家哲学社会科学规划办公室组织专家评审，将此一不成片段的集子纳入成果文库。鞭策鼓励，感激至深，谨向规划办公室并各位评审专家致以崇高敬意和由衷感谢。

承北京师范大学出版社盛谊，尤其是责任编辑刘东明同志受累，精心编辑，精心校对，精心出版，本书方能有今日之面貌，谨致以深切谢忱。

写生旧稿四首

程大利

黄山狮子林写生遇雨

畅写东君生墨雨，

漫洇绝壁浸云襟。

此情已伴渐翁去，

独立苍茫师我心。

[注]：师心：余斋号为师心。

平凉崆峒山即景

极天风景无人画，

黄土旷塬缀瑶珠。

仙道遗踪归浩渺，

名山写下献瑞图。

过秦岭太白山

群岭风云常异势，

浮萍际遇任逍遥。

我来山顶独无语，

且与天风听海涛。

巴中光雾山抒怀

绝尘烟雾属春风，

路入云山一望中。

我对青峰生愧意，

心师造化与书通。

中国画的本质、特性、境界和欣赏

程大利

一、中国画的评判标准：百年争议今未绝

当代中国画很多都是好看的画，但并不是真正意义上的中国画，鉴赏中国画先要弄清什么是中国画。

中国画的欣赏是个很大的题目，一百年来围绕这个题目有很多的争议，很难形成共识。如果从中国画论的角度看，我们可以得出没有争议的结论，确立起一个鉴赏标准。但是到了20世纪，由于文化的多元发展，中国画出现了众说纷纭的局面。如何看待中国画？画家、评论家莫衷一是，一般欣赏者更是茫然。学界的争论，一直持续到今天。但是，随着国力的提高，中华民族的日益强大，尤其是传统文化又被客观地重新认识之后，人们对中国画又有了新的认识，这种认识与之前有所不同。争议总是正常的，可在争论中形成了更多的共识。

20世纪初，对中国画，特别是对传统文人画差不多是一片打倒之声。1917年康有为在《万木草堂藏画目》中所提出的画学思想，成为批评传统中国画之先声："中国画学至国朝而衰敝极矣，岂止衰敝，至今郡邑无闻画人者。

其遗余二三名宿，摹写四王、二石之糟粕，枯笔数笔，味同嚼蜡，岂复能传后，以与今欧美日本竞胜哉？……如仍守旧不变，则中国画学应遂灭绝。”康有为把近代中国绘画衰败的原因归于文人画背离了唐宋的写实传统，在此基础上，他提出以“六朝唐宋”院体画为不二法门，主张排斥文人画；与此同时，却对郎世宁折中中西绘画技法的新画派推崇备至，认为“郎世宁乃出西法，他日当有合中西而成大家者。日本已力讲之，当以郎世宁为太祖矣”。今天，谁也不会把郎世宁作为太祖了。他的画虽有特色，但已不是本质意义上的中国画。这一点，学界已无大争议。康有为曾多次到西方考察，特别是到法国卢浮宫后，看到油画用再现手法惟妙惟肖地表现外部世界，便对中国的笔墨形式产生动摇，进而发出用郎世宁的办法来改良中国画的呼声。在康氏发出这种声音的230年前，中国人可不是这样评价郎世宁的。郎世宁为西方传教士，康熙时来到中国，并带来了一批欧洲古典主义作品。康熙看后，把宫廷画院院长邹一桂找来，让他品评。邹一桂看后说：“工则工矣，不入品评。”意思是说，画得很像、很细，但是不值得去品评，也可理解为不好去品评。

明末清初是整个思想史上最为活跃的时期之一，与晚周、晚清共称“三晚”。人们对自己的民族文化充满自信。郎世宁带来的画虽然好，但是却“不入品评”，这之中就涉及绘画评价标准的问题。在我看来，如果把世界文化分为东、西两种大的形态的话，中国文化和西方文化没有孰高孰低的问题，两者都是人类智慧的结晶，犹如两棵大树所结出不同果实，两条大河各自归海，两个文化源流不同，结果不一样，尤其是艺术并没有先进和落后的区别，只有形态的不同。自康有为之后，陈独秀提出“首先要革‘四王’画的命”，坚持采用“欧洲的写实主义”，以拯救中国画的主张，进而兴起了全盘否定“四王”的潮流。陈独秀甚至支持钱玄同废除汉字的主张，认为汉字是阻碍中国进步的绊脚石，要革除它。在陈独秀看来，元以后的中国画一天天走向没落。这个没落之说，被

"五四"以后的美术史著作一直沿用着，甚至影响到1949年之后的美术史。现在看来，这个观点值得商榷，康有为、陈独秀都没能看到齐白石和黄宾虹的高度。黄宾虹晚年的绘画十分辉煌，很多西方画家极为称赞。再后来，鲁迅先生提出："两点是眼，不知是鹰是雁"，意即中国文人画太不顾及"形"。鲁迅先生是伟大的思想家，但是他说，"我翻开历史一查，这历史没有年代，歪歪斜斜的每页上都写着'仁义道德'几个字……仔细看了半天，才从字缝里看出字来，满本都写着两个字是'吃人'。"我们把陈独秀和鲁迅放在那个救亡图存的时代语境去看，绝然是振聋发聩的时代强音。但是，这些观点一直延续下来，就出现了后果。徐悲鸿在鲁迅的基础上又提出："董其昌、陈继儒才艺平平，统治中国画三百年余，实属罪大恶极。"其对"四王"的批评与陈独秀完全一致，于是决定了后来的艺术史对"四王"艺术的否定态度。这种批评的态度几乎左右了整个20世纪。

20世纪几度提出弘扬传统，但是却找不出弘扬传统的切入点在哪里，每个人理解的传统不一样，甚至是对立的。这样一来，中国画的品评标准仍然模糊。尽管国学复兴，我们在世界各地设立孔子学院，但是具体到中国文化形而下的方面，尤其是笔墨文化这样具体的形态，能描述准确、诠释准确的人却不多。我们希望外国人看懂中国画，可是我们自己对中国画又懂多少呢？就我自身来说，虽然做了30多年的中国画编辑，但是我却不敢说我已真正弄懂了中国画。40年之前，我喜欢中国画，从事中国画创作，但对笔墨文化是一片迷茫混沌；40年后，直到60岁后我才恍然悟到原来中国画应该是这样的。这其中的契机就在于我通读了六卷本的《黄宾虹文集》，并把黄宾虹上世纪20年代在上海与邓实合编的《美术丛书》（千余万言）通读完之后，才知道原来我一直徘徊在中国画的大门之外。当代中国画很多都是好看的画，但并不是真正意义上的中国画，鉴赏中国画先要弄清什么是中国画。

二、中国画的含义：奥秘就在太极图

没有精神内守的真气，必然没有好的书画。

中国画是人类文化史上独特的艺术形态。中国古代有两部重要的书：一部是《易经》；一部是《黄帝内经》。《黄帝内经》部分是自然科学，部分是哲学。如："恬淡虚无，真气从之，精神内守，病安从来"，讲的是一个人只要淡泊、从容地对待这个世界，烦恼自然也就少，少思寡欲、无忧无虑，"真气"就会自然地运转。同样是癌症，有的人很早离去，有的人却能战胜之，精神会产生作用。从预防医学看这句话，已被现代科学证明。书与画也是这个道理，没有精神内守的真气，必然没有好的书画。而过多的功利干扰，必不能排除画上的毛病，自然也不会好。这个观点可视之最早的画论。老子《道德经》开篇即是："玄之又玄，众妙之门"，如果"众妙"也包括艺术的话，那么这个"玄"就是一把钥匙，让我们从中国古典哲学这个源头看一看中国画的最初道理。《易·系》中说，"形而上者谓之道，形而下者谓之器。"关于道与器，宋代的朱熹解释为：道是道理，事事物物皆有个道理；器是形迹，事事物物都有个形迹。清代的戴震解释得更清楚了，"形谓已成性质，形而上犹形以前，形而下犹曰形以后，阴阳之未成性质，是谓形而上者，五行水火木金土，有形可见，因形而下者，器也"。在中国画中，器是方法和技巧。《老子·四十二章》说，"道生一，一生二，二生三，三生万物……"这万物当然包括艺术。黄宾虹总结得更好：中国画的奥秘就在太极图中。黑中有白，白中有黑，全部的艺术规律都是辩证的。我们生活的世界也由辩证规律组成，这个道理恰恰也是笔墨艺术规律的核心。中国的笔墨文化就发端于这个太极图一般的辩证法中。刘勰《文心雕龙》开篇就说："人文之元，肇自太极。"原来，文学的道理也发端于此。如果我们把"道"理解成"规律"二字的话，中国人的世界观必然形成了中国的笔墨文化。

笔墨，是中国人的发明和创造。一支柔毫，软中有硬，处处见骨，绵里藏针，却又以柔软之相出之，颇有些太极拳的味道，用好了，便可以力透纸背，叫做笔下千钧如金刚杵，这有些像中国人的性格——柔中有刚、刚中见柔。笔墨不仅仅是材料、工具、技法，而且是一种精神状态。毛笔能表达出平静的理性，这个平静理性之下又有最充分的感性，“玄之又玄”，“恍兮惚兮”，尽在笔下，点画规律都印证着老子的话，似乎中国的古典哲学就是为艺术家而设计的。而西画则不同，辜鸿铭在《中国人的精神》一书中引用美国艺术评论家勃纳德·贝伦森的话说：“欧人的艺术有着一个致命地向着科学发展的趋向。”而中国画的发展却是往科学的反方向奔跑。所以，当徐悲鸿主张把笔墨规律和西方造型艺术规律交融起来时，人们发现，造型艺术规律并不能完全覆盖笔墨文化规律，甚至有时是互相抵触的，尽管东西方艺术在高端的境界是一致的，所谓“艺术没有国界”，但从形而下的规律看，艺术形态各有边界，问题也就出在这儿。

三、中国画的特点：文人性、诗性、笔墨性

不是文人大约画不好中国画，因为没法通达笔墨的精神内蕴。没有文化而成为中国画家，是20世纪才有的事。为什么呢？审美标准发生了变化。

画不好中国画，因为没法通达笔墨的精神内蕴。没有文化而成为中国画家，是20世纪才有的事。为什么呢？审美标准发生了变化。宋以来，诗画一律的观点成为主流。苏东坡称王维：“诗中有画，画中有诗”。诗，不直白，以比兴手法抒心志创设境界，这需要丰厚的文化积淀。像清代以来王鹏运、朱孝藏、陈寅恪诸人的诗，没有知识积累怎么能读得懂呢？诗与画的密切关系，历代画论皆有论述。元代以来的大画家几乎都能诗，有些甚至是优秀的诗人，如倪云林、八大山人、唐寅、文徵明、徐渭、恽南田、郑板桥、吴昌硕等等。画贵有诗意，自宋以来成为风气。宋徽宗亲任画院院长时，出题目考试都是诗句，绘画即使不题诗，画面也必须要有诗的意蕴，要做到“画中有诗”。梅兰竹菊已不是单纯的梅兰竹菊，君子自比，喻以深意。郭熙的《林泉高致》中“春山淡冶而如笑，夏山苍翠而如滴，秋山明净而如妆，冬山惨淡而如睡”。这是诗意的要求，不是为了写山而写山，要把这个山内在的感觉描绘出来。我们看新安画派的画家，个个能做到这一点。同样是画黄山，每个人画的都不一样，渐江、梅清、查士标、戴本孝描绘黄山，各有不同但各具诗意。今天的画家很难做到，只能在形体准确上见功夫。为什么呢？古代的画家，是带着诗人的眼光去看黄山。“诗画本一律，天工与清新”，苏轼在《宝绘堂记》中说：“君子可以寓意于物，不可留意于物。留意于物，虽微物足以为病。”“寓意于物”是超越物质占有的审美胸怀，否则就是病了。脱离了“形”的桎梏，用意象的手法去寻找诗的境界，是人的精神的解放。中国画擅长表现风中的竹子、水中的游鱼、高空的大雁。西方则喜欢画盘子里的蔬果、墙上滴血的猎物。西洋画画静物，中国画画活物，画有生命的东西，有生命的东西便有了生气和诗的韵味。黄山谷称李公麟“淡墨写出无声诗”。郭熙在《林泉高致》中说“诗是无形画，画是有形诗”。近代以来，画与诗逐渐疏离，这不仅是技术的缺失，实则是意趣的改变。八大山人是诗人，他的情感不仅在有笔墨处显露，在那“空”处“白”处，都寄托着思绪。不懂诗，何以解此意趣？

中国画第三个特点，也是最独特的一点即笔墨性，这也是与西方绘画迥异的。西洋画画色彩、画造型、画明暗、画解剖、画结构、画透视。中国画不画这些东西。20 世纪的中国画向西洋画靠拢，用我们的毛笔画结构、画比例、画透视，什么都画。西洋人认为你并没有超过油画，从这些元素看确实没超过油画。所有“重大题材”用油画都能画出来。当然，我们用中国画画重大题材，做了一个我们祖先极少做的事情，这也是 20 世纪画家的骄傲。但是，中国画最擅长的不是描摹和再现生活，而是颇为抽象的写意，或者说重意象或心象，对具体描绘却没有太大兴趣。

中国画的笔墨性具有两个特点：一个是书写性，即它是“写”出来的。西洋画也画线条，也可以画得很准确、很流畅，这不是中国画的“线”，中国画中的线有起伏顿挫，畅缓疾徐，完全是情绪记录，它跟书法是一个道理，是书写出来的，它从书法中来，所以赵孟頫说书画同源。中国古代的画家基本上都是书法家，尤其是大画家。宋以后的大家，无一不是书家，如米芾、苏轼、赵孟頫、倪云林、董其昌、沈周、文徵明、徐渭、陈淳、唐寅、王铎、吴昌硕等都是大书法家。但是，20世纪的画家却开始疏离书法，拿毛笔当西方人的硬笔或油画笔一样的使用，全无书趣，这比画疏离了诗更可怕。中国画与西洋画的距离越来越近，表现力却差了许多。离开书写趣味和写意精神的中国画实际上被抽了筋骨。

中国的书法是有生命的，笔法讲求骨法。什么叫骨法呢？南齐谢赫说“骨法用笔”，唐代张彦远解释为“生死刚正谓之骨”。这其中有人格要求。明代的文徵明说：“人品不高，落墨无法。”笔，往往表现为具有高度生命力的线条，其文化内涵则远非西洋画的线条可比拟。浑厚华滋，苍润并济，可视为笔墨的最高境界。苍，往往能表现出人的骨气和品格；润则反映出一个画家的感情和生趣。中国画用笔有忌讳，笔落到纸上，忌尖、忌滑、忌流、忌浮。做人能尖、滑、流、浮吗？当然不能。反过来，忌板、忌结、忌刻。板、结、刻当然也不好。我们凭朦胧的感觉看画，这些判断应该是不困难的。人轻浮，用笔也会轻浮；人张狂，用笔也必张扬虚浮，所谓画如其人。南齐谢赫提出的“六法论”，成为中国书画品评和创作的最高准则。六法第一条是气韵生动，第二条便是骨法用笔。用笔要讲骨法，要有力度，它应该是沉稳的，厚实的，要有金石趣味。黄宾虹对金石趣味有大量论述。好的线，如折钗股、如屋漏痕、如锥画沙，黄氏总结为平、圆、流、重、变，这是对用笔的要求。李可染先生说，在中国历史上用笔好的画家，并不是很多的。他还说，300年来，若论笔墨，贡献最大的是黄宾虹，再过300年，他的地位会更高。今天再来看这句话，我们叹服黄宾虹的同时，也深深景仰着可染先生，这是大师独具的法眼。

大艺术家往往是超前的，一个深受社会追捧的艺术家在历史长河里很可能什么都不是。如元四家之一的吴镇，生前的名声远不及二流画家盛懋，盛懋门庭若市，吴镇门前冷清，30年后，吴镇的画大受欢迎，声誉远远超过了盛懋。八大山人、徐渭、“扬州八怪”中的几位都经历过这样的命运。黄宾虹说自己的画50年后方有定评。今天，时代充分肯定了他。林散之在世时，许多人对他并不熟悉，现在他的影响越来越大，被誉为“草圣”。艺术到了最高境界是寂寞的，曲高和寡是规律。绝好的东西初始能欣赏的人不是很多，需要慢慢来。真正雅俗共赏是很难的，齐白石做到了，黄宾虹却没做到；任伯年做到了，吴昌硕也没做到。直到今天，徐渭和八大山人的画也很难雅俗共赏，但徐渭的《四声猿》却被认知和肯定。他画的墨葡萄，能看懂的不是很多，他的书法《青天歌》能接纳的人也很少，但恰恰这些东西往往是中国书画史上的闪光点。

笔墨性的第二个特点就是程式性。程式性在20世纪遭到了最大的诟病。程式性是什么呢？打个比方，京剧角色分生旦净末丑；京剧表演手段有唱念做打；伴奏有三大件：京胡、月琴、鼓板。可不可以不这样？可以。钢琴伴奏《红灯记》，就不用三大件了，也很好听。但难以久远地流传，是只能轰动一时，今天再也听不到钢琴伴奏京剧了。《四郎探母》《拾玉镯》用钢琴伴奏试试？肯定不行，因为违背了京剧的程式性规律。成熟的艺术样式往往都具有程式性。中国画也有程式性，画水、画石、画树皆有规律，山水、花鸟、人物亦有用笔规律。写字从永字八法入手，从颜体进入，或者先临《兰亭序》，均有学习的程式。王羲之的老师卫夫人讲皮肉骨筋脉，实际上就是她的教学程式，这样学字才能理解至深。

20世纪谈创新多，谈继承少。创新是时代潮流，不创新社会怎么发展呢？科学必须创新。“五四”的精神就是科学与民主，没有“五四”的精神就没有今天的中国。但是，批判中国文化糟粕的时候，要十分冷静地分析，笼而统之地贬损中国画必然带来负面的结果。中国文化传统出现了断裂，批评旧的思想时，彻底否定传统伦理观，我们必然为此付出深深的代价。不讲信义，乃至欺骗盛行，是传统道德缺失造成的。对中国画的批评也是如此。20世纪以来，以“新”作为价值判断，认为凡新的就是好的，这很危险。“新”只是时间概念，“美”才是永恒的东西，才是艺术的本质。唯“新”是举，会降低艺术质量，而“刻意求新”更是问题了。中国画讲究自然而然，不能刻意。一“刻”就失去自由和清新，一“刻”就远离了“平淡天真”，所以，在我看来，中国画领域的“刻”意求新是个问题。人们大多知道石涛的“笔墨当随时代”和强烈的个性诉求，却不知道他晚年的主张——“画家不能高古，病在举笔只求花样”，在这里，他指出了“花样”的危害。笔墨作为技法有自身的规律，这种规律我们可以称为“程式”。亚明先生说“有规律无定法”，是对程式规律的尊重，综合各家所长成为大家，既尊重传承规律，而又能出己意者，往往有大成。程式性不是僵死的，也是代代积累，成为宝贵经验。中国画绝不反对创新，但这个“创新”一定是尊重笔墨规律的创新，不能丢掉写意精神，不能丢掉书写性，不能丢掉程式性中的许多宝贵元素。情趣理趣要并重，自由意志必须与程式规律结合。中国古代每一个大师都有新意，但肯定又都遵循着笔墨规律，在尊重笔墨规律的基础上，抒写出个人的独特感受，就是中国画的“新”。惟妙惟肖，在中国画论看来境界并不高，而传神是中国画的要求。形是手段，神是目的。有时为了这个神，要在形上作剪裁取舍的功夫，甚至要有意避开那个“象”。齐白石说：“太似为媚俗，不似为欺世，作画妙在似与不似之间。”黄宾虹强调前人观点：不似之似。如果画人物，神韵为上；如果画花鸟，精神为重；如果画山川，必须要画出山川的境界来，达到“独与天地精神往来”的旨趣。做到这些，是不容易的。

20世纪的山水画，将拖拉机、水库、高压线都加入到画里边去了，这是机械的再现生活，并不是山川本质；是对生活表面的理解，而不是对大自然精神的赞颂。确实表现了人的主观意志，但却远离了中国山水画澄明空灵、静寂深沉的本旨。古人为什么画山川讲究“逸”字？这是因为社会浮躁，画家渴望逃离这种浮躁，而寻找一种清凉和安静。我们看宋人山水画，寂静而不喧嚣，需要平心静气地观赏，只有这样才能体味到它的永恒。在繁杂、忙碌，甚至是充满矛盾冲突的现实生活中，我们的祖先不希望艺术再去“火上浇油”地呐喊，而渴望着安静恬淡。董其昌是明代正二品官阶的礼部尚书、太傅，处于政治漩涡中，很多事情颇为忧心，但是他的画却非常安详沉寂，悄无声息地一派淡然。这是为什么呢？这是内心的渴望，渴望清凉。中国古代山水画就是这个作用，你说它是进步，还是落后？我们把今天所见到的水库、高压线、拖拉机、小汽车等通通画到山水画里去，在我看来，至少是不环保。山水画的功用是什么？这是关系到中国画观念的重要问题。清代画家王昱在《东庄论画》这样论述：“学画所以养性情，且可以涤烦襟，破孤闷，释躁心，迎静气。昔人谓山水画家多寿，盖烟云供养，眼前无非生机，古来各家享大耋者居多，良有以也”。把画画当作一种愉悦心灵的方式。稍后于王昱的董棨在《养素居画学钩深》里说：“我家贫而境苦，唯以腕底风情，隐然自得。内可以乐志，外可以养身，非外境之所可夺也。”养生，是笔墨文化的一大属性。古代画论许多处论述与山川同呼吸共和谐者可享高寿，所以中国古代的大家不乏高寿之人，如黄公望活到89岁，文徵明活到91岁，忙忙碌碌的董其昌都活到82岁，八大山人活到80岁，80岁以上的山水大家比比皆是。而短命的画家作品上往往留下了问题。中国画是大器晚成的艺术，如真是天才的中国画家，年龄越大，画得越好。而这一规律并不印证于西洋画家，两者不同。而真正做到“畅神”，必然修性养身。像“文革”期间的不少画，剑拔弩张，横眉冷对，十分地外向张扬。求张力，求视觉冲击力，我称之为“外来艺术精神”。在我看来，中国画是“衣食足”以后的精神追求，摒弃功利之心才有好的笔墨，它属于精神范畴。除非有极高境界，可以在清贫饥馑的条件下作画，历史上一些高僧做到了这一点。齐白石也做到了这一点。中国画能用来养气、养神，养生颐年，并能提升境界，中国画对社会精神质量的提升有重要作用。

四、中国画的境界：笔精墨妙，其美在内

中国画论认为，人的境界有多高，画便有多高，而境界并不是天才就能解决的，中国画不是强调天才，西洋画强调天才。中国画在尊重天才的同时强调修为。

画中国画首先心态要从容安详。在波浪滔滔的大海面前，西洋画家心潮澎湃地作油画写生，可是中国画家仍以沉静的心态面对。从故宫博物院藏的马远的《水图十二帧》中，我们感受到的仍是静气。静而深沉，似有无尽的韵致。古人用一种散远的心情看待自然。宋代郭若虚对山水画提到“三远”——高远、平远、深远。“远”的内涵是一种玄远的境界。马远的水便有这种透露着幽玄的远的意味。中国画是在这样一种安详散淡的形态下，摒除了一切功利色彩的前提下，从容地写出来的。它追求的效果用黄宾虹的话讲是“内美的境界”。黄宾虹认为：“其美在内，不在外观。”这是需要反复体味才能感受到内在的魅力。

怎么才能做到“内美”呢？笔精墨妙达到境界幽深。怎么才能做到笔精墨妙呢？需以书法入画法，要以篆籀之笔入画，才有趣味。“石如飞白木如籀，写竹还应八法通，若也有人能会此，须知书画本来同”，这是赵孟頫论用笔的名句。表现境界要有好的诗性感觉，诗意、笔墨加上端正的人品才能创作出好画。齐白石85岁生日写下绝句：“铁栅三间屋，笔如农具忙；砚田牛未歇，落日照东厢。”还曾刻印“恨无长绳系日”，恨不得拿绳子把太阳系着不使落下，珍视光阴而又甘于寂寞，从容度日，心态成就大家。齐白石是穷苦人成功的例子，世家出身或文人经历的大家似乎更多些。中国画远功利，但它具有人文关怀精神，这种关怀与天地精神相通。千载而下，中国画始终在寻找人与自然、人与社会、人与自身的平衡，寻找一种“恒”的大美境界。孔子的核心是“仁”，是希望我们的人格完善，教我们如何去做去为；老子、庄子是告诉我们，怎样与自然相处，不做不为也是为了人格完善。中国古典哲学，不研究事物的结构和运动规律，以及如何利用这种规律去改造自然，这是科学精神。中国哲学更偏重直觉与理性的互补，对立因素的同构和谐，这种哲学理念落实到艺术中，就产生了中国画。

姜澄清先生说：“艺术的价值，在于净化人心，净化人际关系，使‘我’与‘它’或‘他’之间，处在一种高尚而愉悦的氛围中。”艺术具有与宗教同样的功能，让人心归于澄明和至善。一个浮躁的人，一个功利心很强的人，一个急于求成的人，一个怨天尤人的人怎么能深入到艺术的深处呢？画是心迹，书也是心迹。“书，散也。”（汉代蔡邕有论） 一颗散淡从容的心，平静，静而深，而远。画画一波三折，是骨子里的沉稳，行笔需慢。李可染跟齐白石学画 10 年，他总结说学到了一个 “慢”字。我看林散之老先生写大草，写得舒缓沉着，运笔慢而又沙沙有声。我常给学生讲，做到“淡”、“静”、“慢”三字，大约可以进入中国画了。笔墨文化是人格的文化，很讲究“格”。“格”是格调、格致。所以说，人品不高，画不会高。唐以来的画论反复地讲人品如何重要。笔墨文化强调人品，讲究“文如其人”、“画如其人”、“书如其人”，人是什么境界，作品就是什么境界。这大约是中国美学与西方美学的不同之处。所以，历来的中国画论，要求画家要完善人品。林散之有一首诗：“辛苦寒灯七十霜，墨磨磨墨感深长。笔从曲处还求直，意到圆时则更方。”他的人生便是圆中见方，曲中求直的境界。在有操守的画家看来，名和利都是艺术之外的事情。中国画论认为，人的境界有多高，画便有多高，而境界并不是天才就能解决的，中国画不是强调天才，西洋画强调天才。中国画在尊重天才的同时强调修为。修为是终生课题，在修养下千锤百炼，才能淬火。“百炼钢化作绕指柔”，境界在长期的修炼中提升。

五、什么样的画是好画：有笔墨，讲意境

好画不是一下就能看完的，如果说宣传画是大声说话的艺术，中国画则是轻声地诉说，需慢慢地品味。西方是人性的文化，中国是人格的文化。

好画首先要“有笔有墨”。用笔要具力度，具内涵，笔线具有书法意味。许多公共场所甚至出版物上的“国画”不具备这条标准。很多展览会上的作品也不具备这条标准。20 世纪以来，对中国画的品评标准出现了变化，把西洋画的标准，诸如对造型准确、色彩和结构、透视、解剖等项的要求规定得很完善，以这些标准来衡量中国画，很多中国画便走到身份不明的路上去了。真正的中国画用笔要有书写韵味，要有力量感、节奏感，充满辩证规律，它的顿挫、提按、快慢、干湿、浓淡都要蕴含其中，体现一种对规律的认知和文化素养。这是不容易的。

有墨，按照前人画论，笔立形质，墨别阴阳。又说：“墨法在用水，以墨为形，以水为气，气行，形乃活矣。”（清·张式《画谭》语） 墨在表现浓淡关系的时候，传达出大自然的神采和人的精神。墨可以千变万化，古人说墨分五色是泛指，墨可以分出万千的颜色，古人不用颜色，能为太行和黄山传神，非常生动。色当然重要，但在文人画，往往作为墨色的辅助手段而运用。

第二，好画要讲意境，有意境的基础条件在于要有生动的气韵。“气韵”一词来自谢赫《画品》——“虽画有六法，罕能尽该；六法者何？一、气韵生动是也。”画是活的，不是死的。不是板的，不是结的，它是有生命的。中国画的“气”加上“韵”，是指一幅画的生命状态。画有生气、有节奏、有韵律感，便有了气韵，在这个前提下，要看画背后的东西是否深远，有深远的意味便有了意境。“含不尽之意于言外”，像好诗一样。画外须有不尽之意。20世纪以来的画家很多人会把画画成生活的图解。这是菊花、那是竹子，索然无味，古人不这样。元代画家郑思孝画的兰花露出根来，露根的兰花是有寓意的。齐白石画《寒夜客来茶当酒》、《蛙声十里出山泉》都是极富意境的作品。

黄宾虹给艺评家裘柱常的信中说：“画有初视者令人惊叹，以其技能之精工，谛视而无天趣者，为下品；视而为佳，久视亦不觉可厌，是为中品；初视不甚佳，或竟不见佳，谛观而其佳处为人所不能到，用笔天趣，非深明其旨者视若无睹，久视无不尽美，此为上品。”好画不是一下就能看完的，如果说宣传画是大声说话的艺术，中国画则是轻声地诉说，需慢慢地品味。

中国画首重精神，不强调形式。形式固然重要，但是中国画，首先强调的是内蕴。所以，它不强调张力和视觉冲击力，不强调强烈的构成意识以夺人眼目。这是西洋画尤其是后现代西方绘画的主要特征。我以为西方是人性的文化，中国是人格的文化，自觉地纳入一种约束力，在内省的同时探究自由，而不是充分地张扬人性，这就非常辩证了。一种“与天地精神相往来”的境界又要与“修齐治平”的担当意识相结合，这便是“格”，我称的人格文化就是这个意思。梵高可以追一个比自己大8岁的妓女，割下自己的耳朵求爱，毕加索可以无休止地追求女性，展现出巨大的激情。中国画家则是克制中的自省状态，以人格完善作为目标，在自我修为的状态下实现艺术理想，由此形成中国画家、书法家的生命状态。古来大家多有“彬彬有礼而后君子”的素质，即便癫狂状态也是因清高而致。所以说，人品多高，画便多高。画画只看天分不行，一定要以读书修为作为补充。画显得“匠气”，明显是修养问题，技巧越熟练，匠气越厉害。画也好，书法也好，都以书卷气息为上。书卷气就是洋溢在书画作品里的文化气息、文人气质和精神高度。按照陆俨少的说法，六分读书，三分写字，一分画画。

康有为在《广艺舟双辑》中讲书画的高古之趣，何谓“高古”，一曰“真”，二曰“朴”，三曰“简”，就做到了高古之“美”。

赵孟頫曾提出“画贵有古意”，这个古意大约就是高古之美，这也是黄宾虹一生所寻觅的“内美”境界。

由是言之，中国画的创作和欣赏都是一个漫长的学习和实践过程，是对中国传统文化由浅入深逐步理解的过程。

论纸马的信仰背景与艺术基础*

陶思炎

【摘要】纸马作为民俗版画的特殊类型，集宗教、艺术、民俗于一体。其信仰，既有原始宗教的成分，又有人为宗教的因素，对日月、山川、水火、动物、植物、岁时、神仙、鬼怪、祖先、英雄、教主、生死，以及对文化造物的神秘观念和宗教情感，成为纸马俗用的信仰背景。纸马艺术超越了版画的范畴，呈现出多源头的特点，汉画像石、版印符经、佛教石窟、经咒绢画、宗教壁画、印染木版、印戳雕刻等，都为其提供了范式与经验，并成为纸马创作的艺术基础。

【关键词】民俗艺术；纸马；信仰背景；艺术基础

一、纸马释义

纸马作为中国民俗版画系列中的一个神秘多趣、古奥质朴的门类，集宗教、艺术、民俗于一体，或者说，它以艺术象征的方式，在民俗生活的层面上，表达人们的巫术信仰、宗教情感和各种神秘观念，旨在追求天、地、人的抱合和

*江苏省高校哲学社会科学重点研究基地东南大学艺术学研究中心项目“民俗艺术学经典研究”（2010JDXM003）阶段成果。

神、人、鬼的互通。纸马的文化功用主要就在于人们在祭祀仪式中能凭此而接神、送神。纸马作为岁时祭祀和其他民间信仰活动中的纸质版印神像，其表现对象包括佛祖道仙、儒圣家先、行业祖师、英雄人杰、自然之精、造物之灵等，它们因时空、功用有别而形制不一，构图各异，可谓森罗万象，蔚为大观。

纸马自唐代在我国出现以来，伴随着宗教民俗而广为流布，成为各地民间信仰活动中最常见的俗信物品。在长期的传承中，其名称也多种多样，除常用的“纸马”、“甲马”之名外，在各地民间还形成了一些异同不一的俗称，诸如：“楮马”、“神马”、“神纸”、“神像”、“马纸”、“佛马”、“云马”、“马子”、“菩萨纸”，等等。

自魏晋有纸钱以来，[1]及至唐代，其信仰与功用不断增广，除祭亡外又有了迎神送神的寓意。白居易《黑潭龙》诗云：“神之来兮风飘飘，纸钱动兮锦伞摇。神之去兮风亦静，香火灭兮杯盘冷。”从诗中可知，纸钱、香火的“动”与“灭”在时人观念上已同神之来去联系在一起。

类似楮币，而以祭供和焚化的方式迎神送神的“纸马”，其名称最早出现于唐代。唐谷神子《博异记·王昌龄》载：

开元中，琅琊王昌龄自吴抵京国。……舟人云：“贵贱至此，皆合谒庙，以祈风水之安。”昌龄不能驻，亦先有祷神之备，见舟人言，乃命使赍酒脯、纸马，献于大王。兼有一量草履子，上大王夫人，而以一首诗令使者至彼而祷之。[2]

《博异记》，旧题为唐人谷神子所作，“谷神子”为元和进士郑怀古之号。上述引文是有关唐代用“纸马”祭神的较早而又明确的文献例证。清代王棠《知新录》曰：“唐明皇渎于鬼神，王玙以纸为币，用纸马以祀鬼神。”《新知录》虽为清人之作，但也是重要的参考，据此也可推判，唐代的纸马有类纸钱，或其本身就从纸钱化出，是用以一并焚化的祭鬼神之物。此外，唐代还见有“甲马”

1 唐·封演《封氏闻见记》卷第六“纸钱”有“其纸钱，魏晋以来始有其事”之载。
2 见《四库笔记小说丛书山海经（外二十六种）》，上海古籍出版社 1991 年版。

的名称。敦煌伯三八一〇写卷载：

用甲马两个，上用朱砂写“白云飞升”四字，飞符二道，祭六甲坛下……

可见，在唐代，“纸马”、“甲马”的名称不仅已经出现，而且进入了祝祷、祭祀的仪典。

在宋代，纸马的俗用已十分普及，甚至在都城汴梁还出现了专营性的“纸马铺”。孟元老《东京梦华录》卷七“清明节”条曰：

节日……士庶阗塞。诸门纸马铺，皆于当街用纸衮迭成楼阁之状。

此外，在张择端的《清明上河图》中，在运河北岸确实绘有两间门面的“王家纸马”铺和迭成楼阁之状的纸衮。北宋东京的纸马铺在清明节期间以印售纸钱为主，但纸马、纸钱相混并用。此外，宋人吴自牧《梦粱录》卷六又载：

岁旦在迩，席铺百货，画门神、桃符、迎春牌儿；纸马铺印钟馗、财马、回头马等，馈与主顾。

钟馗、财马、回头马之类，是当时新年纸马的常用品类，纸马铺既印又售，作坊多与店面合一，形成“前店后坊”之制。

在南宋，也有专印纸马的“印马”坊。周密在《武林旧事》卷六“作坊”中记录下临安的15个作坊，其中便有“印马”坊。在南宋文献中，还见有“吴妆纸马”的名称。宋人李心传《建炎以来朝野杂记》乙集卷十九载：

盖蜀人鬻神祠，所用楮马皆以青红抹之，署曰：“吴妆纸马”。

这“吴妆纸马”用青、红二色作渲染，恐与京师当时的黑白纸马不同，故另有地域性的别称。这正反映了南宋纸马的品类与风格已呈现出多样化的趋势。

从文献看，元代在使用“纸马”名称的同时，也有“甲马”之名。施耐庵《水浒传》第三十九回“浔阳楼宋江吟反诗，梁山泊戴宗传假信”云，戴宗“身边取出四个甲马，去两只腿上每只各拴两个，口里念起神行法咒语来”。施耐庵还写了一首《西江月》作为这“神行法”效验之证：

仿佛浑如驾雾，依稀好似腾云。如飞两脚荡红尘，越岭登山去紧。顷刻才离乡镇，片时又过州城。金钱甲马果通神，万里如同眼近。

此外，《水浒传》第四十四回还写道戴宗的“神行法”带得人同行，若把两个甲马拴在腿上，就能“要行便行，要住便住”。在施耐庵生活的年代，“甲马”作为神符仍普遍运用。实际上，这“甲马”同“财马”、“回头马”等名称一样，本是纸马系列中的一个类别。

所谓“甲马”，原指裹甲之马，后又印作无甲的单骑，专用于邀神除凶、赶路神行和替身逐疫，具有较浓郁的巫风气息。令人吃惊的是，在南京高淳县，当今的乡民们在元夕赛龙灯时，舞者双腿上仍各绑甲马一张，信能随龙而游，疾走如飞。由于甲马仅为纸马的一个支系，因此，在整体上把“纸马”称作“甲马”，或因《水浒》写了“甲马”，就说“元代纸马称‘甲马’”，都是偏颇的。

纸马，又有“云马”之称。所谓“云马”，即“风马”。“风马”在藏族地区随处可见。藏民的纸幡、布幡上常见有马纹图像，它们被称之为“朗达”（rlung-rta）。“朗”是“风”的意思，而“达”是“马”的意思，“朗达”的汉译就是“风马”。[1]所谓“风马”，实为中国古代神话中神马或神车的别称。《汉书·礼乐志》中的《郊祀歌》有“灵之下，若风马”句。此外，唐元稹《长庆集》二十七卷《郊天日五色祥云赋》中亦有“羽盖凝而轩皇暂驻，风马驾而王母欲前”之咏。可见，“风马”、“云马”同“纸马”、“甲马”具有相同的邀神、导神的功能，实际上，它们是同一物类在不同时空应用中的传承衍化和异称。

用以祭祀的神像画何以称作“纸马”呢？其意究竟何在？古人的解释主要有二：

其一，纸马上往往印画马图，以作为神的乘骑。清人赵翼《陔余丛考》卷三十“纸马”条曰：

1 参见丹珠昂奔：《藏族神灵论》，中国社会科学出版社 1990 年版。

然则昔时画神像于纸，皆有马以为乘骑之用，故曰“纸马”也。[1]

纸上有神有马，神们骑马交通，因此便有了“纸马”的名称。此说虽较直观、浅白，但也不无道理。

其二，有说印神像之纸为神所凭依，祭时、焚时迎送有序，快捷如马，来去无影。清人虞兆隆即持此说，其《天香楼偶得·马字寓用》曰：

俗于纸上画神佛像，涂于红黄彩色而祭赛之，毕即焚化，谓之甲马。以此纸为神佛之所凭依，似乎马也。[2]

此说较为神秘，其“马”的存在仅仅是一种虚幻的想象，而“甲马”之谓，则为神像画的一种象征性称呼。在虞兆隆所称的“甲马”上，有神像的涂绘，实际上，它与赵翼所言的“纸马”相比并无区别。

其实，即使在元代，也多见“纸马”的名称。在宁希元校点的《元刊杂剧三十种》里，多种杂剧的脚本都使用了“纸马”的名称。例如，《岳孔目借铁拐李还魂》杂剧的第三折中有“是！是！我且认了是你儿子。父亲，将与我一陌纸马，去东岳庙上招魂……”的台词。此外，在《小张屠焚儿救母》杂剧的“楔子”中有这样文字：

我不合将人上了神灵的纸马，又将来卖与别人还愿。我卖的是草香水酒。

再者，该杂剧第一折又说：

到三月二十八日，将纸马送孩儿醮盆内做一枝香焚了，好歹救了母亲病……

可见，并非元代的纸马就专称“甲马”，元代不仅仍有“纸马”的名称，且“纸马”、“甲马”功用相近。可以判断，“纸马”仍是元代民间最习用的名称。

在宋辽时期纸马就已为少数民族所接受，《宋史·礼志》二十七记契丹贺正使参加的丧礼程序有：“去杖，跪，奠酒讫，执杖，俛伏，兴，归位。焚纸马，皆举哭，再拜毕，各还次，服吉服，归驿。”其中，“焚纸马”已成为官方礼

1 见阳湖赵翼：《陔余丛考》，乾隆庚戌年湛贻堂藏版。
2 见清·王文濡《说库》第46册，文明书局1915年石印本。

仪的一个部分。及至明清，“纸马”的名称相沿未改，在小说、笔记、方志、集成等文献中层出不穷。[1]

纸马以纸本为载体，以神像为表现中心，自唐代产生以来，虽与纸钱混用，却有超越楮币的特殊功能——往往以图像直观地表达延神送神、敬神如在的神秘观念。不论有无马纹的刻印，在民俗应用中，它都具有作为乘骑的象征意义。神秘的宗教观念，夸张的象征艺术，总是和实在的民俗生活联结在一起，使纸马亦圣亦俗，亦平亦奇，亦幻亦真，成为错综复杂的文化现象和多姿多彩的民俗艺术。

二、信仰背景

纸马作为信仰表达的载体，其应用属宗教民俗现象。不论是纸马包罗万象的神祇体系，还是以纸以马通神的俗信观念，都具有浓郁的巫术与宗教的气息。纸马的信仰来源，既有原始宗教的成分，又有人文宗教的因素，对日月、山川、水火、动物、植物、岁时、神仙、鬼怪、祖先、英雄、教主、生死，以及对文化造物的神秘观念和宗教情感，都在纸马的天地里纠结在一起，成为民间俗用的信仰基础。

原始宗教，又称作“自然宗教”，它在自然物的崇拜中，建立了物物、物人、物事的幻想联系，以及通过接触、感应使原本风马牛不相及的事物间产生混融同一的因果想象。拿纸马来说，其信仰中的原始宗教因素就非常突出，尤其是有关“马”的信仰和“火”的崇拜支撑了纸马的名实认同与民俗应用。

马本自然之物，但在中国古代早就融入了天体信仰，成为与日相连的神物和象征太阳的“阳物”。所谓“天马行空”中的“天马”，就是太阳。《淮南子·天文训》记录了马引日车的神话，在描述太阳一天的运行时，有“爰息其马，

1 例如，明·冯梦龙《三遂平妖传》第九回载：“……来如法摆设坛场，办下些纸马香烛之类。只留两个极小的家人答应。” 清西周生《醒世姻缘传》第二回载：“……点浇蜡烛，煠果子，杀猪，央人写对联，买门神、纸马，请香，送年礼。”

是谓悬车”之说。再看其他古文献的载述，《白虎通·封公侯》曰：“马，阳物。”《左传》曰：“凡马，日中而出，日中而入。”同时，马的无可替代的实际交通作用，又被古人视作“应阴纪阳以合功”的“地精”和“引熏致远，以利天下”的宝物。[1]由于马能上下天地，连接阴阳，交通神鬼，以利天下，所以被人们用来邀神送神。明人高启《里巫行》中有“送神上马巫出门，家人登屋啼招魂”的诗句，就说马为神的乘骑。[2]显然，马的神话与信仰构成了纸马名称及其巫术应用的前提。

纸马在祭拜仪式之后，一概焚化，以送神归去。焚化时，纸燃快捷，迅忽化作一缕蓝烟，如马绝尘而去。这一效果来自对火的观察与崇拜。火作为工具和武器，对人类的进化有着决定性的意义。火帮助人类获取熟食，退避敌害，抵御寒冷，开荒种植，制作工具，被早期人类视作天赐的“圣火”。原始人十分重视火种的保存，火塘往往是原始居室的中心，也是形成家庭的生活基础。火的神赐幻想和有效神功诱发了人们对火的敬畏与崇拜，使火具有了神物的性质。《春秋说题辞》曰：“火，阳精物，炎上。”火同马一样，均被古人认作“阳物”，而神作为“伸复无已”的自然化身，也是“阳”的象征。[3]同时，火的“炎上”与神的“伸复”，具有相同的升腾、延展之性。因此，火的信仰也就与焚用纸马、纸马可送神上天的观念联结在一起。

在纸马的神系中，有“水神”、“火神”、“水土”之神、“天狗”、“白虎”等自然之神，它们都留有原始宗教和巫术信仰的遗痕。此外，山西临汾的“福水善火”甲马，江苏的“游魂”、“消灾”和“巫师”等纸马，也都显露出与巫术信仰的相伴相随。

人为宗教，作为比较成熟的宗教，有祖师，有经典，有固定的祭拜地点和神职人员，并有神者或圣者的系列，以及一套祀神的科仪制度。在中国古代，释、

1 唐·徐坚：《初学记》卷二十九引《春秋说题辞》，中华书局 1982 年版。 另，《易·系辞下》曰：“服牛乘马，引熏致远，以利天下。”
2 详见陶思炎：《中国纸马》，（台湾）东大图书公司 1996 年版。
3 汉·王充：《论衡·论死篇》曰：“神者，伸也。伸复无已，终而复始”。

道、儒三教在社会生活中留下了深长的投影，成为古人的思想基础、伦理准则和信仰指南。释、道、儒三教不仅相互借取、相互融和，在正宗的寺庙信仰体系中常显现出三教的合一，而且还一起播化到民间信仰中，甚至在纸马天地里也有所反映，成为纸马在巫术之外的最重要的信仰基础。

佛教自汉代东传中土，就以丧葬礼俗为切入点，楔入中国的民间生活，最初在摇钱树、魂瓶等明器上出现佛像的造型。在版印技术已趋于成熟的唐代，在武后时代的《佛说随求即得大自然陀罗尼神咒经》上出现了版印的彩色佛像，在咸通年间的《金刚般若经》和《陀罗尼经咒》中则见有黑白的佛像版画，而早在唐前已有楮币之用，因此佛教因素进入楮币、纸马本非难事。在江苏纸马的佛像系列中，有释迦牟尼佛、阿弥陀佛、弥勒佛、观世音菩萨、地藏王菩萨、准提菩萨、韦驮菩萨、十殿阎王、目连、泗州大圣、胎神大圣等多种图像。在丧葬、祭祀等仪式中，与纸马一并使用的，还有经咒、文疏、路引、纸镪袋、度亡赦文、还原赦文等版印之物，也烘托着纸马的佛教背景。

道教作为本土的宗教，与佛教文化间存在着相互融摄的关系，但在民间信仰生活中，与佛教通常做“往生”不同，道教则以“延生”为主旨，在度关、过寿、婚嫁、年节、建筑等民俗活动中常有所见。道系神是纸马神像体系中队列最为浩荡的一支，反映了道教在民间的兴盛，以及纸马广博而厚重的信仰背景。江苏纸马中的道系神有：三清、玉皇大帝、张天师、王灵官、刘海蟾、三茅真君、和合二仙、八仙、张仙、灶神、财神、斗姆、北斗星君、南斗星君、紫薇星君、魁星神君、太乙星君、真武大帝、辛天君、雷祖、寿星、本命星君等。他们各有职司，各有所用，显示了道教信仰在纸马中的深长投影。此外，与纸马同用的，还有道符、星告、度关符等道教符纸。

儒教以入世的正统的面目受到历代的推崇，在民间宗教和民俗信仰中，它往往与佛教、道教混融，呈现出三教合一的局面。儒教讲伦理、宗法、孝道，倡导耕读、入仕、报国，于是追求家业兴旺、多子多福、读书做官、孝敬先祖等功利也以信仰的方式渗透到纸马中来。

带有五子登科图像的灶神、刻印“孔圣”的众神图、保佑读书做官的文昌帝君、祈得高中状元的魁星神君、赐予子嗣的送子观音、慎终追远的“家堂香火列位高真”等纸马，都带有或明或暗的儒教气息。同佛教、道教一样，儒教文化也构成了纸马艺术的信仰背景，并成为其民俗应用的功利动因。

纸马虽产生于我国中古时期，但积淀了自原始社会以来的多种巫术观念和宗教思想，整合了自然宗教和人为宗教的成分，并将释、道、儒的因素融入了民间信仰之中，从而为其艺术表现和民俗应用开辟了广阔的信仰空间。

三、艺术基础

纸马主要是版印的各类神像，作为民俗版画，它具有独特的艺术风格和审美情趣，并以质朴、稚气、古奥、神妙、粗犷的特征展现其艺术的魅力。纸马是在尺幅不大的平面上，用墨线或加色彩渲染的简洁方式所勾勒的神祇天地，它用象征与联想的手段唤起人们“敬神如在”的神圣情感。纸马作为人、神交通的艺术符号，是人们生活追求的表达，也是信仰与心理的寄托。

纸马在木刻插图、版印符经、版印纸钱、版印游戏图、木刻广告、门画、中堂画、年画等“版画家族”中，是最丰富复杂、最耐人寻味的一类，其艺术基础也超越了版画的范畴，呈现出多源头的特点。汉画像石、版印符经、佛教石窟、经咒绢画、宗教壁画、印染木版、印戳雕刻等，都为纸马艺术提供了范式与经验，成为纸马创作的艺术基础。

汉画像石的雕凿本身就有雕版的意味，其画像的现代拓片俨然石印作品。汉画像石的题材极为丰富，凡天上、人间、冥界无所不包，其中的神话形象、巫术场景、神异鸟兽、天体幻想、传说英雄等，不仅与后世的民间信仰一脉相承，而且为纸马的创作提供了表现的范型和审美的经验。纸马的木版雕刻与画像石的石板雕凿同为有限空间的平面艺术，但借助视觉象征和艺术联想，都能联系版外的有形世界和无形精神。汉画像石中的神话人物和传说英雄，如东王公、西王母、方相氏、土伯、伏羲、女娲、蹶张图、盘古、后羿、雷公、电母、雨师、河伯、牛郎、织女、黄帝、炎帝、蚩尤、仓颉、大禹、孔子、老子等，都突出了人物的信仰色彩，其角色系列与形象主题的选择与表现亦为后世纸马所效仿。此外，汉画像砖石中的“金乌载日”、“蟾蜍伏月”、“玉兔捣药”等天体动物神话的构图，在“日宫天尊”、“广寒月宫”等纸马中也有相类的刻绘。

在印于唐代咸通年间的佛籍《金刚般若波罗蜜经》中出现了木刻卷首图《释迦牟尼说法图》，学界认定此图为中国最早的纸本版印作品，这无疑为唐宋间起始的版印纸马提供了艺术背景和制作经验。此外，与佛教、道教活动相关的版印符经也在民间长期流传，其中既有以文字为主的经文片断和疏文之类，又有印上神佛图像的符画，它们往往与民间信仰活动相互联结，因事而用，使宗教民俗更加符号化、艺术化，同时它们又多与纸马交杂并用，互有借鉴。明冯梦龙《警世通言》卷二十二曰：

黄布袋安插纸马、文疏，挂于项上，步到陈州娘娘殿前。

此说纸马与疏文同用，其实它们之间亦有混同合一的形式，诸如，为小孩度过人生关卡的“度关符”，让亡魂用作通行证平安抵达阴曹地府的“西方公据路引”，以及道教的“端午符”和“镇宅灵符”等，不论是出于版印或手绘，都与纸马的制作与应用有异曲同工之妙。

佛教石窟的雕凿也为纸马木版的刻制在基本构图及细部刻绘上提供了摹本。江苏南通纸马形制的一个重要特点，就是在主神图像的上方加有“龙楼”，当地乡民们称之为“帽子头”，就仿佛石窟的外框。带“龙楼”的纸马是拼版刷印的，其上有飞龙两条以作点题之用。在陕西药王山石窟造像中，石窟佛像的上边框正是刻作两条相互交缠的飞龙，成为纸马“龙楼”的先型。

所谓“龙楼”，原指太子之所居处或帝王宫阙。《汉书·成帝纪》有“太子出龙楼门，不敢绝驰道”之载；宋欧阳修《鹎鵊词》中则有：“龙楼凤阁郁峥嵘，深宫不闻更漏声”之句。“龙楼”还与太庙的祭祀活动相联系，唐中宗《享太庙乐章》曰：“龙楼正启，鹤驾斯举。”龙楼的尊贵与神圣，使其进入了纸马的构图，从而营造出一个类似佛教石窟神龛的庄严而神圣的艺术气氛。

经咒绢画也为纸马的产生奠定了艺术基础。在湖南长沙出土的战国缯书上就有辟凶护魂的文字，以及长角的与三头的神与兽的图像。到唐代的手写经咒绢画，文图内容已从神话、巫术向人为宗教转移，并主要以佛教经文和佛像为表现对象。在西安出土的唐代手写经咒绢画上，中央绘作佛的坐像，四面写有梵文的佛经文句并夹杂部分汉字的注释。它同唐至德——大中年间成都县龙池坊印制的纸本梵文“陀罗尼经咒”一样，对纸马的创用亦当有一定的影响。

宗教壁画，尤其是演绎佛经故事的石窟壁画和寺庙殿壁上表现佛陀、菩萨、金刚力士等佛教人物或道教神仙的图画，为纸马表现神祇的构图积累了经验。不仅敦煌壁画可视作中国神像画的经典，具有典范的性质，就是其他古代庙宇中的宗教壁画，也能对民间审美、乡野画工和纸马铺的刻印制作产生潜移默化的引导作用。艺术在类型之间本是互通的，纸马等神像画题材的创作与表现也不可能没有借鉴的因素，我们从山西省后沟村道教庙宇的壁画上，从山西省稷县青龙寺元代壁画上，可看到神像与神名文字同在，表现出与纸马构图相类的艺术手法。

染印木版至少在汉代已经出现，中国古代的绞缬、蜡缬、夹缬称之为“三缬”，其中的“夹缬”印染工艺可上溯到东汉时期。[1]所谓“夹缬”，就是用刻花木版夹绢布的印染术，其木版上雕刻同样花样，绢布对折夹于二版，在雕空处染色，使所印花纹对称。夹缬在唐代十分盛行，在白居易《长庆集》六四《甑

1 参见吴元新、吴灵姝编著：《蓝印花布》第一章，中国社会出版社 2009 年 6 月版。

半开花增皇甫郎中》诗中就有“成都新夹缬，梁汉碎胭脂”之句。在制作夹缬的木版上既雕有花草、建筑、文字、花纹，又常见人物形象，作为以雕版为基础的染印艺术，夹缬无疑也为纸马的木版雕刻和印制积累了经验，成为纸马艺术的又一个源头。

此外，金属雕刻、戳印制作、砖雕、竹刻、牙雕等，也都可能对纸马的版刻产生潜在的影响，并与其他艺术类型一起合成纸马生成、发展的客观基础和艺术背景。

（原载《广西民族大学学报》2011 年第 2 期）

馆长馆员书画作品选

澄怀观道　饶宗颐

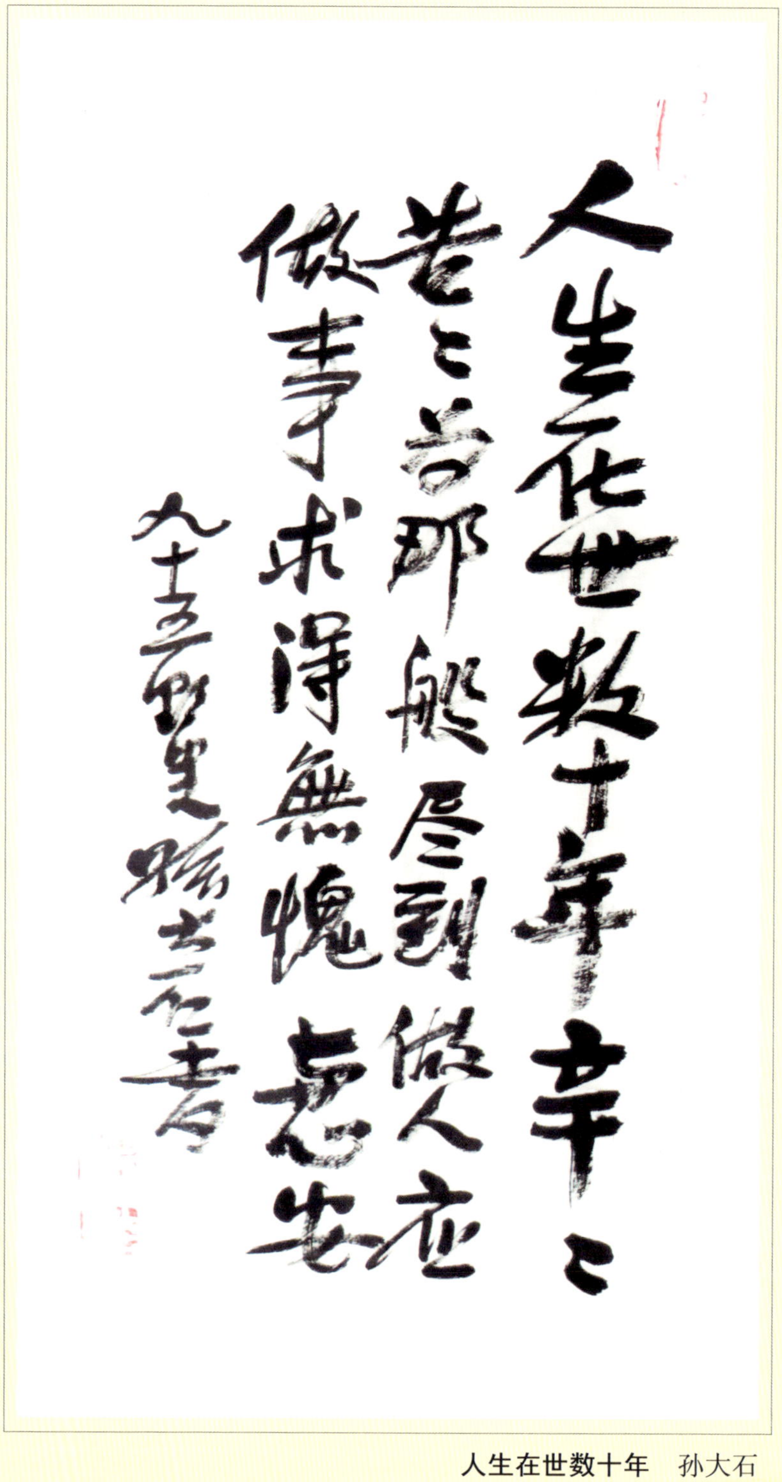

人生在世数十年　孙大石

国色天香　刘继瑛

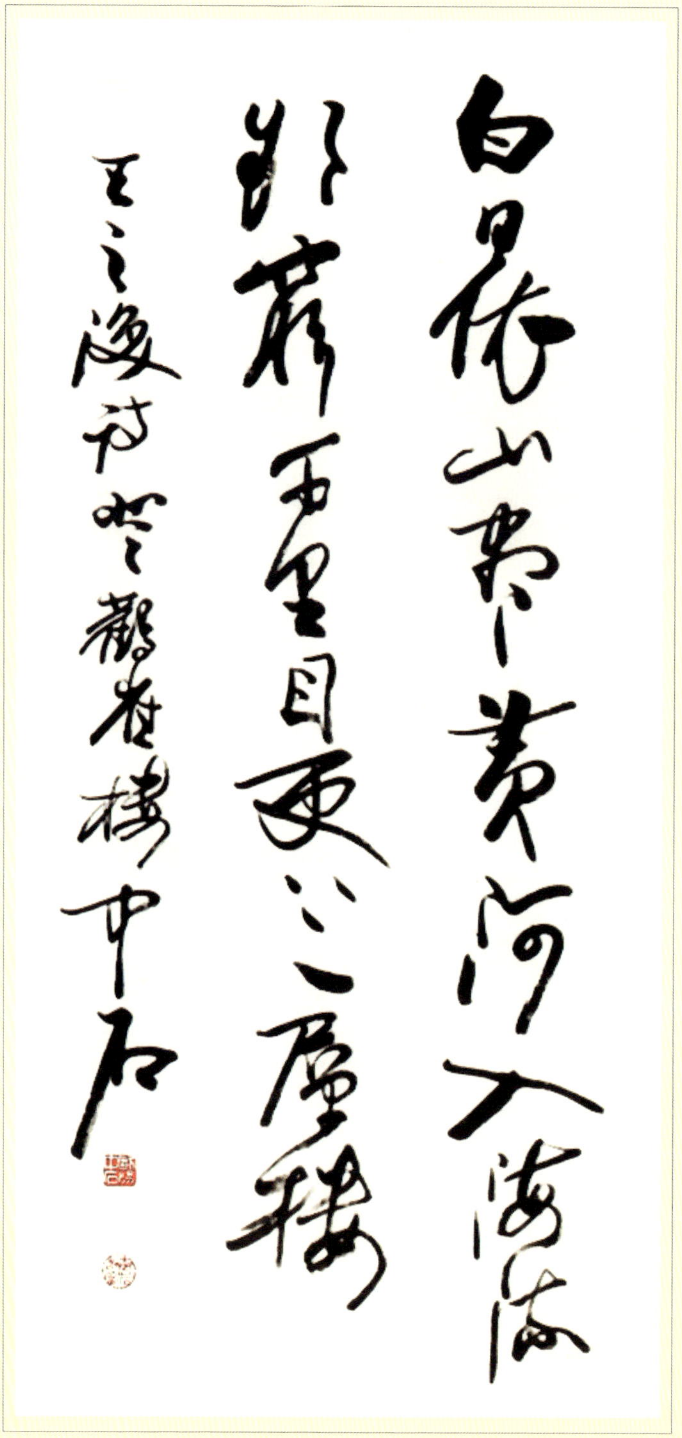

登鹳雀楼　欧阳中石

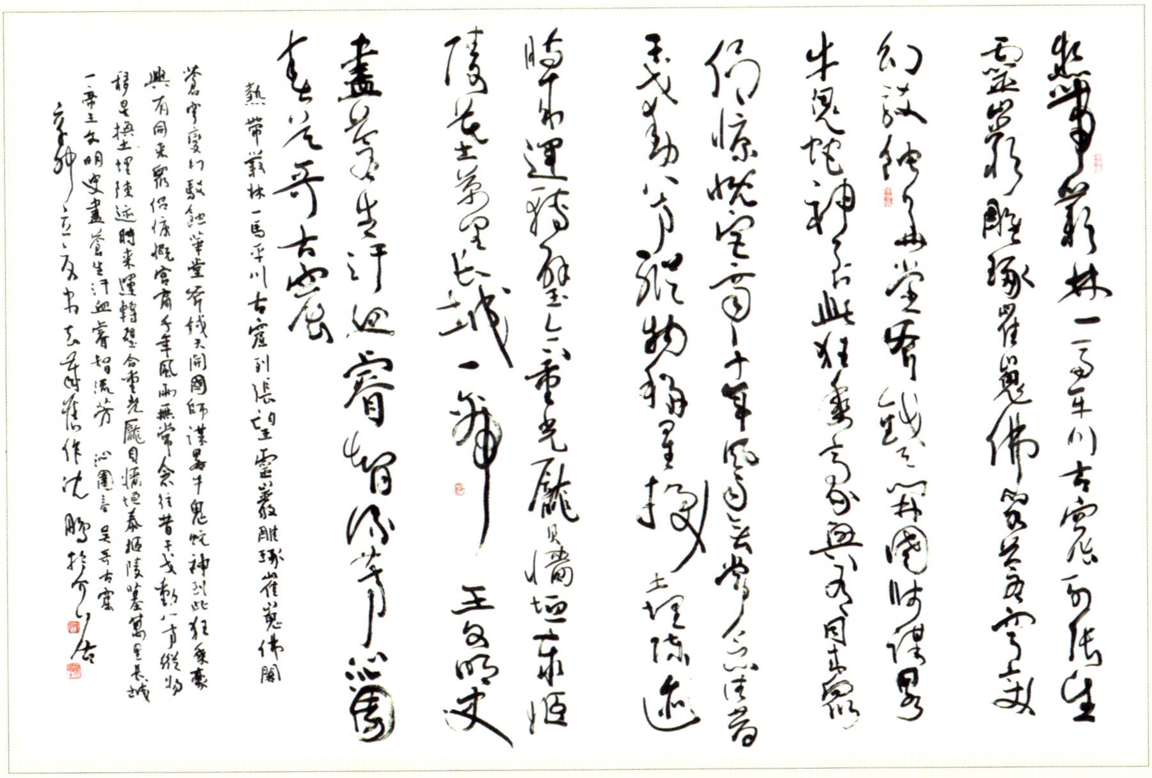

沁园春·吴哥古窟　沈　鹏

戴尔夫特风景　靳尚谊

喜迎辛卯　韩美林

国色天香　金默如

天淡云闲花知否　杨延文

玉兰春色　张立辰

牧笛　马振声

山水　宋雨桂

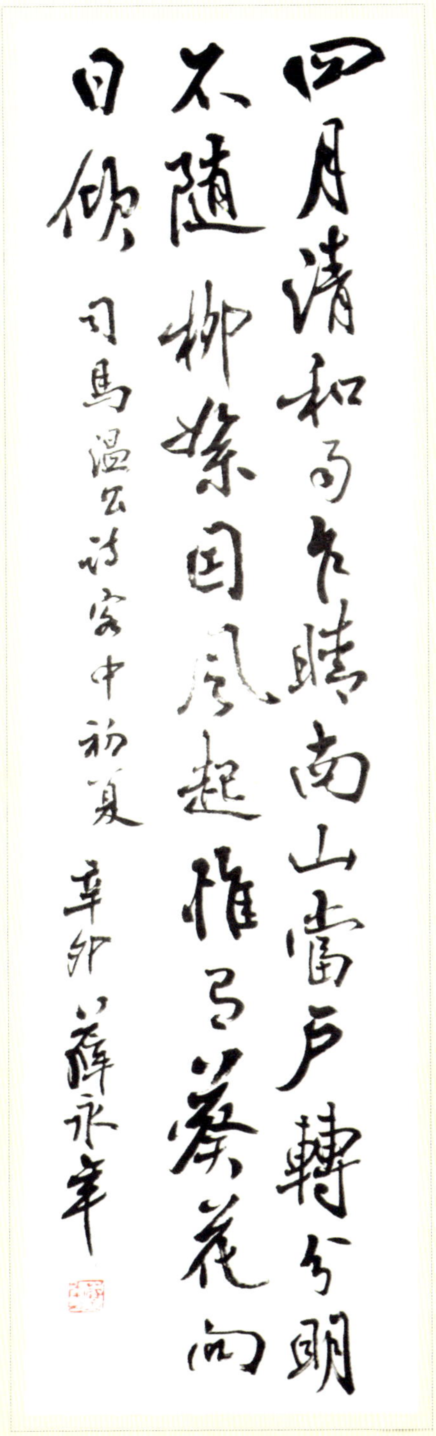

客中初夏　薛永年

信天游　杨力舟

初春　尼玛泽仁

川北有巴中光雾山　龙瑞